A E
& I

Días salvajes

Autores Españoles e Iberoamericanos

David Jiménez

Días salvajes

Planeta

© David Jiménez, 2024
Edición gestionada a través de Oh!Books Agencia Literaria

Poema Arco iris, de Mario Benedetti: © Fundación Mario Benedetti c/o
    Schavelzon Graham Agencia Literaria www.schavelzongraham.com
Poema Todo asusta, de Gloria Fuertes: © Fundación Gloria Fuertes

© Editorial Planeta, S. A., 2024
Av. Diagonal, 662-664, 08034 Barcelona
www.editorialplaneta.es
www.planetadelibros.com

Diseño de la colección: Compañía

Primera edición: mayo de 2024
Depósito legal: B. 6.960-2024
ISBN: 978-84-08-28732-2
Composición: Realización Planeta
Impresión y encuadernación: Unigraf
Printed in Spain - Impreso en España

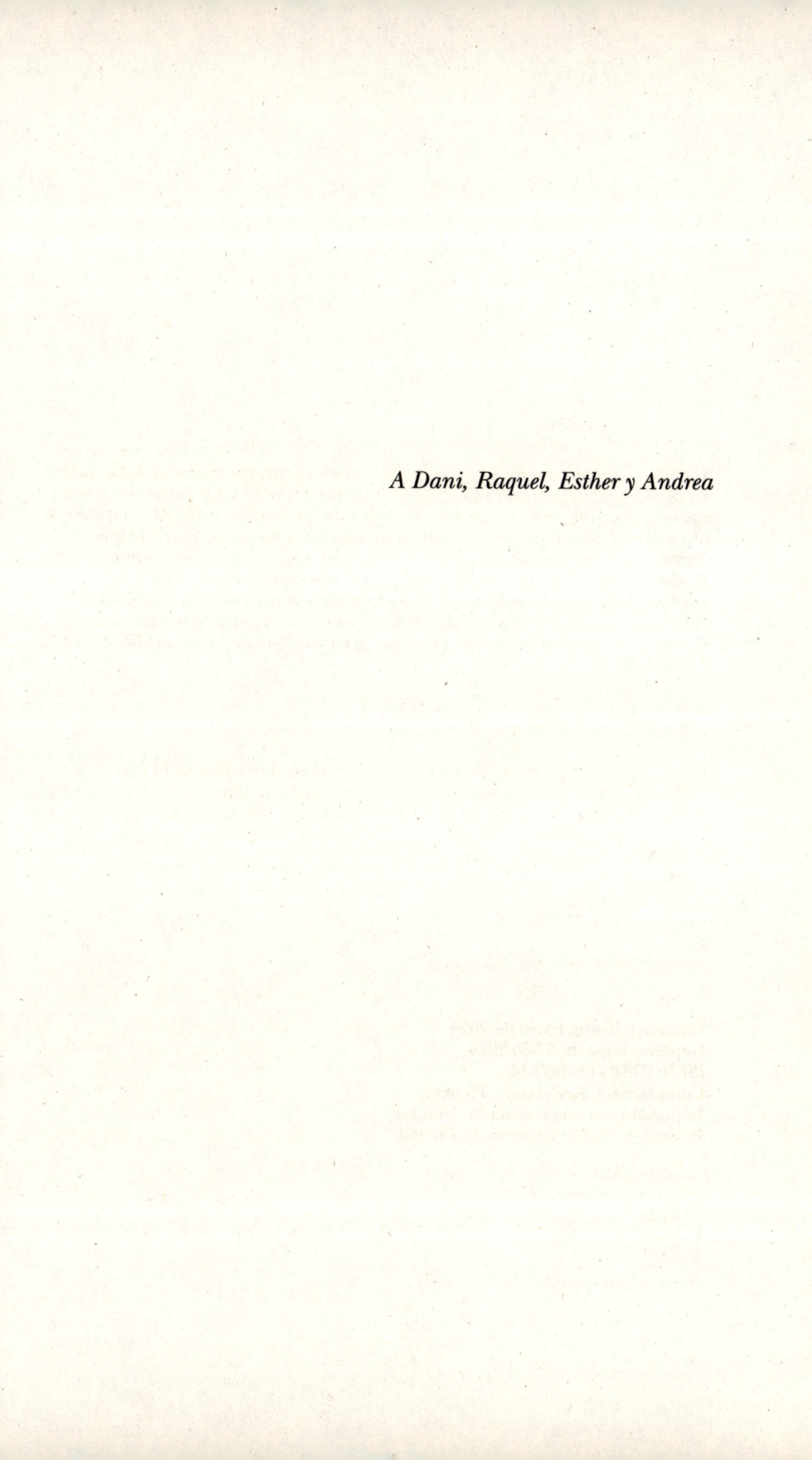

A Dani, Raquel, Esther y Andrea

1

FIESTA

Bosco Zabala caminó por el trampolín tambaleándose, llegó hasta el borde, se desabrochó los vaqueros y dibujó en el aire una cascada que sorteó a varios bañistas y regó a una pareja que se besaba en la piscina.

—¡Lluvia amarilla, tortolitos! —gritó.

El anfitrión se volvió hacia sus invitados con una mirada burlona, abrió los brazos en cruz y se dejó caer de espaldas sobre el agua. En el descenso, tuvo tiempo de dar un último trago a la botella de Johnny Walker que sujetaba en su mano izquierda.

—¡Boscooo! ¡Boscooo! —lo jalearon voces ebrias y desentonadas.

Un éxtasis juvenil y desbocado recorría la fiesta del veinte cumpleaños del joven Zabala, heredero de la dinastía de banqueros más poderosa del país. Los borrachos danzaban sobre el césped embarrado, intercambiando abrazos y empujones. Líneas de coca volaban de bandejas donde poco antes se habían servido sándwiches fríos. Y dos gogós, traídas de Pachá, brincaban con los pechos desnudos sobre una cama elástica. Sus bikinis de lentejuelas colgaban de la encina centenaria que presidía los jardines de La Aurora, la mansión familiar que había acogido a tres generaciones del clan Zabala. Era una construcción de mil ochocientos metros cuadrados, tres plantas, once habitaciones y seis baños, levantada sobre una hectárea de terreno en La Moraleja, la exclusiva urbanización del norte de Madrid. Azulejos de colores dibujaban en el centro de la piscina un escudo de san Jorge junto a una cita de san Agustín: «Dios no manda cosas imposibles».

—¡Boscooo! ¡Boscooo!

Los vítores continuaron mientras Bosco descendía al fondo de la piscina, donde ya no podía oírlos, aumentaron al ver que prolongaba la broma de su ahogamiento y solo perdieron fuerza cuando, transcurrido un minuto, su novia Natalia preguntó si no llevaba demasiado tiempo sumergido. Hubo cruces de miradas inquietas y encogimientos de hombros, mezclados con comentarios de desdén. Era Bosco. Otra de sus actuaciones. Nada de qué preocuparse. Pasaron otros diez, quince segundos. Las últimas risas se apagaron, reemplazadas por un murmullo de desconcierto. El frenesí dio paso a una parálisis contagiosa. De repente, todos se apremiaron a hacer algo, sin que nadie hiciera nada.

—Que alguien llame a la policía.

—No, a los bomberos.

—¡Hay que vaciar la piscina!

La fiesta se dividió entre quienes atendían la emergencia y quienes, desconociéndola, seguían a lo suyo. Bebían los sedientos a morro de botellas de licor, sin importarles el contenido; se besaban desconocidos, juntando sus cuerpos sudorosos; y cantaban los exaltados desde los balcones de la fachada principal, cubierta por flores trepadoras que llegaban hasta las chimeneas de La Aurora. El DJ, un andaluz pelirrojo y vivaz, iluminaba con sus láseres de colores siluetas que parecían a punto de convulsionar al ritmo de una versión tecno de *Umbrella*, de Rihanna.

Uno de los invitados se acercó al DJ y le informó de la desaparición del anfitrión. La música se detuvo de golpe y, con ella, los bailes, los brindis y los besos.

—Amigos, hemos perdido a nuestro querido Bosco —anunció el animador—. Os pido, por favor, que entre todos nos ayudéis a encontrarlo.

Los regazados se arremolinaron alrededor de la piscina. Iván Moncada, que había oído la llamada desde el interior de la casa, llegó a la carrera y fue el primero en lanzarse al rescate. Lo envolvió una niebla líquida y turbia, impenetrable para los focos de la piscina. Movió los brazos frenéticamente, palpó el fondo con las manos hasta cubrir media distancia y emergió para tomar aire, apartando los vasos de plástico, colillas y botellas vacías que flotaban a su alrededor.

—¡No está! —sacudió la cabeza jadeante—. ¡Joder, no está!

Otros amigos se sumaron a la operación de salvamento. Las cabezas de los voluntarios surgían aquí y allá, en un lateral y otro, en la parte más profunda de la piscina y donde se hacía pie, antes de desaparecer de nuevo bajo el agua.

Natalia, consolada en un corrillo, se cubría el rostro con las palmas de las manos. La novia de Bosco se zafó del grupo, caminó hacia el borde, descendió por la escalinata hasta que el agua cubrió sus rodillas y lanzó un gritó histérico que estremeció al resto de invitados:

—¡Encuéntralo, Iván! ¡Encuéntralo, por Dios!

Nadie se sorprendió de que Iván Moncada liderara la búsqueda. Bosco era su mejor amigo, aunque no tenía la sensación de haberlo escogido. Estaba ahí en su primer día de colegio. En las clases de tenis del Real Club Moraleja. En los bautizos, comuniones y bodas a los que los arrastraban sus padres. Aunque hubieran querido, no habrían podido escapar el uno del otro. Iván asumió desde pequeño que aquella amistad, además de ineludible, iría acompañada de un encargo adicional. Por razones que desconocía, los Zabala lo habían ascendido a la condición de «buena influencia» para su hijo.

—No dejes que haga tonterías —le había pedido María Zabala antes de partir a Nueva York en viaje de negocios—. Y tú —apoyó la palma de su mano en la frente de Bosco—. Recuerda que tengo...

—... telepatía de madre.

—Puedo ver todo lo que haces desde la distancia. Y él también —se santiguó mirando al cielo—. Y cuando nos despistamos, porque una madre no puede estar en todo y el Señor tiene mucho trabajo, el bueno de Iván me sustituye.

Guiñó un ojo al amigo de su hijo:

—Eres su hermano mayor.

—Cinco días mayor.

Ella pellizcó sus mofletes:

—Pue eso.

—Deja a los chicos. —María notó que su marido, Lorenzo Zabala, tiraba de ella mientras lanzaba a los muchachos una mirada cómplice. Llevaba los periódicos de la mañana bajo el brazo y vestía pantalones blancos, camisa rosada, americana azul y, a pesar del calor, un fular con lunares amarillos alrededor del cuello—. Ya son mayorcitos.

María daba al día siguiente el discurso inaugural de la Global Banking & Investment Conference de Nueva York. Desde la muerte de su padre, Ignacio Zabala, cinco años antes, presidía BanKapital, la mayor entidad financiera del país por valor bursátil, clientes y mercado hipotecario. La llegada a la presidencia de una mujer fue recibida como prueba de modernidad por unos y como una confirmación de sus privilegios de cuna por otros. María había asumido como inevitables aquellas dudas que leía en las miradas condescendientes de los miembros de su Consejo de Administración, en el trato paternalista que le dispensaban en los círculos de poder o en los comentarios de prensa que atribuían el aumento de beneficios, la mejora del dividendo o la expansión de las sucursales de BanKapital a Salvador Galán, la mano derecha de su padre hasta su muerte. Los empleados del banco lo conocían como el Regente. Y aunque María Zabala fingía no prestar atención a las insidias que la relegaban a un papel simbólico, descontando sus méritos, a nada dedicaba más energías que a desmentirlas.

El chófer de la familia abrió la puerta del Bentley y el matrimonio se subió a la parte de atrás, donde los esperaba la hija pequeña de ambos, Lucía. Un guardaespaldas ocupó el asiento del copiloto. Mientras sorteaban las callejuelas de La Moraleja en busca de la autopista al aeropuerto, Lorenzo bromeó:

—Espero que la casa siga en pie cuando volvamos.

María ignoró el comentario de su marido, sacó de su maletín el borrador de su discurso y lo repasó durante el trayecto.

Iván llenó sus pulmones de aire y descendió de nuevo al fondo de la piscina, prometiéndose no volver a la superficie hasta dar con Bosco. Esta vez las fuerzas lo abandonaron enseguida. Un peso insoportable oprimía su pecho y le costaba aguantar la respiración, angustiado por el temor a que el tiempo se estuviera agotando. ¿No lo había hecho ya? ¿Cuánto podía aguantar alguien bajo el agua atiborrado de alcohol y drogas? Intentó zafarse de los voluntarios que chapoteaban desorientados y solo dificultaban la búsqueda. Salió a la superficie, abatido por un nuevo intento fallido, y se sintió culpable por pensar que la estupidez había alcanzado al fin a su amigo: su empeño por caminar siempre al borde del precipicio convencido de que habría alguien al otro lado para sujetarlo en la caída. La imprudencia disfrazada de valentía, irracional y exhibicionista. Su incapacidad para escuchar a nadie más que a sí mismo. Cayó en la cuenta de que tendría que ser él quien diera a sus padres la noticia —«No dejes que haga tonterías»— y volvió a sumergirse en un último intento de encontrarlo, ya sin esperanzas.

En mitad de la confusión, nadie se había percatado de que Bosco llevaba un tiempo fuera del agua, oculto tras el tronco de un árbol. Aprovechó el barullo para entrar de nuevo en la piscina, desplazándose agazapado por el borde hasta que llegó a la altura de Natalia, que lloraba su desaparición. El joven heredero descendió hasta el fondo, apoyó ambas plantas de los pies en el suelo, cogió impulso hacia arriba y, sacando medio cuerpo fuera del agua, agarró a su novia del vestido y la arrastró con él. Cuando emergieron, poco después, Natalia golpeaba su pecho con los puños:

—¡Se transparenta, joder!

—¡Mejor!

—Eres un imbécil.

Natalia se ajustó el vestido de tirantes de lino blanco.

—Te has acojonado. Venga, reconócelo. «¡Encuéntralo, Iván! ¡Encuéntralo, por Dios!».

Bosco rio a carcajadas.

—¡Te odio! ¡Te odio!

Natalia lo perdonó con una sonrisa, subió a su espalda rodeándolo con los brazos y se dejó navegar hacia la zona donde hacían pie mientras regresaban la música, los bailes y los vítores.

—¡Boscooo! ¡Boscooo!

Iván fue el último en percatarse de que todo había sido una broma. Vio a Bosco besar a Natalia en la distancia y salió de la piscina por el extremo opuesto. Su amigo lo llamó, pero él siguió caminando sin volverse. Atravesó el jardín y entró en la casa dejando un reguero de agua tras de sí.

—Bah, se le pasará.

Bosco tenía a su novia presionada contra el muro de la piscina, le retiró el pelo del rostro y comenzó a deslizarle los tirantes del vestido por los hombros, descubriéndole los pechos hasta la mitad. La besó en los labios, morados por el frío, y le acarició los muslos bajo el agua. Cuando se acercó a su sexo, ella lo detuvo.

—Vamos dentro.

—Chiss..., luego.

—Aquí hay gente.

Él hizo una señal y los demás bañistas se marcharon.

—No hay nadie, ¿ves?

Volvió a besarla a la vez que tiraba de su ropa interior hacia abajo.

—¡Déjame te he dicho!

Natalia lo apartó bruscamente, se sumergió en el agua y buceó hacia la escalerilla. Bosco la vio perderse en la distancia. Dudó si seguirla y se quedó en la piscina. Nadó cinco largos con rabia hasta que le faltó el aire y se tumbó sobre una hamaca con la ropa empapada. Al rato, se quedó dormido.

Era julio de 2007, el verano de la euforia. Un halo de exuberante optimismo envolvía Madrid. Las calles estaban llenas de gente que parecía tener algo importante que hacer, las tiendas de Serrano restringían la entrada por exceso de aforo y los pases para el cine, los conciertos y los toros se agotaban con semanas de antelación. La bolsa llevaba años disparada, las empresas obtenían beneficios récord y el desempleo estaba en mínimos. Si al país le iba bien, a las familias de La Moraleja les iba aún mejor. Mucho mejor. La fiesta del veinte cumpleaños de Bosco Zabala reunía a los hijos de los propietarios de las grandes inmobiliarias que vendían sus promociones de pisos sin haber puesto el primer ladrillo, de los abogados que negociaban adquisiciones y ampliaciones de capital, de los dueños de la prensa que se expandían a la radio y la televisión, de las viejas aristocracias y de las nuevas, forjadas en el *boom* económico. Por debajo quedaban unas clases medias y bajas que, gracias a bancos como el de los Zabala, veían a su alcance sueños antes inimaginables. El cliente entraba en una sucursal de BanKapital con una aspiración material y salía con el dinero para satisfacerla. La vivienda, el coche o las vacaciones en el Caribe. Porque todo el mundo, de repente, viajaba al Caribe. En el máximo apogeo de aquel éxodo turístico, una docena de vuelos chárter hacían a diario la ruta Madrid-Punta Cana. La deuda del Estado y de los particulares crecía sin parar y adquirió proporciones nunca vistas, pero se afrontó sin preocupación. El riesgo de impago solo existía si las cosas se torcían, una posibilidad inimaginable.

La elite juvenil se divertía sin límite, a la espera de que llegara su turno de decidir los destinos del país. Iban a los mismos colegios; pertenecían a los mismos clubes; se ennoviaban entre ellos; empezaban sus carreras en las empresas

16

de los amigos de sus padres, que a su vez colocaban a los hijos de otros amigos. Lo tenían todo para triunfar: dinero, privilegios, formación, contactos y ningún remordimiento. Mientras los de abajo creyeran que una parte de aquella prosperidad les correspondía, aunque fuera pequeña, los demonios del resentimiento y la fractura social quedarían a resguardo. Existía el convencimiento de que, al fin, el sistema trabajaba para todos. Si el piso adquirido dos años antes valía un tercio más; si bastaba con pedir un crédito para pagarse las vacaciones a República Dominicana; si los hijos recibían la educación universitaria que sus mayores nunca obtuvieron; si el obrero, el camarero o el taxista también se subían al tren de las oportunidades, aunque fuera en segunda clase, qué importaba que un grupo de elegidos viajaran en el vagón de primera. El país era feliz sin saberlo.

La fiesta de La Aurora se había trasladado al interior de la casa. Alicia Montal, hija de los dueños de bodegas Montal, y Susana Miranda, sobrina de los marqueses de Solsona, yacían en bikini sobre la alfombra de Cachemira del salón, con siete chupitos de tequila cada una sobre sus vientres desnudos. Sus novios, Germán y Mario, de rodillas frente a ellas, con las manos detrás de la espalda y los torsos desnudos tras el intento de rescate de Bosco en la piscina, esperaban la señal.

—Tres, dos, uno... ¡Ya!

Los dos jóvenes agarraron el primer vaso con la boca, echaron la cabeza hacia atrás y se tragaron el líquido. Repitieron la acción una segunda, después una tercera vez... A su alrededor, sus amigos los animaban y marcaban sus apuestas arrojando billetes de cincuenta euros sobre los cuerpos semidesnudos de las chicas.

—¡Cien pavos por Germán!

—¡Mario, Mario, Mario!

Los dos rivales llegaron empatados a falta de una bebida cuando Alicia se movió y derramó el último vaso. Mario levantó los brazos en señal de victoria y Susana se colgó de su hombro, como si su novio hubiera ganado una etapa en el Tour. Intercambiaron una mirada cómplice, se cogieron de la mano y bajaron las escaleras que daban al sótano, donde quedaba la sala de juegos, con el billar español y la pantalla de cine.

Las demás parejas, estables y ocasionales, los imitaron.

En el ocaso de las fiestas de Bosco Zabala, los invitados se perdían en los baños, con sus resbaladizos suelos de mármol; en la bodega, donde la familia guardaba dos mil botellas de vino ordenadas por añada y procedencia; en la pista de pádel, donde Lorenzo Zabala recibía dos veces a la semana lecciones de la campeona argentina Stella Rinaldi; en la cochera, en la caseta del jardinero o en la piscina. Solo la habitación principal de la casa estaba vedada a los encuentros amorosos: ENTRA BAJO TU PROPIO RIESGO, decía el cartel que colgaba de la puerta, escrito a mano por Bosco.

De niño, también él había tenido prohibida la entrada a aquella estancia, una norma que solo transgredió en ausencia de sus padres. Atraído por una irresistible sensación de culpa, abría la puerta del dormitorio con sigilo para cerciorarse de que estaba vacío y fisgoneaba en los armarios, cajones y altillos. Podía pasar horas en su interior. Las demás habitaciones de La Aurora habían sido renovadas con el paso de los años, pero el dormitorio principal mantenía la atmósfera cálidamente rancia de un matrimonio languideciente. La cama, de caoba con cuatro postes y cabecero en forma de bóveda, estaba presidida por un crucifijo sobre el que colgaba un rosario; el suelo, de roble americano, adornado por recargadas alfombras persas; las cortinas, con un ligero tono marrón, bordadas con motivos florales; y el techo, acristalado con espejos tintados que le daban cierto aire a *suite* de Las Vegas.

Junto a la ventana había un tocador con un espejo y las cremas, pinturas y colonias de María Zabala. Bosco escogía entre los frascos atraído por sus formas y el color de los líquidos, se perfumaba unas veces con Chanel N.º 5 y otras con Baccarat Rouge, mezclaba un poco de Jar, que tenía el color de la miel, o se añadía unas gotas de Les Larmes, con su pequeño frasco en forma de pirámide. Si solo se ponía una pizca de cada una de aquellas fragancias, nadie advertiría que había incumplido la prohibición de entrar en la habitación. Tardó tiempo en darse cuenta de que el aroma que desprendía lo delataba y que sus incursiones solo eran un secreto para él. Le gustaba oler a su madre. Apenas la veía, siempre ocupada con los asuntos del banco. Aquellos perfumes se convirtieron, durante su niñez, en una manera de sentirla cerca.

Bosco Zabala despertó cerca de las cinco de la mañana y se encontró solo en el jardín. El DJ y las gogós se habían marchado. No quedaban invitados. Lo rodeaban el caos y el desorden de una batalla campal. Zipi y Zape, los dóberman de la casa, lamían los restos de los vasos esparcidos por el suelo.

—¡Putos borrachos! —gritó arrojándoles una botella vacía.

Los perros desaparecieron en la oscuridad.

En un fogonazo de claridad, pensó que necesitaría la ayuda del servicio de La Aurora para restaurar la normalidad antes de que sus padres regresaran en tres días. Les pagaría una propina por la limpieza. Y por el silencio.

Se levantó pesadamente y caminó hacia el porche, miró por la cristalera que daba al salón y vio los cuerpos derrotados que se esparcían por el suelo, los sofás y las alfombras. Entró y se sentó en el sillón de lectura de su madre, junto a la chimenea. Contemplaba orgulloso el desenlace de la noche cuando vio que Natalia bajaba del segundo piso, recién duchada y vestida con ropa prestada de su armario, unos pantalones deportivos y un jersey que le caía por debajo de la cintura. Fue hacia ella y la rodeó con el brazo. Natalia lo apartó, irritada.

—¿Se puede saber qué te pasa? —preguntó Bosco.

—Nada, quiero irme a casa.

—¿A casa? Pero... esto no ha hecho más que empezar —despertó de una patada a uno de los invitados que dormía boca abajo sobre la alfombra—. Si nos damos prisa llegamos a Oh antes de que cierre.

Natalia buscó la complicidad de los demás para dar la fiesta por terminada.

—Estás puestísimo. No puedes conducir.

—Nah, estoy bien.

—Suficiente por hoy, ¿no?

—Te digo que estoy...; mira.

Bosco intentó caminar en línea recta, zigzagueó y tropezó. Se incorporó, apuntó su pulgar hacia la nariz y levantó la pierna para tocársela con el índice. Volvió a desequilibrarse y esta vez se dio de bruces con la mesa del salón.

—Estoy de puta *made* —balbuceó.

Iván Moncada apareció poco después y dijo que también se marchaba. Bosco se acercó a él.

—Ey, ¿sigues *cabeado* por esa gilipollez de la piscina?

—No, es solo...

—Mi novia y mi mejor amigo *cabeados*. ¡En mi puto cumpleaños!

Iván aceptó a regañadientes un apretón de manos. Su amigo lo atrajo hacia sí para abrazarlo.

—Eres un capullo, ¿sabes?

—Está bien, pero este capullo se va a casa. Mañana tengo partido.

—Te quiero, tío. ¡Es mi cumpleaños!

—Tu cumpleaños fue hace un mes.

—Una copa y a casa. Venga, no me puedes dejar solo.

—Ya te lo he dicho, mañana tengo partido.

—Eres un *mielda*, ¿sabes? El tenis es un deporte de maricones. —Se abrazó a su amigo patosamente. Hablaba con frases trabadas y la boca empalagosa—. Perdona, tío, no quería... Ya sabes que soy un idiota. Lo admito. Sabía que me salvarías. Siempre me salvas.

—La próxima estás solo. Me tienes hasta...

—Es nuestra última jodida noche antes de..., no sé, antes de algo. ¿Qué me dices? Venga, venga, venga... Te lo pido de *rodilas*. ¿Eso quieres, mamón?

Bosco se arrodilló ante Iván, que dejó escapar una sonrisa.

—Por favor, una más.

—Vale ya, pesado. Una copa y a casa. ¡Júramelo!

—Miradlo bien, chavales. El puto amo... Iván *Mocada. Morrada*. El Monca. Sí, sí... Prometido, una copa y retirada.

Bosco sacó su BlackBerry del bolsillo y marcó el teléfono de Romeo, el relaciones de Oh.

—En veinte estamos allí. Lo de siempre, sí.

Colgó y arengó al resto.

—¿Quiénes somos? Vamos, chavales, ¿quiénes somos?

—¡Los salvajes! —respondieron.

—¡Eso! Monca, ¿quiénes somos?

—Los... salvajes —repitió Iván desganado.

—¿Qué nos gusta?

—¡El peligro!

Corrieron hacia sus coches. Alicia, Susana, Germán y Mario subieron a un Golf GTI rojo; otro grupo formado por Roberto, Jaime, Raquel y Laura a un BMW serie 3 descapotable; Bosco e Iván al nuevo Aston Martin DB9 plateado que los Zabala le habían regalado a su hijo por su cumpleaños. Natalia hizo un último intento de disuadirlos y buscó la complicidad de Iván, que lanzó una mirada autoexculpatoria. «Lo sé, pero no puedo hacer nada», parecía decirle.

—¿Subes? —preguntó Bosco, abriéndole la puerta del deportivo a su novia.

—Id vosotros, estoy cansada.

—*Darling* —Alicia y Susana se disculparon con su amiga—, ¿no te enfadas si vamos?

—Pero mañana vamos al centro, ¿eh? Antes de comer.

—Guay.

Natalia se acercó al Aston Martin.

—Al menos deja que conduzca Iván.

Bosco dio varios golpes al acelerador para silenciarla, accionó la puerta corredera de la entrada y, sin esperar a que se abriera del todo, enfiló el Camino Alto de La Moraleja mientras agitaba una mano al aire en señal de despedida. Los demás siguieron la estela del Aston Martin, perdiéndose entre las sombras de la madrugada.

2

PRAGA

A la hora en que Bosco Zabala simulaba su ahogamiento en la piscina de la mansión familiar de La Moraleja, Marta Delgado despertaba en el piso que compartía con su padre en Villaverde. Era un primero en un bloque de cemento gris, con la fachada cubierta por ropa tendida y un enjambre de antenas de televisión en la azotea. La ventana del salón daba a un descampado que el Ayuntamiento prometía cada cuatro años convertir en un parque, siempre en vísperas de elecciones. Cuando los Delgado compraron la vivienda, la Navidad de 1988, un cartel anunciaba el proyecto con una recreación llena de árboles frondosos, un estanque de agua cristalina, canchas deportivas y columpios infantiles. Con el paso del tiempo el cartel perdió la tonalidad, los árboles del anuncio adquirieron colores otoñales y alguien emborronó aquel escenario idílico con un grafiti que recordaba las promesas incumplidas: Villaverde. Ni villa ni verde.

Cuando al fin llegaron los operarios, y los vecinos creyeron que la espera había merecido la pena, resultaron pertenecer a la inmobiliaria Arisa. Junto al cartel que anunciaba el parque desplegaron otro publicitando una promoción de trescientos pisos, con piscina, zonas verdes y pista de pádel. Jardines de Villaverde, iba a llamarse.

A Luis le hirvió la sangre.

—Se ríen de nosotros —le dijo a su hija—. Y encima quieren hacer este atropello en terrenos no urbanizables. Les da igual la ley, la gente, el parque...; todo.

Al día siguiente, Luis imprimió folletos con la convocatoria de una manifestación de protesta en el Ayuntamiento, los repartió por el barrio y logró reunir a trescientos vecinos. El éxito lo llevó a convocar movilizaciones todos los viernes, pero la segunda llamada concentró a la mitad de gente y a la tercera apenas acudieron una docena de personas. «Somos un país dócil y sin espíritu revolucionario», se quejaba. Impedir el desarrollo urbanístico frente a su casa, y reclamar el parque prometido, se convirtió en una obsesión. Los fines de semana enviaba cartas al director a los diarios nacionales, que nunca publicaban sus quejas. Escribió al alcalde, a varios diputados e incluso al rey. Vecino al que se encontraba, en la calle, el quiosco o el bar, discurso que lanzaba para sumarlo a la causa. «Ahí va el Che del barrio», lo ridiculizaron quienes veían la promoción de viviendas como una buena alternativa al estado deplorable del descampado. ¿Era mejor que siguiera siendo el refugio de los maleantes y desesperados? ¿No se revalorizaría el lugar con la llegada de nuevas familias jóvenes?

A la espera de que se construyera un parque o una promoción de viviendas, el solar albergaba a los yonquis de la zona. Aunque eran inofensivos, Luis no dejaba que su hija lo cruzara cuando iba al mercado, que quedaba al otro lado. La obligaba a rodearlo y ella lo desobedecía, parándose a charlar con los drogadictos. Le gustaba especialmente Rosa, que había superado la esperanza de vida de aquella pequeña aldea de zombis urbanos. Llevaba cinco años por allí y nunca contaba la misma historia sobre su vida. Unas veces decía que era de Málaga y otras de Alicante. Solía regentar una peluquería o trabajar en la banca. Tenía veinte, treinta o cuarenta años. Dos hijos o ninguno.

Más allá de su rostro demacrado y la dentadura podrida, del pelo de estropajo y de los brazos agujereados, con puntos negros que dibujaban su viaje al abismo, Rosa dejaba entrever maneras que no pertenecían a la marginalidad. Procedía de una familia acomodada de Chamberí, era licenciada en Derecho y durante un tiempo trabajó en una consultora de la Castellana. Empezó a drogarse con un novio de Barcelona. Unos meses después lo dejó, solo al novio. La heroína la tenía enganchada y, aunque sus padres hicieron todo para sacarla, fue imposible. Perdió el trabajo y empezó a prostituirse en el D'Arcy, uno de los locales de alterne para ejecutivos que habían abierto en Azca, la zona financiera de la capital. Con cada pinchazo, su cuerpo se desinfló como un globo. Adelgazó hasta que no quedó apenas carne entre la piel y los huesos, su rostro se aplanó y sus ojos se retrajeron, oscuros y tristes como una noche sin esperanza. El dueño del D'Arcy la vetó porque espantaba a los clientes: la luz tenue del local ya no ocultaba su deterioro. Cambió las *suites* del Meliá Castilla por los asientos traseros de los coches en la Casa de Campo, disimuló como pudo su rostro demacrado con capas adicionales de maquillaje y dejó de ponerse ropa ceñida, porque se le marcaban las costillas. Rebajó sus tarifas y algunas noches dio servicios gratis a cambio de la promesa de un pago la próxima vez. Se quedó sin clientes y terminó instalándose en el descampado de Villaverde. O al menos esa era la historia que Marta contaba a su padre y que él daba por buena.

«Cualquier tarde me la traes a casa», protestaba Luis. Un día, asomado a la ventana, le pareció ver que su hija

25

recibía un sobre a cambio de algo de dinero. Se preocupó. Cuando subió al piso, preguntó por aquel intercambio con tono inquisidor, aunque le costaba creer que Marta estuviera metida en drogas. Era una chica responsable. Conocía los riesgos. La historia de Rosa y los demás yonquis del descampado.

—No puedo creer que pienses eso de mí —respondió indignada—. ¡No me conoces o qué! La estaba ayudando.

—Lo sé, lo sé —Luis fijó una mirada arrepentida en Marta—. Es que está el barrio fatal, todos esos chicos pillados. Es mejor que no los ayudes. Piensa que el dinero solo empeorará su estado.

Los vecinos estaban divididos sobre la conveniencia de dar limosnas a los drogadictos del barrio. Unos decían que era tirar el dinero y que se lo gastaban en la próxima dosis; otros sostenían que ese dinero les servía para comprar jeringuillas limpias y llevarse algo al estómago. Era una discusión recurrente entre padre e hija.

—¿Es mejor que roben? —preguntó Marta.

—No quiero que le des dinero —zanjó Luis.

Marta había encontrado trabajo de cajera en un Supermaxi en Las Rozas. Con el dinero que ahorraría pensaba irse de vacaciones con su novio, Javi, y ayudar a su padre a pagar la matrícula de tercero de Medicina.

—La educación de los hijos es cosa de los padres —dijo él orgullosamente, ofendido al rechazar el ofrecimiento.

Marta entraba a trabajar a las ocho, pero iba una hora antes para ayudar con las recolocaciones. Le costaba entender por qué los clientes no devolvían a su sitio los productos que decidían no llevarse en el último momento. Una merluza congelada podía aparecer en la sección de cereales, una caja de condones en la de embutidos y el paquete de galletas Príncipe en la sección de frutería. ¿Tanto les costaba volver sobre sus pasos y dejar el producto en su estantería? Los empleados de la noche, agotados tras el cierre de las diez, dejaban el desorden a los que entraban por la mañana. Todo tenía que estar en su sitio antes de la apertura, aunque esa hora extra no se pagaba. El jefe, un tipo de rasgos suaves y voz antipática, delgado como un paraguas, decía que el contador de las nóminas echaba a andar cuando abrían las cajas. «Si no entra dinero, tampoco puede salir», era su frase favorita.

Marta se dio una ducha sin abrir la presión del agua del todo, para no despertar a su padre, se recogió el pelo con una horquilla y se empolvó los mofletes. Dudó si pintarse los labios de beis o rojo claro y, ante la duda, decidió no pintárselos. «No es Nochevieja», dijo sonriéndole al reflejo de sí misma en el espejo. Se puso el uniforme del Supermaxi —camisa blanca, chaleco verde con el logo de la empresa, una tortuga de dibujos animados, pantalones negros ceñidos— y guardó una muda en una bolsa. No le importaba hacer el viaje de ida con el uniforme puesto, porque a la hora que salía de casa sus amigos del barrio dormían, pero se llevaba ropa de recambio para regresar vestida de calle.

Abrió la puerta del baño y se dio de bruces con su padre.

—¿Papá?

Luis se restregó los ojos con los puños como un niño.

—Quedé con los compañeros —dijo.

—¿A ver pájaros?

—Ornitología, niña. Si me dejas en la Casa de Campo luego puedes llevarte el coche al trabajo.

—¿Y cómo vuelves?

—Me trae Maldonado. Te desvías un poco, pero llegas antes que en autobús.

Lo besó en la mejilla.

—Te lo devuelvo enterito, prometido.

Compartían un Seat Ibiza que Luis compró cinco años antes en Chollocoches, el concesionario de segunda mano donde trabajaba su amigo Sotillos. Llevaba tiempo queriendo venderlo, sin decidirse. Tenía escritas en un papel las ventajas e inconvenientes de deshacerse del Ibiza. Elaborar listas era su manera de resolver las indecisiones de la vida, en el trabajo, la familia, el ocio. Una lista le servía para poner las cosas en perspectiva. A favor de la venta apuntó que la gasolina estaba cada vez más cara, la subida del seguro por tercer año consecutivo, aunque no había dado un solo parte, y la falta de uso. El instituto donde trabajaba como profesor de música quedaba a cinco minutos andando de casa y apenas viajaba fuera de Madrid. Además, detestaba conducir. En el apartado de los argumentos en contra solo encontró uno: «A Marta le viene bien para ir a la universidad y al trabajo».

—¿Haces café, niña? —Luis voceó a través del pasillo—. Salgo en cinco minutos. Y desayuna bien, estás en los huesos.

Marta llenó dos termos con café, metió un táper con pasta en el bolso y cogió las llaves del coche de la mesilla. Mientras esperaba a su padre, se quedó mirando el retrato de su madre que colgaba de la pared del recibidor. En la fotografía tenía el pelo recogido, una blusa azul, su collar de perlas y la expresión tierna de las madres cuando cargan a un bebé en brazos, aunque no sea suyo. «Mira que era guapa», se dijo. Apenas la recordaba —era muy pequeña cuando murió—, pero guardaba en la memoria un sinfín de momentos compartidos, la mayoría imaginados. Excursiones a la playa, comidas de domingo y compras en el centro. Podía recrear su tono de voz y el tacto de sus

manos. La escuchaba diciendo cosas de madre. «Abríga-
te». «No vuelvas tarde». «¿Hiciste la cama?». Con el paso
de los años, la relación de complicidad con su ausencia se
fortaleció, alimentándola con nuevas experiencias que
solo ocurrían en su mente. Y, en vez de debilitarse, el recuerdo hacia la madre desconocida se hizo más fuerte; su
presencia más viva e intensa.

—Cada día os parecéis más —oyó decir detrás de ella.

Luis corrigió levemente la posición del cuadro, aunque no estaba torcido, acarició el pelo de su hija y abrió la
puerta para cederle el paso.

Villaverde dormía: no había un alma en la calle. Mientras Marta subía al asiento del conductor, su padre rodeó
el Ibiza, inspeccionándolo como el perito de una aseguradora.

—Tiene un arañazo —dijo—. En el lateral derecho.

—Yo no he sido.

—Lo han hecho con una llave. El otro día quemaron
dos coches en el barrio. La furgoneta de la cristalería de
los Hermanos García y el Mercedes de Pascual, el del bar.
Es que ni los roban, que podría entenderlo, leches; los
queman. ¿Para qué?

Marta ladeó la cabeza.

—Del barrio no creo que sean.

—Los vecinos quieren organizar patrullas por la noche.

—¿Y vas a ir?

—A ver, si la policía ni aparece. Algo tendremos que
hacer. Se van a organizar turnos de tres horas cada uno.

—En plan justicieros.

—No es eso. Hay gente que vive de su vehículo, trans-
portistas, taxistas como Maldonado. Si se lo queman, se
acabaron sus ingresos. El seguro se desentiende. Detuvieron a un par de chavales el mes pasado. Al día siguiente

estaban en la calle. Un escarmiento les vendría bien a esos vándalos.

—Eso es tomarse la justicia por tu mano.

—Justicia, tú lo has dicho.

Tomaron la autovía de Toledo, dejaron atrás el cementerio Municipal de Carabanchel y enfilaron la M-30 hacia la Casa de Campo.

—¿Cenas en casa?

—Voy al cine con Javi.

—Tu amigo.

—Llevamos casi dos años, papá.

—¡Uf, tanto! Tráetelo un día. Dile que no muerdo, ¿eh?

—¿Te portarás bien si viene?

—Un suegro modelo, te lo prometo. ¿La cosa es seria?

Estaban atascados en la carretera del Parque de Atracciones.

—¡Nos vamos a vivir juntos!

Marta se llevó una mano a la boca. Quiso recuperar en el aire cada palabra de aquel anuncio apresurado antes de que llegara a oídos de su padre. Había planeado darle la noticia con suavidad, dejándole pistas para que se fuera acostumbrando a la idea. Llevar a Javi a comer para que se conocieran y explicarle que, aunque se marchara de casa, lo visitaría a menudo y harían planes juntos, como siempre. Ahora era demasiado tarde para dar marcha atrás. Padre e hija quedaron en silencio, con la mirada clavada en los coches que tenían enfrente.

—¿Cuándo? —preguntó Luis finalmente.

—Estamos buscando piso.

—¿Y de qué vais a vivir?

—Javi tiene trabajo.

—De camarero.

—Es el encargado.

—No has terminado la carrera. ¿Qué prisa tienes? Toda la vida por delante...

—Me lo ha pedido y le he dicho que sí.

—Entonces, ¿os vais a casar?

—Javi no es de esos. Solo vamos a vivir juntos.

Llegaron al Camino del Arroyo. La vía, de un solo carril en cada sentido, se colapsaba poco antes del amanecer, cuando las prostitutas que habían tenido una mala noche abarataban los precios y se ofrecían a los automovilistas por la voluntad. Figuras borrosas se movían frenéticamente en el interior de coches estacionados en las cunetas a ambos lados. Luis mantuvo la mirada en la carretera mientras Marta observaba por el rabillo del ojo al ocupante de un Renault Clio aparcado a su derecha. Tenía la cabeza echada hacia atrás y los ojos cerrados. Le habría bastado extender la mano por la ventanilla para despertarlo. «Es guapo», pensó. En ese momento una mujer asomó la cabeza en el asiento del copiloto, ajustándose un vestido rojo y limpiándose los labios con un pañuelo. Sus miradas se encontraron, la prostituta besó el dorso de su mano derecha y sopló hacia ella, enviándole un beso ficticio. El Ibiza avanzó unos metros y Marta torció el cuello para mantener el contacto con la mujer.

—Es una mala idea —dijo Luis.

—Papá...

—¿Puedo decirte lo que pienso? Porque si ni eso puedo...

—No subas la voz.

—No la estoy subiendo.

—Sí que lo haces.

No le gustaba el tal Javi. En el barrio todos se conocían: tenía mala reputación. Se decía que trapicheaba con drogas y estaba metido en líos. Quiso advertir a su hija sobre cómo el corazón puede arrojarte en brazos de la persona equivocada, pero se reprimió.

—Seguro que ese chico es estupendo —dijo sin convicción—. ¿Por qué comprometerte tan pronto? Lo primero es terminar los estudios, tener un trabajo, ahorrar para la entrada del piso... Las cosas en un orden, como en mi época.

—No estamos en tu época.

—Claro, ahora soy un viejo que no se entera de nada. Mira, no me importa lo que hagáis. A ver si crees que nací ayer. Vosotros sois libres, no como nosotros, que ni besarnos en el parque podíamos. Por eso nos casábamos pronto, porque no había otra manera. La convivencia es más difícil de lo que parece. Pregúntale a cualquiera. Y vosotros... ni siquiera habéis viajado juntos. Es fácil aguantarse cuando ves a la otra persona de vez en cuando. Pero vivir juntos..., eso es otra cosa.

—Estamos planeando irnos por Europa. A París, quizá.

Un nuevo silencio los separó. La evocación del viaje llevó a Luis a la playa de Bolonia, en Cádiz, donde pasaron un verano solos poco después de la muerte de Lola. Acababan de bañarse en un mar brillante e infinito, corrieron hacia las toallas y Marta se tumbó sobre su pecho. Sintió los latidos de su corazón acelerado y sus brazos tratando de abarcarlo entero. Había tomado la determinación de entregarse al cuidado de la niña, en el convencimiento de que debía doblarse como padre y madre. Renunciaba a cenas y salidas con los amigos para leerle cuentos o llevarla al cine. Volvían juntos de la mano de la escuela, donde Luis trabajaba como profesor y Marta había estado enrolada desde el primer curso. Por las tardes hacían los deberes y veían la televisión hasta pasadas las diez. Ella le pedía más tiempo y después se quedaba dormida apoyada en su hombro, o lo fingía, para que la llevara en brazos a la cama.

«Yo siempre voy a estar contigo, papá —le dijo Marta aquel día en Bolonia, mientras se secaban bajo el sol gaditano—. También cuando sea viejecita». Tendría siete años y Luis pensó que aquella era una buena oportunidad para explicarle el orden natural de la vida, por qué la suya era una promesa sincera e imposible de cumplir. Prefirió no estropear el momento y, en su lugar, igualó el compromiso: «Y papá siempre va a estar contigo».

El tráfico se despejó a la altura del Zoológico, el punto donde Luis Delgado había quedado con Santiago Maldonado, Miguel Cabrera y Fran Sotillos, sus amigos de la Asociación Ornitológica de Villaverde (AOV).

—Ahí están —dijo Marta, señalando al grupo de señores vestidos con ropas de camuflaje, gorras y prismáticos colgando del cuello.

Los saludó a través de la ventanilla.

—Estáis muy guapos... así vestidos.

—Tú sí que estás guapa, princesa. —Maldonado le lanzó un beso.

—Joder, que es mi hija —protestó Delgado.

—¿Y no se le puede piropear o qué?

Quedaban todos los domingos, lloviera o hiciera sol, para avistar aves en la Casa de Campo. Después tomaban cervezas en El Abuelo y, una vez al mes, comían perdices encebolladas en un restaurante de la carretera de Colmenar. Pasaban la tarde jugando al mus y repetían las bromas del domingo anterior. «Mira que sois cabrones —decía Maldonado, el presidente de la asociación—. Os gustan más los pájaros en el plato que volando». Aunque llevaban tiempo tratando de ampliar la AOV, solo eran cuatro miembros. Aparte de Maldonado, taxista de profesión, estaban Cabrera, secretario primero y abogado de pleitos; Sotillos, vocal y exvendedor de coches en paro; y Delgado, sin cargo porque los estatutos establecían una antigüedad de cuatro años para ocupar uno. Se conocían del colegio, donde habían sido mejores amigos antes de dispersarse durante los años de las ambiciones desmedidas. El barrio los volvió a unir y enseguida recuperaron la amistad, un sentimiento con mejor memoria y sentido de la lealtad que el amor. Todos regresaron casados y con hijos, menos Sotillos.

Luis avanzó hacia sus amigos, se detuvo a medio camino, desandando el trecho recorrido, y se acercó al coche para abrazar a Marta.

—Podemos hablar de ese chico más tarde, ¿vale?

Ella lo besó en los pliegues de la frente.

—Sobre todo no te enfades, que te arrugas y te pones muy feo.

Se alejó con paso cansado y el cuerpo levemente inclinado hacia delante. Mientras lo seguía con la mirada, sintió un instinto maternal hacia ese señor vestido como si se marchara de safari a África. ¿No era extraño?, pensó, el momento en que todo se invierte y los hijos empiezan a ver a sus padres como si fueran niños.

Luis se volvió una última vez.

—Ya sabes que eres mi hija favorita —gritó.

—¡Solo tienes una!

Marta buscó en la guantera del Ibiza el cedé de Nacha Pop que solía acompañarla hasta el Supermaxi, lo introdujo en la ranura y le dio al *play*. Al entrar en la M-30 se

34

animó y entonó *La chica de ayer*, alentada por la intimidad del coche. Tomó el desvío a la Nacional VI en dirección a La Coruña, ajustó la velocidad a los 120 km/h indicados en la señal de tráfico que acababa de pasar y bajó la música para concentrarse en la carretera. Hacía tan solo seis meses que conducía y sentía terror, sobre todo, a los camiones. En pesadillas, quedaba atrapada entre dos masas gigantes sobre ruedas que achicaban su espacio por ambos lados. Solo podía acelerar, con la esperanza de dejarlos atrás antes de que la aplastaran, pero su coche carecía de la velocidad punta necesaria y los camiones estaban cada vez más cerca. A veces, lograba agónicamente escapar del aprieto en el último suspiro; en otras, despertaba sudorosa y entre temblores justo en el momento en el que...

Mientras avanzaba por la Nacional VI, recordó la escena de la prostituta de la Casa de Campo y pensó en Rosa, la yonqui del descampado. ¿Cuándo se torció todo para ellas? ¿Fueron solo las drogas, las malas compañías, el destino...? Le gustaba imaginar vidas ajenas: las de sus compañeros en la facultad de Medicina, los vecinos de su bloque en Villaverde, los desconocidos con los que se cruzaba en el metro o en los bares. Puso nombre a la mujer del Clio. Macarena, de Sevilla. Cinco hermanos, padres feriantes, una adolescencia tormentosa y una escapada a la capital en busca de sueños inalcanzables. Luego, arrastrada por la corriente, no supo ponerse a salvo y alcanzar la orilla.

El rugido de un motor a sus espaldas la sacó de sus ensoñaciones. Miró por el retrovisor del Ibiza y vio acercarse un coche a toda velocidad. Se apartó hacia la derecha, dejó libre el carril izquierdo, agarró el volante con fuerza, concentrándose en mantenerse en una perfecta línea recta, y respiró aliviada cuando pasó a su lado. Atisbó, de reojo, al conductor. Tenía la barbilla sobre el volante y la mirada perdida en el horizonte. Su acompañante dormía en el asiento del copiloto, con el rostro pegado a la ventanilla. El deportivo plateado se perdió en la lejanía, fundiéndose entre los claroscuros de la carretera.

Marta fijó la mirada en el contador y vio que la luz de reserva de combustible parpadeaba. ¿Tenía suficiente para llegar al Supermaxi y repostar a la vuelta? Sintió un hormigueo en el estómago al imaginarse tirada en el arcén. Llegaría tarde al trabajo, su jefe se enfadaría, no podría ayudar a sus compañeros a recolocar las lechugas en la sección de verduras o los yogures en la nevera de lácteos, y perdería su trabajo. Ya no podría irse de vacaciones con Javi. ¿Por qué se angustiaba por todo? Su novio se lo recriminaba a menudo. Si tenía un examen, estudiaba durante semanas hasta sabérselo a la perfección y cancelaba sus citas por temor a suspensos que nunca llegaban. Se marchaba de las fiestas cuando mejor lo estaba pasando, agobiada por si se había dejado el gas encendido en casa. En ocasiones aparcaban en una calle discreta, Javi reclinaba el asiento del copiloto y la besaba con la esperanza de hacer el amor. ¿Y si alguien los veía? O peor: ¿y si alguien los asaltaba? Marta trataba de frenar el ímpetu de su novio con palabras cariñosas que lo encendían todavía más. Solo bajaba la guardia cuando estaban en casa de él, cogían las llaves del trastero y hacían el amor entre maletas, palas de playa y polvo, en la cobertura de aquel desorden de cosas inservibles. Pero incluso entonces le costaba disfrutar del momento. Estaba pendiente de que el preservativo no se rompiera, de que alguien los oyera o de que se quedaran encerrados. «Siempre crees que todo lo malo va a pasarte a ti», le decía Javi, irritado por su incapacidad para dejarse ir. Y ella, que sabía que tenía razón, asentía con la mirada y lo desenfadaba a besos.

Paró en la primera gasolinera que encontró. Por si acaso. Repostó diecisiete euros y se gastó uno y medio en una revista de viajes que traía un reportaje: «Praga. El París del Este». Lo ojeó un par de minutos y se detuvo en las fotos del itinerario, que incluía un crucero por el río Moldova y visitas al castillo de Praga y la ciudad subterránea. En la lista de visitas imprescindibles incluían un *spa* donde ofrecían baños de cerveza. ¡De cerveza! Quiso llamar a Javi para contarle que había encontrado el lugar perfecto para su viaje, pero trabajaba hasta tarde en el bar y estaría durmiendo. Él quería conocer París; ella ya había estado con el instituto y prefería otro destino.

—¿París? —dijo en voz alta, como si lo tuviera delante—: Iremos al París del Este.

Estaba exultante. Apuró el café del termo, metió la revista en el bolso y cerró la cremallera antes de reincorporarse a la carretera en dirección al Supermaxi. Miró la hora: iba bien de tiempo.

3

KILÓMETRO 9

Bosco Zabala pisó el acelerador a fondo, dribló coches, zigzagueó entre carriles y acosó a los conductores que encontró a su paso, unas veces deslumbrándolos con las luces largas y otras pegándose a sus parachoques hasta que se apartaron de su camino. El Aston Martin aún olía a nuevo. Tenía los asientos tapizados en cuero rojo, a juego con el volante y el salpicadero, techo corredizo, bafles Pionner y un cargador de diez cedés.

Lorenzo Zabala se lo había entregado envuelto en papel de regalo, llevándolo a la cochera con los ojos vendados para que fuera una sorpresa.

—¡No! —gritó al descubrir el morro—. ¡No puede ser!

Se abalanzó sobre su padre, dándole el primer abrazo en meses.

—Las llaves están puestas. Anda, pruébalo.

Bosco arrancó el coche y condujo las siguientes tres horas, subiendo y bajando la carretera de Burgos. Cuando llegaron las primeras multas, una semana después, María cuestionó la idoneidad del regalo.

—¿Hace cuánto que no lo veías tan feliz? —rebatió él.

Bosco quería llegar a Oh antes de que amaneciera o no los dejarían entrar; subió la velocidad hasta los 194 km/h, pero no sintió el más mínimo vértigo, le pareció que los demás vehículos estaban parados en mitad de la carretera y que los esquivaba en una pantalla de videojuegos. Tuvo que frenar para no embestir a una hilera de coches que encontró a la salida de una curva abierta. Sin hueco por donde pasar, se movió de un lado a otro, tocó el claxon y agitó un brazo por la ventanilla lateral. El conductor que iba por el carril derecho se movió ligeramente a la izquierda. Aprovechó para meter el morro por el arcén. Si el otro vehículo se desplazaba hacia ellos, un solo centímetro, se estrellarían. Dudó si frenar o dar otro golpe de pedal, presionó el acelerador con todas sus fuerzas y pasó rozando el coche de su izquierda y el guardarraíl a la derecha. Lanzó un grito victorioso:

—¡Guauuuuu!

Tenía la pista despejada. Acababan de dejar atrás los suburbios expansivos del noreste de Madrid, donde las grúas se erigían en la distancia como robots en una película de ciencia ficción. Bosco abrió la guantera, sacó una petaca y dio un trago largo de güisqui. Golpeó a Iván en el hombro.

—¡Bella durmiente! Casi estamos.

Iván Moncada abrió los ojos, miró a su alrededor y lamentó haber cedido ante su amigo, una vez más. Incorporado, recordó su trato:

—Dijimos una copa y a casa, ¿vale?

Recibió como respuesta una sonrisa pícara e incumplidora. Tenían un pacto desde niños. Serían siempre amigos. Los mejores. Podían tener más, pero solo serían el mejor amigo del otro. Sus secretos morirían con ellos. La primera memoria que Iván tenía de la lasitud con la que

Bosco asumió su parte del acuerdo celebraban la comunión juntos, vestidos con idénticos trajes de marineros beis, casacas azules y pañoletas a juego. Los Moncada invitaron a Bosco a quedarse a dormir en casa y su amigo descubrió esa noche el secreto que más lo avergonzaba. Tendrían diez años. Vieron una película, comieron pizza y jugaron a los videojuegos. Los mandaron a la cama a medianoche, a Iván con pañales. El lunes, en el colegio, todo el mundo sabía de su incontinencia. Las burlas comenzaron en la fila del patio y duraron todo el año, hasta las vacaciones de verano. Le juró que no había sido él, pero ¿quién si no?

Las traiciones se sucedieron en la adolescencia. Dejó de contarle qué chicas le gustaban porque eso las convertía en su objetivo. Lo criticaba a sus espaldas. Y, cuando se metían en líos, desviaba la responsabilidad hacia él para que cargara con el muerto. ¿Por qué seguía dejándose arrastrar? No encontraba una explicación al hechizo que Bosco ejercía sobre su voluntad, después de años de celos, caprichos y deslealtades. Lo había perdonado una y otra vez, sin anotarse las deudas o pedirle nada a cambio.

Ahora, en la edad adulta, cuestionaba la inevitabilidad de aquella amistad y vislumbraba con impaciencia la separación, cuando cada uno tomara su camino. Tenía un nuevo grupo de amigos del CEU San Pablo, donde estudiaba Arquitectura, con los que quería irse de viaje a Japón. Ocultó sus planes a Bosco para evitar que se uniera. Por primera vez, era él quien rompía el pacto infantil que los unía.

Iván pensó en lo mucho que aquella noche se parecería a otras. Romeo, el relaciones públicas, les haría sitio en uno de los reservados; Bosco pediría dos botellas de Black Label y otras dos de Moët & Chandon; la gente se arremolinaría a su alrededor, atraída por las drogas y el alcohol gratis; su amigo escogería quiénes accedían a su pequeño reino señalando a los afortunados con el dedo —tú y tú, aquella rubia también—; y él pretendería pasárselo a lo grande, aunque estuviera deseando marcharse. Al día siguiente, en la misa del domingo, se sentaría a su lado y rememoraría la noche anterior, a quién se había follado en los baños, la farlopa que había consumido, cuánto le costó la mordida para que el DJ pusiera seis veces la versión tecno de *Numb*, de Linkin Park. Si había accedido a tomar esa última copa, en contra de lo que le pedía el cuerpo, era porque aquel sería su último verano juntos. En agosto se marcharía a estudiar los dos últimos cursos a Georgetown y las cadenas que lo habían atado a Bosco Zabala quedarían definitivamente rotas.

Vieron a lo lejos, al otro lado de la carretera, las luces procedentes de Oh, con los rayos láser de su azotea atravesando el cielo, el parquin abarrotado de coches y la muchedumbre agolpándose en la entrada. Bosco intentó levantar el ánimo de su compañero:

—Te lo dije, tío, ¡llenazo! Puta, va a ser glorioso.

Y según señalaba la escena, se pasó el cambio de sentido que los habría puesto en dirección a la ciudad, dejándolos a las puertas de la discoteca.

—¡Mierda!

Bosco detuvo el coche en el arcén y miró por el retrovisor. No venía nadie.

—Ni se te ocurra. —Iván agarró el volante con su mano izquierda—. Busca la próxima salida.

Una vez más, se reafirmaron en sus papeles: Bosco siempre había sido el acelerador; Iván, el freno.

—Son solo unos metros. Puedo ir para atrás.

Iván abrió la puerta e hizo ademán de bajarse.

—Está bien, joder.

Bosco golpeó con violencia el salpicadero del coche, pisó el acelerador hasta el fondo y el Aston Martin culebreó ligeramente antes de enfilar la carretera de nuevo. Iván reclinó el asiento y volvió a cerrar los ojos.

—Despiértame cuando lleguemos.

Fingió dormir y poco después se quedó dormido.

El joven Zabala llevó la aguja del velocímetro hasta los 210 km/h, recorrió una decena de kilómetros y se desesperó al ver que los primeros tonos azul oscuro anunciaban el amanecer. Miró el reloj del Aston: 06:18 horas. Un cartel anunció un nuevo cambio de sentido, retiró el pie del acelerador y accedió por la vía de servicio. Recorrió doscientos metros por una pendiente de bajada y llegó pasado de frenada a una rotonda, donde estuvo a punto de salirse por la mediana. Enderezó el Aston Martin en el último momento y tomó la primera incorporación a la N-VI sin atender la señal —un gran círculo rojo con una raya blanca en medio— que prohibía el paso. Incorporado a la vía en dirección contraria, se encontró la carretera despejada camino de Madrid. Hundió el pedal del acelerador hasta el fondo.

Las luces resplandecientes de las farolas lo desorientaron. Aunque conducía bajo cielo abierto, sintió que entraba en un túnel y que su deportivo se fundía con el asfalto hasta desaparecer. Distinguió dos puntos luminosos en el horizonte, primero diminutos, después más grandes y más... La luz lo cegó, se cubrió los ojos con el antebrazo y trató de mantener el coche en línea recta. Un camión los esquivó en el último momento desplazándose hacia la izquierda y el sonido ensordecedor de su claxon se perdió en la lejanía.

—¡Maldito hijo de puta!

Bosco ocupó el carril de la derecha y vio más luces a lo lejos, parpadeantes. Desaparecieron. Y regresaron, más cercanas y amenazantes. Tres coches le daban largas desde la distancia. Se inclinó hacia delante, apoyó la barbilla en el volante, frotándose los ojos con los puños, y dio otro golpe de gas. Un coche los pasó rozando por la derecha; los otros dos frenaron a tiempo y se detuvieron, cruzados en mitad de la calzada.

—¡Apartad, cabrones! ¡Fuera de mi camino!

Los gritos despertaron a Iván. Se incorporó confundido y vio a su amigo con los ojos inyectados de rabia y un hilillo de baba descendiendo por la comisura de sus labios. Tenía una mano en el volante y con la otra sujetaba la petaca, dándole tragos rápidos.

—¡Cabrones! ¡Hijos de la gran puta!

—Pero qué...

—¡Mira cómo se apartan, tío! ¡No tenéis huevos!

Iván se incorporó del todo, miró a su derecha y vio los coches que iban en su misma dirección, separados por una baliza de hormigón. El conductor de una furgoneta de reparto bajó la ventanilla lateral y les gritó: «¡Vais en dirección prohibida, gilipollas!».

Bosco lo dejó atrás de otro acelerón. El Aston Martin tomó una subida prolongada y Madrid, a medio iluminar, desapareció del horizonte. Los azules del cielo se tornaron violetas, anunciando el final de la noche. El comienzo del día. Los últimos bailes en Oh.

—¡Bosco! —gritó Iván—. ¡Para, Bosco!

No respondió. Tenía los ojos fijados en la nada. Iván sacó su teléfono móvil, marcó el primer número de la policía y se le cayó al suelo. Trató de hacerse con el volante, pero su amigo lo apartó violentamente. El coche se balanceó a uno y otro lado antes de estabilizarse.

—¡Nos vas a matar! ¡Para, hostias!

En la cima del repecho, la ciudad volvió a aparecérseles a través de la luna delantera. Llegaron a lo alto pasados de velocidad y las ruedas del coche se despegaron ligeramente del asfalto. Un latigazo recorrió el estómago de Iván, seguido por una súbita sensación de vértigo. Flotaban. Flotaban en la noche agónica. Durante un instante eterno, flotaban en dirección a la nada. El Aston Martin golpeó el asfalto de nuevo y una luz deslumbrante iluminó el interior del deportivo, cegándolos. Iván se agarró al asiento con las dos manos y cerró los ojos con todas sus fuerzas.

—¡Nooooo!

Alicia, Susana, Germán y Mario esperaban la cola para entrar en Oh cuando escucharon un estruendo. Se volvieron sin prestarle atención y accedieron a la discoteca. Los vecinos de la urbanización La Pradera, junto al hipódromo, recordarían cómo, tras ser despertados por el sonido de una explosión, divisaron una columna de humo emerger a la altura del kilómetro 9 de la N-VI.

Los agentes Jorge Santos y Héctor Sarabia, de guardia aquella noche, se dijeron que ya tardaba «la noche en joderse» y salieron disparados para el lugar, convencidos de que no podía ser nada bueno. Lo primero que llamó la atención a los agentes cuando llegaron a la escena fue el silencio. Un silencio violento y sobrecogedor. Y el olor: el aire sabía a gasolina. Y la quietud, como si el mundo se hubiera detenido a la espera de que alguien le diera a un botón para reanudarlo. Y la brisa: acariciaba sus rostros, como de mar, cálida y húmeda a pesar de la sequedad de Madrid. Pedazos de objetos irreconocibles yacían esparcidos por el suelo: vidrio, metal, papel, plástico... Uno de los vehículos implicados en el accidente estaba partido en dos. La parte frontal había sido arrancada de cuajo por el impacto y sus dos ocupantes estaban atrapados en el interior, todavía con el cinturón de seguridad puesto. Sarabia corrió hacia ellos; Santos hacia el segundo vehículo, reducido a un amasijo de hierros. Las llamas empezaban a devorarlo.

—¡Choque frontal! —Sarabia llamó por radio a la central—. ¡Choque frontal! N-VI, kilómetro... —Gritó a su compañero—: ¡Jorge! ¿Kilómetro?

—¡El nueve!

—¡En el nueve, rápido! ¡Hay víctimas!

Santos corrió en busca del extintor, abrió el maletero y se sorprendió al ver que no estaba. En los años siguientes, al regresar a la escena del accidente del kilómetro 9, la culpa lo atormentaría por haber descuidado la revisión del coche patrulla antes de comenzar su turno aquella noche.

—¡Mierda! —maldijo cerrando el portón de golpe, enrabietado consigo mismo.

Vio la silueta de una persona retorciéndose en el interior del vehículo ardiendo, difuminada entre una nube de humo. Golpeó la luna lateral con la culata de su arma reglamentaria hasta romper el cristal. Se quitó la chaqueta, envolvió su brazo con ella, protegiéndose del fuego, y cortó el cinturón de seguridad con una navaja.

—¡Te voy a sacar! —prometió.

Era una mujer. Una mujer mayor, pensó. De piel oscura. ¿O era un rostro joven, arrugado y carbonizado por el fuego? Tenía los ojos más abiertos que había visto nunca. Mucho tiempo después, endurecido por la rutina de los accidentes, cansado de la arbitrariedad de la carretera y del azar con el que escogía a sus víctimas, de rescatar con vida a borrachos y temerarios, viendo morir a inocentes que se encontraban en el lugar equivocado, en el momento equivocado, Santos seguiría encontrándose con aquella mirada que le pedía ayuda desesperadamente.

Reiteró su promesa:

—¡Te voy a sacar!

Intentó abrir la puerta del conductor, pero no cedía. Rodeó el coche y probó con la del copiloto. Tampoco. El morro del vehículo, arrugado como un acordeón, había retrocedido hasta los asientos delanteros y atrapado a la mujer —mayor o joven, no sabría decirlo— en una celda de hierro inexpugnable. Miró a su alrededor. Gritó, desesperado:

—¡Ayuda, por Dios! ¡Ayuda!

Llegaron a la carrera conductores que habían parado sus vehículos en la cuneta. Uno de ellos llevaba una barra metálica y entre todos comenzaron a hacer palanca para abrir la puerta.

—Uno, dos, tres...

Los gritos guturales de la mujer los apremiaron. Oyeron a lo lejos el sonido casi imperceptible de las sirenas de los servicios de emergencia.

—¡Ya vienen! ¡Aguanta!

—Uno, dos, tres...

Una mano carbonizada emergió por el hueco de la ventanilla y se posó en el brazo del cabo. Los alaridos cesaron, reemplazados por un gemido débil y apenas audible. La mujer había dejado de luchar por zafarse de su encierro. Inmóvil, fijó la mirada al frente. Abrió la boca en busca de aire. Parecía querer decir algo. Santos se acercó para escucharla:

—No... No quiero morir.

—¡No vas a morir! ¡No te rindas!

Las ambulancias sonaron más cerca.

—¡Vienen a rescatarte! ¿Me oyes? Tienes que aguantar.

Cerca de su jubilación, tras una vida de servicio donde a menudo se preguntó si había escogido la profesión correcta, el cabo Jorge Santos seguiría escuchando aquella frase agónica que anunciaba el fin. «No quiero morir».

Buscó los ojos de la mujer una vez más. Se habían apagado. Tomó su mano y la apartó con suavidad mientras seguía haciendo palanca, ya sin apenas energía.

—Uno, dos, tres...

El fuego había remitido, dando por concluido su trabajo, y los demás voluntarios lo dejaron solo en sus intentos de rescate. Notó que tiraban de sus hombros y lo apartaban bruscamente. Una nube de espuma blanca cubrió el coche mientras otro bombero se abría paso entre el acero con una sierra eléctrica. Sacaron un cuerpo inerte y lo depositaron con delicadeza sobre el asfalto. Un sanitario comprobó las señales vitales y negó con la cabeza.

—Todavía se puede...

Santos imploró con la mirada.

—Está muerta.

—Prometí que la sacaría. Se lo prometí.

El sanitario lo abrazó.

—Has hecho lo que has podido.

El cabo se alejó unos pasos, sentándose sobre el asfalto con las manos en la nuca. Levantó la mirada y vio a Sarabia y los servicios de emergencia atendiendo a las víctimas del otro vehículo. El copiloto yacía sin vida sobre el asfalto; el conductor, aturdido pero consciente, se lamentaba apoyado en una ambulancia.

—Lo he matado... Lo he matado...

Sarabia le hacía soplar por un alcoholímetro. Anotó el resultado en el informe, escoltó al dueño del Aston Martin a la ambulancia y caminó hacia su compañero.

—Otro kamikaze —dijo—. El tercero este verano. Putos niñatos. Van hasta arriba.

Los diarios se habían llenado ese año con historias de los kamikazes de la carretera. Ofrecían guías sobre cómo reaccionar cuando los conductores se encontraban con uno. Mantener la calma. Circular lo más a la derecha posible, buscando el arcén. Encender los cuatro intermitentes. Los expertos alertaban de un nuevo criminal al volante, temerario e irresponsable, desinhibido y sin empatía por los demás. Los educadores hablaban de un síntoma de los tiempos. La euforia excesiva, el egoísmo imperante y los valores perdidos. Todo ello, mezclado con el repunte en el consumo de drogas, formaba un «cóctel mortal» en un país que vivía en la exaltación del riesgo. Entre las últimas víctimas había una mujer embarazada de siete meses; las televisiones habían desgranado cada detalle de aquellas dos vidas rotas, una antes de nacer. Las autoridades, a la defensiva, prometían aumentar los controles y endurecer los castigos.

Los curiosos se agolpaban detrás de la cinta policial que protegía la escena del kilómetro 9, empujándose unos a otros. Alargaban sus cuellos para comprobar el estado de los coches, seguir la acción de los servicios de rescate o atisbar algún herido. Llegó un fotógrafo de prensa con una escalerilla para tomar imágenes desde lo alto. Los testigos, o quienes decían haber visto el accidente, dirimían las culpas: unos apuntaban que el kamikaze había sido el coche que iba en dirección a Madrid; otros aseguraban que había sido el que se dirigía a La Coruña. Llegó el comandante de la central norte, a la que pertenecían Santos y Sarabia.

—El juez de guardia llegará en cualquier momento para proceder al levantamiento de los cadáveres —dijo, volviéndose hacia sus hombres—. Hagan el favor de llevar a cabo una inspección de la escena. Cualquier cosa puede ser importante.

Los dos agentes recorrieron el lugar en busca de pruebas. Caminaban con la vista clavada en el pavimento, apuntaban al suelo con sus linternas e introducían lo que encontraban en bolsas de plástico antes de cerrarlas herméticamente. Una petaca abollada con fuerte olor a güisqui. Un reloj Breitling con el cristal dañado. Unas zapatillas Stan Smith, situadas a una decena de metros una de la otra. Santos y Sarabia lo habían comentado unos días antes, cuando atendieron otro accidente en la M-30: lo extraño que resultaba que las víctimas de tráfico siempre perdieran los zapatos en el impacto. Sarabia ofreció una explicación técnica que había escuchado de guardias civiles más veteranos.

—Cuando te vas a estrellar, tensas el cuerpo, pero tus pies quedan sueltos. Con la parada repentina y brutal del choque, lo que no está asegurado o agarrado a una masa sólida sale disparado, como una bala.

Santos no le prestó atención. Había reparado en el tono débil de un teléfono móvil y agudizaba el oído para localizarlo. Señaló en dirección al arcén, detrás de un arbusto.

—Viene de allá.

El sonido cejó unos segundos y regresó al poco con una nueva llamada. La luz parpadeante los guio hasta una BlackBerry. En la pantalla, intermitente, apareció el nombre de Natalia. El cabo dejó que siguiera sonando y guardó el teléfono en otra bolsa.

—¿Cuánto dio el chaval? —preguntó a su compañero.

—Cuatro veces por encima del límite —dijo Sarabia—. Iba bien cargado.

—¿Drogas?

—Todas.

Santos miró al cielo.

—Te juro que no entiendo al de ahí arriba. Esa manía suya de llevarse a los buenos y perdonar a los malnacidos.

Se acercaron a los restos del Seat Ibiza calcinado. El cuerpo de la mujer que lo conducía seguía tendido sobre el asfalto. Uno de los bomberos les entregó un bolso de cuero, chamuscado y con la cremallera cerrada. El cabo se sentó en cuclillas, lo abrió y volcó el contenido en el suelo: una revista de viajes, un termo de café y una cartera roja de piel con unas monedas y la documentación. Echó unas gotas de agua sobre el carné de identidad plastificado y lo limpió con la manga de su camisa. Leyó el nombre de la víctima en alto:

—Marta Delgado Ruiz.

Se detuvo en la fecha de nacimiento:

—Trece de abril de 1987. Veinte años. Joder, era una niña.

Santos levantó la mirada. A lo lejos, vio los rayos láser cruzar el cielo de Madrid desde la azotea de Oh. Una música irreconocible llegaba lejana y débil. El día despuntaba. La fiesta continuaba en Madrid.

4

OSCURIDAD

Una patrulla de la Guardia Civil se adentró a media mañana en la barriada de Villaverde y aparcó frente a una fachada de cemento en la calle Arenas. Dos agentes se bajaron del coche ajustándose las gorras.

—Es aquí —dijo el cabo Jorge Santos.

Sarabia y Santos intercambiaron miradas que expresaban lo mismo: «No nos pagan para esto».

Bajaron del vehículo y llamaron al primero derecha desde el telefonillo. Nadie respondió. Iban a marcharse cuando un taxi Škoda se detuvo frente al portal con un grupo de señores vestidos con ropa de camuflaje, prismáticos al cuello y gorras verdes. Maldonado, al ver a los guardias, bromeó:

—Vienen por ti, Luis. Mira que te dije que robar bancos no era la solución.

—Lo mismo los ha llamado tu mujer, Maldo. ¿Hasta qué hora te deja hoy estar con los amigos?

Todos rieron el intercambio.

Luis se despidió chocando las manos de sus amigos, bajó del coche y caminó hacia el portal.

—¿Puedo ayudarlos? —preguntó.

—Llamábamos al primero, pero no hay nadie. ¿Conoce a la persona que vive en la casa?

—Servidor.

Delgado pensó que la visita estaría relacionada con la última protesta vecinal en favor del parque de Villaverde. La falta de respuesta a sus quejas lo había llevado a intensificar las acciones. Había creado la Plataforma por Villaverde y llenado el barrio de carteles en contra de la promoción de viviendas en el descampado. Él mismo había saboteado el cartel publicitario desplegado por la inmobiliaria, cubriéndolo con espray negro. Los viernes por la tarde, al finalizar su jornada en el instituto, quedaba con los incondicionales y preparaban pancartas con sábanas viejas y cartones. «No votes a mentirosos», decían. «Abajo los especuladores del ladrillo». En la última protesta frente al Ayuntamiento, Benicio Suárez, un expolicía jubilado que nunca fallaba a la cita, arrojó una piedra contra la fachada y rompió el cristal del concejal de Urbanismo, que salió de su despacho enfurecido. Huyeron a la carrera, mezclándose entre el gentío de la Plaza del Sol. Una vez a salvo, Delgado abroncó a Suárez, porque decía que la suya era una resistencia civil pacífica, al estilo Gandhi.

—Les doy mi palabra —se adelantó Delgado a los guardias— que no volverá a pasar. Fue un momento de enajenación de una persona que está pasando dificultades. Nuestra plataforma fue creada para defender el barrio con métodos no violentos.

Los agentes se miraron contrariados.

—Nosotros...

Sarabia tragó saliva e intentó recordar el protocolo: buscar un espacio íntimo para comunicar la noticia, utilizar frases cortas, ofrecer una información clara sobre lo ocurrido con tono empático, acompañar al familiar afectado hasta que llegue el apoyo psicológico...

—¿Podemos subir?

—¿Ocurre algo?

—Si no le importa es mejor si entramos.

—¿Qué pasa?

—¿Es usted propietario de un vehículo Seat Ibiza con matrícula 0976TH?

—Sí, ¿por?

—El coche sufrió esta mañana un accidente en el kilómetro nueve de la Nacional VI.

—¿Un accidente? Mi hija... está bien, ¿verdad?

Sarabia bajó la cabeza, tocándose la visera. No podía mirar a aquel hombre de frente. El cabo Santos tomó el relevo.

—Lamentamos comunicarle que su hija falleció en el siniestro.

Delgado los miró con incredulidad. Sacó el teléfono del bolsillo de su chaleco y marcó el número de Marta. No daba señal.

—Es... imposible. Esta mañana... yo... —El teléfono se le resbaló entre las manos temblorosas y cayó al suelo. Miró a los guardias mientras se agachaba para recogerlo—. Es un error. Por favor..., tiene que ser un error.

—Lo sentimos de corazón.

—No, mi niña. Marta no. Dios, Marta no.

Luis cayó de rodillas, aferrándose a las piernas del cabo. Un grito desgarrador rompió la calma dominical de la barriada y alertó a sus amigos, que contemplaban la escena desde el taxi sin entender qué pasaba. Maldonado salió del coche y corrió hacia él, lo ayudó a incorporarse y lo abrazó.

—¿Qué es? ¿Qué pasa, joder?

—Mi niña. Mi niña no, por Dios.

Maldonado miró a los agentes.

—¿Marta?

Asintieron con un gesto.

—¡Ay, Luis! ¡Hostias, no!

Los dos hombres lloraban abrazados. Luis se separó de Maldonado, caminó unos metros calle abajo y volvió sobre sus pasos. Agitaba las manos como si le quemaran. Se las llevó a la boca, mordiéndose los nudillos y ahogando sus gritos. Dio pasos erráticos a uno y otro lado, avanzó y retrocedió, giró sobre sí mismo. Desorientado, parecía a punto de caerse. Se apoyó en un contenedor de basura, agachó la cabeza y vomitó, pasándose la manga de la camiseta por la boca.

Maldonado, Cabrera y Sotillos se acercaron a él y lo guiaron hacia el portal, acompañándolo al piso. Sarabia y Santos los siguieron. Delgado subía cada peldaño fatigosamente, se detenía cada poco tiempo para lanzar profundos gemidos, sujetado por sus amigos. Maldonado buscó las llaves en el bolsillo de su pantalón y abrió la puerta mientras Sotillos y Cabrera lo sostenían. Había dejado de caminar y tuvieron que arrastrarlo hasta el sofá, donde lo tumbaron con las piernas elevadas sobre una pila de cojines y lo cubrieron con una manta.

Los guardias llamaron a Maldonado a un aparte y le comunicaron que el cuerpo de Marta Delgado había sido trasladado al tanatorio de la M-30.

—¿Cómo pudo...? ¿Qué ha pasado?

—La niña no tuvo ninguna culpa. —Santos hablaba en susurros para que Delgado no lo oyera—. Fue un kamikaze. El conductor dio positivo.

Maldonado apretó los puños con rabia.

—¿Muerto también?

—Fue el único superviviente. Falleció otro chico que iba con el kamikaze. Una psicóloga de guardia está en camino. Sería bueno que le hagan compañía hasta que llegue.

En ese momento Luis se levantó, caminó arrastrando los pies hacia su cuarto y cerró la puerta de un portazo. Sus amigos fueron tras él y se quedaron al otro lado, preguntándose con la mirada qué hacer. Primero Maldonado, luego Sotillos y finalmente Cabrera se turnaron para pegar la oreja a la puerta. Se escuchó el ruido de la persiana al bajarse. Después, nada.

—Vamos a dejarlo. —Maldonado hizo una señal de retirada.

—Lo único que tenía y se lo quitan —dijo Sotillos. Era el más callado de los cuatro, un espíritu inescrutable. Nunca mostraba si estaba alegre o triste, pero ahora tenía la expresión desencajada. Le brillaban los ojos, enrojecidos y húmedos—. ¡Maldito el que le ha hecho esto! ¡Maldito!

Volvieron al salón y Maldonado informó al cabo Santos:

—Se ha encerrado en la habitación.

—Sarabia, haz el favor. Baja a la calle y vigila esa ventana. Cualquier cosa, avisas rápidamente.

El guardia salió apresurado. Camino de la calle, se cruzó con una mujer de unos treinta años, estatura media y pelo recogido por una coleta. Pegó la espalda a la pared para dejarla pasar.

—Es en el primero. La primera puerta de la derecha.

—Gracias.

La psicóloga siguió hasta el rellano y empujó la puerta sin llamar.

—Ahí dentro —dijo Santos, señalando la habitación al final del pasillo.

La psicóloga se dirigió a los demás.

—Si no les importa, es mejor que esperen fuera.

—Sí, claro. Nosotros... estaremos abajo.

El cabo hizo ademán de marcharse también.

—No, usted quédese. Podría necesitarlo.

Elena Moreno llevaba dos años trabajando como psicóloga de emergencias en el Servicio de Asuntos Sociales del Ayuntamiento de Madrid. Sabía que la primera intervención era importante, pero que no había mucho que pudiera hacer para sacar del estado de *shock* a alguien que acababa de perder a un ser querido de forma inesperada. La prioridad era evitar que el paciente tomara una decisión emocional drástica. Luego vendría un trabajo de días o meses, a veces años. Localizó dos habitaciones al final de un pequeño pasillo y llamó a la puerta que permanecía cerrada.

—¿Señor Delgado?

No obtuvo respuesta.

—Señor Delgado, mi nombre es Elena. Soy psicóloga del Ayuntamiento. Solo quiero que sepa que estaré en el salón por si me necesita. El tiempo que haga falta.

Se quedó de pie frente a la puerta, dejó pasar tres minutos y repitió su ofrecimiento, preguntándole cómo estaba y si necesitaba algo. Una voz apagada respondió desde el otro lado de la puerta:

—Váyase. Váyase, se lo ruego.

—Dejaré una tarjeta sobre la mesa del salón. Puede llamarme cuando quiera. A cualquier hora del día o de la noche.

Escuchó un tímido «gracias», se alejó por el pasillo y al llegar junto al cabo Santos preguntó si habían podido contactar con algún familiar.

—Hemos llamado a una hermana. Al parecer, vive en Oviedo. No pudo ser localizada.

—¿Cómo fue el accidente?

—¿No le dijeron?

—Solo que fue en la Nacional VI.

El cabo relató lo ocurrido. Describió con frases entrecortadas la escena que encontró al llegar; escuchó de nuevo los gritos de Marta Delgado pidiendo ayuda; vio su rostro desfigurado y su piel arrugada por las llamas; y revivió la impotencia de su rescate fallido, la culpa por no tener el extintor en la patrulla... No pudo terminar: caminó con pasos rápidos hacia el baño, arrodillándose ante la taza del retrete, y vomitó todo lo que llevaba dentro. Abrió el grifo y se arrojó agua en el rostro para despejarse, y regresó al salón.

—Disculpe.

—No tiene por qué. Yo también lo hago a veces.

El cabo agradeció la comprensión con una mueca amable.

—Nosotros tenemos que volver a la central —dijo—. Cualquier cosa nos avisa.

La psicóloga lo acompañó hasta la puerta y después tomó asiento en el sofá. Paseó una mirada por el piso. Estaba decorado con una librería de madera oscura, con libros viejos y una enciclopedia británica, una mesa redonda con un mantel florido, un par de réplicas de cuadros renacentistas, alfombras desgastadas y una lámpara de cristales en forma de hojas de árbol. Se fijó en la fotografía de la mujer que colgaba del recibidor y se preguntó quién sería. Los datos censales del Ayuntamiento indicaban que había dos personas empadronadas en el piso, Luis Delgado Alonso y Marta Delgado Ruiz. Supuso acertadamente que sería la madre de la víctima y que habría fallecido. Sacó un bloc de notas del bolso y escribió: «Hombre de cincuenta años. Pérdida traumática e inesperada. Sin apoyo familiar. Vive solo. Recomendar vigilancia y supervisión».

Elena Moreno se preguntó cuánto tiempo más podría

seguir haciendo aquello. Le dijeron que con el paso de los años lo llevaría mejor, pero ese día no llegaba. Tras sus inicios en intervención en crisis, se formó en el tratamiento del duelo para prestar asistencia más allá de las primeras horas. Consultó con colegas que ejercían en ese campo, para conocer de cerca cómo les afectaba su trabajo. ¿Se llevaban el dolor de sus pacientes a casa o conseguían dejarlo fuera? ¿Se habían convertido en personas oscuras y tristes, de tanto convivir con la oscuridad y la tristeza? ¿Habían detectado un aumento de sus propios miedos ante la muerte, la suya y la de sus seres queridos? Visitó al catedrático Juan Luis Varela, su profesor favorito de la facultad, con la esperanza de que la desincentivara.

—Ya que me lo pregunta —dijo Varela, con la mezcla de franqueza y cinismo que permitía su «próxima e inmerecida jubilación»—, mi consejo es que haga cualquier otra cosa menos lo que sugiere. Escriba libros de autoayuda. Monte una consulta de terapia matrimonial. O de sexo. Será más feliz y ganará más dinero. Y aunque no aporte nada a la humanidad, le irá estupendamente bien.

Moreno entendió que el viejo profesor le aconsejaba que escogiera el campo del duelo solo si era su vocación. Le confesó que una de las razones de aquella elección era el recuerdo de su madre llorando la ausencia de su padre cada noche durante siete largos años. Fue el motivo de que se independizara en cuanto pudo pagarse un alquiler. Entre el sentimiento de culpa por dejar sola a su madre y la tortura que suponía escuchar sus lamentos, escogió la primera opción.

El profesor no se conmovió y dijo que tendría que buscarse razones de más peso:

—Reparar traumas personales no es motivo para entrar en ese campo ni en la psicología. Nosotros estamos en el negocio de ayudar a otros, no a nosotros mismos.

En su primer caso, Elena atendió a los padres de Pablo, un niño que sufría acoso escolar y que, apremiado por sus compañeros y forzado por su deseo de integrarse, aceptó el desafío de caminar por la cornisa de un octavo piso que llevaba de la cocina a su cuarto. Perdió el equilibrio y cayó al vacío. Fue al hospital donde ingresaron al chico y encontró a los padres abrazados en la sala de espera; acababan de recibir la noticia del fallecimiento. Dudó si acercarse, incapaz de imaginar ni por un momento que su intromisión pudiera ser de alguna utilidad. Cuando finalmente se decidió, lo primero que le sorprendió fue la calma con la que ambos parecían haber aceptado la muerte del hijo. Pero según continuó conversando con ellos, entendió que su entereza no venía de la fortaleza, sino de una desconexión temporal con la realidad. Hablaban del niño como si siguiera vivo. Las buenas notas con las que iba a terminar el año. La chica del colegio que le gustaba. Su ilusión por haber sido seleccionado para el equipo de baloncesto. Y fue solo entonces, en el momento en que repitieron aquella aspiración irrealizable, que se derrumbaron y cayeron en que no solo habían perdido a Pablo, sino al médico o abogado en que se convertiría, al padre que los visitaría los domingos con sus nietos, al hijo que los confortaría en la vejez y que un día los enterraría a ellos, porque ese era el orden natural de las cosas.

Moreno trató a la madre durante algún tiempo —el padre nunca apareció por la consulta— y creyó haberla ayudado. Las sesiones la vaciaban por dentro y volvía a casa sin fuerzas para hacerse la cena o levantarse del sofá. Se dijo que debía tomar distancia con sus pacientes o sucumbiría ante la acumulación de dolores ajenos, pero pasaban los años y seguía sin saber cómo hacerlo.

Moreno llevaba especialmente mal las guardias de los fines de semana. Se acostaba con la certeza de que la despertaría una llamada en mitad de la noche. En el Madrid excesivo, donde los jóvenes atravesaban las calles a toda velocidad para robarle unos minutos a la noche, con paradas en bares y discotecas, no todos regresaban a casa. Una pelea, una mala caída o un homicidio lo truncaban todo. Una sobredosis. Un suicidio. Y los accidentados en coches y motos, que eran mayoría. El sinsentido de aquellas muertes la desgarraba por dentro. Las sentía como piedras en una mochila cada vez más pesada. Las escenas de devastación se acumulaban en su memoria, sin que la última borrara la anterior. Los «y si» de quienes despedían a los muertos taladraban su mente. Y si no lo hubiéramos dejado salir esa noche; y si hubiera ido en metro; y si se hubieran marchado el fin de semana a la playa, como tenían previsto.

El amor sirvió a Moreno de distracción durante algún tiempo. Conoció a Gorka, conductor de ambulancias, en un accidente múltiple en la carretera de Extremadura. Al principio la violentó que él aprovechara la tragedia para ligar, mientras sus compañeros atendían a los heridos y certificaban la muerte de un motorista. Era un tipo grande, de casi dos metros, con un rostro de formas suaves y sonrisa de niño. Tierno, pensó. «Mierda de trabajo», le dijo él aquella vez.

Vivieron seis meses juntos. Los dos tenían turno de noche y dormían de día. Por las tardes iban a correr y los días libres al cine. Él pasaba el resto del tiempo en el sofá, jugando a videojuegos o viendo el fútbol. Elena se aburrió al mes. Al tercero, el conductor de ambulancias se convirtió en un estorbo. Le dijo que la cosa no marchaba y que mejor lo dejaban, pero Gorka la abrumó con súplicas y peticiones de segundas oportunidades. ¿No veía que estaban hechos el uno para el otro?, ¿que se entendían sin tener que hablar? Tardó otros tres meses en quitárselo de encima porque pensó que quizá su novio había encontrado el secreto de la vida: rebajar las expectativas hasta que no quedara margen para su incumplimiento. ¿Acaso ella exigía demasiado? A sus parejas, a su trabajo, a sí misma, condenándose a la insatisfacción. De un tiempo a esta parte, pedía consulta a amigas de su promoción y se reía de sí misma cuando iba a verlas. «Una psicóloga necesitada de terapia, lo que faltaba», decía.

Maldonado, Cabrera y Sotillos seguían frente al portal cuando Elena Moreno bajó a la calle. Los informó de que Luis, al menos, había respondido. Les entregó una tarjeta de visita a cada uno:

—No lo dejen solo. Los va a necesitar a ustedes más que a mí.

—Descuide —la duda ofendió a Maldonado—, no le vamos a fallar.

—Tiene suerte de tenerlos. Es solo que... serán meses muy duros. He dejado la puerta entornada para que puedan entrar de nuevo.

—Hace años perdió a su mujer —dijo Cabrera.

—La foto de la entrada...

—Cáncer.

—Vaya, no lo sabía.

—Marta lo era todo —dijo Sotillos.

—Volveré mañana a ver cómo está.

Moreno volvió la mirada hacia la ventana del dormitorio de Luis Delgado. La persiana seguía bajada.

5

LA FAMILIA

Siete directivos del Banco Industrial Hispanoamericano (BIH), incluido su presidente Alfredo Campos, se sentaban alrededor de una larga mesa de caoba en la sede de Goldman Sachs en Nueva York. María Zabala los hizo esperar veinte minutos antes de entrar en la sala, acompañada de su responsable de Finanzas, Emilio Llorens, y del consejero del banco, Salvador Galán. En la trastienda de la Global Banking & Investment Conference, BanKapital negociaba la compra de su principal rival y líder del sector en Latinoamérica.

Una vez consumada la fusión, la entidad resultante entraría en la liga de los grandes bancos del mundo, con presencia en treinta mercados y una capitalización que lo situaría entre los cinco mayores de Europa, un logro inimaginable para un banco que empezó con una única sucursal en la calle Mayor de Madrid, en 1942.

El abuelo Zabala, Julio, logró la licencia gracias a su amistad con el general Francisco Franco. Habían sido compañeros en la Academia Militar de Zaragoza y lucharon juntos en el bando nacional durante la guerra civil. El Caudillo lo condecoró por su participación en la batalla del Ebro.

Cuando terminó el conflicto, con el país en ruinas, Julio Zabala ocupó un cargo como secretario de Estado de Hacienda antes de renunciar para crear el banco. Obtuvo sus primeros beneficios con la financiación de proyectos de reconstrucción avalados por el régimen. Una década después, BanKapital había establecido oficinas en todas las capitales de provincia. Los Zabala fueron los primeros en traer a España las tarjetas de crédito, inauguraron el primer cajero automático del país —«máquina escupidora de dinero», lo describió la prensa de la época— y ofrecieron a sus clientes innovadoras formas de ahorro, con fondos de inversión y planes de jubilación privados.

Pero fue la segunda generación, con Ignacio Zabala al mando, la que vivió el impulso definitivo con el *boom* del turismo y de la construcción en los años setenta y ochenta. El banco creció imparable, compró participaciones en empresas energéticas e inmobiliarias y expandió sus tentáculos a los sectores claves de la economía. María había heredado un imperio sin apenas rivales en el mercado nacional y se enfrentaba al desafío de convertirlo en un jugador global. La compra de BIH era su oportunidad para demostrar que tenía el verdadero carácter de los Zabala.

—Señores —saludó la presidenta de BanKapital a los presentes—, es un placer volver a verlos.

Vestía traje de chaqueta, falda negra y una blusa blanca adornada por un pin con el logo del banco. Se había recogido el pelo en un moño alto.

—Se hace extraño vernos aquí... —dijo Campos.

María creyó leer en su mirada el final de la frase: «Y tener que negociar contigo».

Campos era un veterano de la banca, viejo amigo de su padre y poco acostumbrado a que le llevaran la contraria. La venta de BIH era una renuncia dolorosa para él. El banco pasaba por dificultades debido a la morosidad de su cartera de hipotecas, las primeras grietas de un sistema financiero que los políticos seguían situando entre «los más sólidos del mundo».

—Podríamos haber pactado esto a gritos desde las ventanas de nuestros despachos —bromeó el presidente de BIH.

Las sedes de sus corporaciones distaban trescientos metros en el Paseo de la Castellana de Madrid. Los equipos de ambas entidades retomaban los contactos después de que la primera propuesta de BanKapital hubiera sido rechazada por el Consejo de Administración de BIH, asesorado por Goldman Sachs. Los directivos del banco llegaron a la cita convencidos de que recibirían una oferta superior, pero María tenía otras intenciones. Hizo una señal a Galán y este deslizó al otro lado de la mesa un papel con idénticos términos, como si el problema no hubiera sido la cifra ofertada, sino la falta de tiempo de sus interlocutores para asumirla.

—Estoy convencida de que esta operación es lo mejor para ambas partes. Pero tiene que hacerse con un precio que tenga en cuenta no solo los potenciales beneficios, sino los riesgos que asume el comprador. Alfredo, sé que no es lo que esperabas.

—No lo es —dijo el presidente del Industrial.

—La mala noticia...

—¿Hay más?

—Necesitamos una respuesta rápida. Quiero serte sincera. Tenemos una alternativa y parte del Consejo presiona para que nos decantemos por ella.

En ese momento sonó el teléfono de María.

—¿La alternativa al habla? —preguntó Campos con sarcasmo.

Era Bosco, desde España.

—Asuntos domésticos —dijo María, colgándole—. Pueden esperar. Aparte de los números, todo lo demás sigue en pie. Me gustaría, Alfredo, que fueras el vicepresidente de la entidad resultante. Tu experiencia sería de mucha valía. ¿Qué me dices?

—Mira, yo...

Una segunda llamada interrumpió su respuesta. Esta vez, María respondió seca e irritada.

—Ahora no puedo hablar, estoy reunida.

—¡Los he matado! ¡Los he matado!

Le costó unos instantes reconocer la voz de su hijo al otro lado de la línea.

—¿Bosco?

—Un accidente... Yo no quería... El coche.

María se levantó de golpe, tapó el auricular con la mano y, disculpándose con un gesto, salió de la habitación.

—¿Qué accidente? ¿De qué hablas?

—No se movía, mamá. Iván está muerto.

—¡Dios! ¿Estás bien?

—¡Los he matado! ¡Ha sido un accidente!

—¿Dónde estás?

—En La Paz. Me han hecho pruebas. Mamá, venid pronto. Tengo miedo.

La llamada se cortó y María trató de reconectar, pero su hijo no atendía. Marcó temblorosa el número de Lorenzo, que estaba en la Quinta Avenida, de compras.

—Es Bosco. Ha tenido un accidente.

—Pero ¿cómo?, ¿dónde?, ¿está bien?

—Ha sido con el coche. No sé nada más. Llámalo, por favor, contáctalo. ¡Nos vemos en el hotel, voy para allá!

María respiró hondo, contó hasta tres y forzó una expresión impasible en su rostro antes de volver a la sala de juntas. Caminó hacia Salvador Galán y le susurró la noticia al oído. El asesor asintió sin alterarse, hizo una pausa y se dirigió al resto:

—Bien, señores. Tienen todos los documentos en las carpetas. Podemos emplazarnos para dentro de unos días, si les parece.

—Pensé que comeríamos —dijo Campos.

María se disculpó.

—Lo siento, Alfredo. Tenemos que salir para Madrid. Un imprevisto familiar. Ahora no puedo...

Dejó la frase a medio terminar, se despidió afectuosamente y caminó con pasos rápidos hacia el ascensor, seguida de Galán. Su rostro había palidecido y se encontraba mareada. El asesor le ofreció el antebrazo para que se apoyara en él.

«El único abogado con sentido de la lealtad que he conocido en mi vida», solía decir Ignacio Zabala de su consejero. La primera idea de la presidenta de BanKapital al tomar el testigo de su padre fue agradecer a Galán los servicios prestados y deshacerse de él. Pero en la demora de la decisión, el viejo letrado se la fue ganando. Supo hacerse útil sin desautorizarla, la protegió de los tiburones del Consejo, que olieron su bisoñez, y la guio a través de las luchas de poder del banco, las intrigas de la política y la necesaria frialdad en la gestión empresarial, sin mostrar otro interés que el deseo de cumplir la promesa que hizo a don Ignacio de servir a su hija como lo había hecho con él. Galán tenía dos teléfonos: uno de uso personal, para los asuntos del banco y de su familia, y otro que solo recibía llamadas de María. Estaba disponible para ella las veinticuatro horas del día, trescientos sesenta y cinco días al año.

María se sintió confortada de tenerlo a su lado.

—Salvador, por favor, averigua todo lo que puedas.

—No te preocupes —la tranquilizó el consejero—. Ve yendo tú y nos encontraremos en el aeropuerto. Te llamaré en cuanto tenga más detalles.

Lorenzo y Lucía esperaban en el *lobby* del Ritz-Carlton New York con el equipaje listo. Un coche los trasladó al aeropuerto de Newark, donde se había dispuesto el avión corporativo de BanKapital para llevarlos de regreso a Madrid. Llegaban a la terminal cuando María recibió la llamada de Galán. El asesor confirmó que se trataba de un accidente de tráfico y que las heridas de Bosco no presentaban gravedad. Hizo una pausa que se hizo eterna:

—Es grave, María. Dos muertos —ofreció una explicación quirúrgica, carente de emociones—. Los fallecidos son el joven que lo acompañaba, Iván Moncada, y una chica que iba en el otro vehículo, cuya identidad corresponde con Marta Delgado. He hablado con un teniente de la Guardia Civil amigo. Las trayectorias de los vehículos parecen confirmar que Bosco tomó el desvío equivocado. Iba en dirección contraria por la Nacional VI. Un choque frontal.

María sintió que le faltaba el aire.

—Bosco conducía en estado de ebriedad —continuó Galán—. Su tasa de alcoholemia era cuatro veces superior al límite. Positivo en marihuana y cocaína. Es un asunto muy feo.

—...

—¿María?

—Estoy aquí —su voz sonó débil y abatida—. Es horroroso.

—He puesto en alerta al equipo jurídico y enviado a

un abogado al hospital. Bosco no puede hablar con nadie. Si le preguntan, no recuerda nada. El objetivo ahora es minimizar los daños que esta desgracia pueda ocasionar al chico, al banco y al buen nombre de la familia. Es importante no dar pasos en falso. Puedes tener la seguridad de que se han tomado las medidas necesarias.

—Gracias, Salvador.

María se volvió hacia su marido. La pequeña Lucía, ausente, miraba por la ventanilla. Lorenzo posó una mano en su hombro.

—Todo va a salir bien.

Se arrimó a ella y la estrechó contra su pecho. Era el primer afecto que el matrimonio se concedía en meses.

Se habían conocido en el 85, en la barra de la discoteca Tartufo. Lorenzo era el reverso de los chicos con los que María había salido hasta entonces, hijos de familias bien que vestían, hablaban y se comportaban de forma idéntica. Se le acercó bohemio hasta el desaliño, casi necesitado de amparo. Hablaba pausado y antiguo. Dijo que era poeta y María lo ofendió con su risa.

—¿Es en serio? —rectificó.

Compensó el agravio sincerándose como no hacía nunca en encuentros casuales, desvelándole quién era.

—¿De los Zabala de BanKapital?

María asintió, ruborizada. Acababa de volver de Estados Unidos tras graduarse en Business Managment en Duke y había empezado a trabajar en el banco. «Desde abajo», según dijo. Entonces fue Lorenzo el que la trató con sorna, anunciándole un carácter resentido que nunca abandonaría.

—Te lo han puesto difícil en la vida, ¿eh? Nadie verá

nunca más allá de tu dinero. Lo tienes todo para ser infeliz.

María tardó unos instantes en encajar el golpe porque, aunque tenía interiorizadas sus ventajas de cuna, nadie se las había expresado con aquella franqueza. En un segundo vistazo, pensó que aquel chico deslenguado era guapo y que, si llegaba el día de presentárselo a la familia, tendría que asearlo. Hablaron de libros —coincidieron en su favorito: *La insoportable levedad del ser*, de Kundera—, discreparon sobre si el dinero daba la felicidad —sin saber que iban a comprobarlo juntos— y se enzarzaron en una tonta discusión sobre qué daba más resaca, el vodka o el ron. María miró a sus amigas, que reclamaban su regreso desde la distancia, y les pidió tiempo extra ante la fascinación que le producía un personaje sacado de otra época. Antes de marcharse, le ofreció la palma de su mano y escribió su número de teléfono.

—Si quieres, nos vemos otro día.

Tuvieron que vencer las resistencias de las dos familias. Los Zabala creían que su hija se conformaba con poco; los Molina que Lorenzo apuntaba demasiado alto. Se casaron en una boda multitudinaria en la finca de los Zabala en Sotogrande y un año más tarde tuvieron a Bosco. María volvió al trabajo dos semanas después del parto, convocada por su padre a una reunión menor. Fue su manera de poner a prueba su compromiso con el banco y confirmar su posición como heredera. Para entonces había ganado la carrera por la sucesión por incomparecencia de sus dos hermanos mayores. Pablo, el primogénito, nunca quiso saber nada de las finanzas y vivía en la isla de Flores, donde tenía una escuela de buceo. Borja, el mediano, se decantó por la medicina. Ignacio Zabala concentró sus esfuerzos en María y aceleró su carrera hacia las alturas, concediéndole una promoción tras otras hasta situarla, en apenas dos años, como vicepresidenta de Expansión Internacional y miembro del Consejo de Administración.

Los primeros años de matrimonio transcurrieron entre la aceptación de las exigencias profesionales de ella y los vaivenes existenciales de él. Lorenzo asumió su condición de consorte y adoptó el apellido de su mujer; por oportunismo, según las malas lenguas. Las conexiones familiares lo ayudaron a publicar sus primeros versos como poeta, pero ni la prensa ni los círculos culturales tomaron en serio su obra. Las ventas se limitaban a amigos, que se sentían obligados a ir a sus presentaciones. Lo intentó con la pintura, pero sus cuadros terminaron adornando las paredes de su casa de La Moraleja. Se hizo escultor, centrándose en el tallado de desnudos femeninos con formas desproporcionadas. Piernas gruesas y cinturas delgadas. Cabezas redondas y pechos diminutos. Las conexiones de la familia le abrieron las puertas de galerías en Lisboa, París o Sídney, donde no se vendió una sola pieza de «Intimidades», su colección de mujeres africanas con labios en forma de glúteos y piernas de alambre. A su regreso de las antípodas, con la autoestima dañada, cayó en una temprana crisis de la mediana edad. Salía cinco noches a la semana y se levantaba al mediodía. Reemplazó las tertulias literarias por las conversaciones frívolas, las exposiciones por partidas de golf en el Real Club y la frugalidad artística por la ostentación, con especial atracción por la ropa de marca y los relojes caros. Apenas pasaba un par de horas a la semana en el estudio. Cuando lo llamaban, dejaba el teléfono sonar un buen rato para que pensaran que estaba ocupado. Hablaba de proyectos que nunca arrancaba o dejaba a medias.

A cada decepción profesional, siguió una reinvención

del artista y una progresiva transformación de la persona. De poeta desaliñado a pintor modernista, de escultor alternativo a creador contemplativo y así hasta llegar al improbable rol de esnob de la elite madrileña. La transformación afectó su forma de vestir, hablar y gesticular. María, que en sus inicios anheló la integración de su marido en su mundo, asistió con perplejidad a cambios que lo hicieron indistinguible de cualquiera de los pretendientes que tuvo en su juventud, algunos de los cuales eran ahora íntimos de su marido. Si hubiera querido terminar con uno de ellos, ¿acaso no habría escogido entre los originales?

Lorenzo Molina había mutado del todo en Lorenzo Zabala cuando María quedó embarazada de Lucía. Fue una bebé alegre y activa hasta los seis meses, cuando detectaron una regresión en su movilidad. La dejaban en la cuna y se quedaba en una única posición. Cumplió su primer año sin gatear. Los movimientos de sus manos eran a veces erráticos; otras, frenéticos. En la guardería, los profesores advirtieron que no mostraba ningún interés por los otros niños o por los juegos que se organizaban en clase. Con el paso del tiempo, su rostro perdió expresividad. A la edad en la que los niños mostraban asombro al descubrir el mundo a su alrededor, Lucía lo contemplaba con la mirada vacía de los ancianos en el final de la vida. Cumplió tres años sin pronunciar una palabra. Lorenzo atribuyó su condición a la timidez y reforzó su teoría asegurando que los Molina tenían un largo historial de tardanza en el habla, pero que una vez se ponían en marcha, «no había quien los callara». La llevó al pediatra a regañadientes, por insistencia de María.

La diagnosticaron síndrome de Rett.

—Es una mutación de un gen, el MECP2, que controla

71

las funciones de otros genes y que se da casi exclusivamente en niñas —explicó el doctor.

Lorenzo preguntó por el tratamiento y cuánto tardaría en ponerse bien.

—Su hija sufre una enfermedad neurológica relativamente nueva para la que no hay una cura. Todavía carecemos de fármacos o tratamientos específicos...

—El dinero no es un problema.

—No es eso. Lucía va a necesitar cuidados toda la vida. Sufre un autismo degenerativo. La esperanza de vida está en torno a los veinticinco años, pero en algunos casos puede alargarse. Es una enfermedad regresiva, se van perdiendo habilidades como el control de los movimientos. Hay investigaciones en marcha...

María se negó a aceptar el diagnóstico, lo dejó todo de lado e inició un *tour* por los mejores hospitales pediátricos del mundo en busca de una segunda opinión. Solo aceptó la realidad tras una cuarta confirmación en el Alberta Children's Hospital de Canadá. Lorenzo no la acompañó a ninguno de aquellos viajes, convencido de que los médicos eran igual de buenos en España. Siempre se arrepintió porque María nunca regresó del todo de aquellos periplos médicos; el desmoronamiento del matrimonio, al principio lento, se aceleró. Los afectos, que nunca habían sido muchos y necesitaban de práctica, desaparecieron. Lo siguieron la complicidad, el humor, la pasión y, por último, el sexo. Aunque mantenían cierta cortesía matrimonial delante de los niños, y se dedicaban falsas muestras de cariño en los eventos sociales, en la intimidad pasaron a ser dos extraños que vivían juntos.

Los Zabala entraron en el hospital La Paz con paso acelerado, llegaron al mostrador y preguntaron por su hijo. Mientras Lorenzo esperaba el ascensor, María se adelantó subiendo por las escaleras hasta la cuarta planta. Corrió por el pasillo, empujó la puerta de la habitación 418 y se encontró a Bosco incorporado, vestido con una bata blanca y un gorro de tela. Se abalanzó sobre él, estrechándolo contra su pecho.

—¡Mamá!

—Sí, ya estoy aquí. Mamá está aquí.

Lorenzo entró poco después, besó a su hijo en la frente y lo reconfortó con caricias, sin saber qué decir. Padres e hijo se unieron en un abrazo prolongado y silencioso.

Salvador Galán, que se había adelantado, contemplaba la escena con las manos entrelazadas en la espalda, enfundado en un traje de seda azul oscuro. Esperó pacientemente a que se resolviera el reencuentro familiar, carraspeó cuando consideró que se prolongaba más de lo necesario y pasó a desgranar la situación.

—Nos encontramos ante un problema de una enorme complejidad...

—¿Podemos hablarlo más tarde? —lo interrumpió Lorenzo.

El abogado ignoró la pregunta.

—Esta mañana estuvieron aquí dos agentes del departamento de Atestados de la Guardia Civil. Querían hacer unas preguntas a Bosco. Se les dijo que el chico estaba conmocionado y los agentes aceptaron demorar su declaración hasta mañana. Quieren hablar con vosotros también.

—¿Con nosotros? ¿Por qué?

—Hubo una fiesta en la vivienda familiar. El coche implicado figura a nombre de Lorenzo. Por supuesto colaboraremos en todo para aclarar hasta el último detalle de lo sucedido. —Galán desmintió sus palabras envolviéndolas de un tono cínico—. El despacho ha asignado a sus mejores abogados para este asunto.

—¡Fue un accidente! —saltó Bosco.

—Lo sé, cariño —asintió su madre.

—Por supuesto que lo fue —dijo Lorenzo.

Bosco lanzó dos miradas rápidas a sus padres.

—¿Qué me va a pasar?

Todos se giraron hacia Galán.

—El joven Zabala debe entender que el accidente ha provocado dos víctimas mortales y que se llevará a cabo una investigación. Debemos dejar que los abogados hagan su trabajo.

—Pero... ¿no iré a la cárcel?

—Se ha contactado de forma preventiva con los actores que pueden tomar decisiones precipitadas o contrarias a los intereses de la familia.

—Mamá...

—Todo va a salir bien, ¿verdad, Salvador?

El asesor asintió con un leve movimiento de la cabeza.

Una doctora trajo los últimos resultados y confirmó que Bosco no había sufrido daños internos. Tenía dos costillas rotas y contusiones que sanarían en tres semanas. Recomendó mantenerlo en observación veinticuatro horas más antes de darle el alta. María dijo que dormiría en el sillón junto a la cama, pero su marido se ofreció a ocupar su lugar.

—Vete a casa y descansa. Mañana será un día largo para todos.

Dudó unos instantes antes de aceptar con un gesto de forzada decepción.

—¿No te importa, mi niño?

—No, mamá.

Volvió a abrazarlo con fuerza, se despidió de Galán con un estrechón de manos y besó a Lorenzo en la mejilla.

—Me llamáis con lo que sea, ¿vale?

María Zabala llegó a casa pasadas las cuatro de la madrugada, despidió al chófer y caminó por el empedrado de la entrada con los tacones en una mano. Le dolían los tobillos y le pesaban los párpados. Accedió al jardín y se encontró la escena de una batalla campal. Botellas, latas y vasos esparcidos por el césped embarrado, dos hamacas en el fondo de la piscina, la puerta de la caseta del jardinero partida en dos y ropa interior colgada de las ramas de la encina centenaria de La Aurora. Recogió una botella de Martini que flotaba sobre el agua y accedió a la cocina por la puerta corredera del porche. Dolores, una de las empleadas domésticas, se sobresaltó al verla.

—Perdone, la he asustado.

—Estaba recogiendo. Estos chicos...

Una pila de cajas de pizza vacías se amontonaba sobre la encimera.

—Puede usted terminar mañana.

—No es molestia, señora.

—Váyase a dormir. Gracias.

—Sí, señora. Buenas noches.

La asistenta se paró junto a la puerta:

—El niño...

—Está bien, Dolores. No se preocupe.

María pasó al salón, arrojó la chaqueta sobre el sillón de lectura y se sirvió un vino. Sin fuerzas, subió las escaleras hasta el dormitorio y advirtió que la cama estaba a medio hacer. La colcha caía desproporcionadamente hacia un lado, desnivelada; las almohadas estaban descolocadas; y sobre la mesilla de noche había marcas circulares de dos copas. Entró en el baño para desmaquillarse: una toalla usada colgaba del gancho de la puerta y el suelo de la bañera tenía dos dedos de agua con restos de espuma. Retiró el tapón, observó cómo el agua se colaba por el desagüe y aclaró el jabón antes de darse una ducha. Solo entonces, mientras el agua caliente golpeaba su rostro, envuelta en una neblina de vapor, rompió en un sollozo que había ahogado desde que supo la noticia del accidente. Abrumada por la magnitud de la tragedia, dudó si soportaría los días que vendrían. ¿Cómo haría frente a los padres de Iván, esa familia destrozada a la que habían acogido como propia? ¿Qué sería de Bosco, cuya vida quedaba también truncada? ¿Qué pasos debía dar para proteger a su hijo, a la familia y al banco? Los diarios de la mañana llevarían la noticia en sus portadas. Los empleados del banco difundirían maledicencias. La compra del Banco Industrial Hispanoamericano quedaría en suspenso. ¿Quién querría hacer tratos con la madre de un...? El Consejo pediría su destitución para salvaguardar el buen nombre de BanKapital. «Por el bien de la entidad», dirían. Sus interlocutores en la política y los negocios le darían la espalda. Y los chismes más horribles recorrerían el Real Club.

La impredecibilidad del futuro se presentaba ante ella como una novedad angustiosa. Se sentía físicamente inanimada, aplastada bajo un gran peso que la impedía moverse. Tardó veinte minutos en salir del baño, buscó un camisón en el vestidor y, frente al espejo, hizo un esfuerzo por recomponerse. Si flaqueaba, si se dejaba vencer por la adversidad, todo estaba perdido. Encontró consuelo en la idea de que Dios la sometía a una dura prueba por motivos que quizá solo comprendería más adelante. Desenmarañó de la cabecera de la cama el rosario que había pertenecido a tres generaciones de su familia y, llevándoselo al pecho, se arrodilló frente a la cama y rezó entre susurros:

Señor, ábreme los labios.
Y mi boca proclamará tu alabanza.
Dios mío, ven en mi auxilio
Señor, date prisa en socorrerme.
Gloria al Padre y al Hijo y al Espíritu Santo.
Como era en el principio, ahora y siempre,
por los siglos de los siglos. Amén.

Al terminar, se santiguó aliviada. Bajó a la planta baja y encontró acomodo frente a la chimenea, sobre cuya repisa descansaban las fotografías de los Zabala. La de su boda con Lorenzo, rodeada de familiares y amigos; la comunión de Bosco, junto a su amigo Iván —«Era como un hijo para mí», se dijo—; otra en la que se veía a todo el clan, hermanos, cuñados y sobrinos, reunidos en la Toscana por el ciento dos cumpleaños de Julio Zabala, el gran patriarca.

La idea de que un solo instante, una mala decisión, amenazara décadas de trabajo y sacrificios la abrumó. Los remordimientos reemplazaron sus lamentos al pensar que podría haber evitado la tragedia. Si hubiera reconducido el comportamiento de Bosco cuando vio las primeras señales de alarma... Si le hubiera dedicado más tiempo... Si Lorenzo no le hubiera comprado aquel coche... Buscó maneras de exculparse y las encontró en su marido, en su desidia familiar y su renuncia a cubrir sus ausencias. Aquella vida disoluta e inmadura. Ella no podía estar en todo. Él nunca fue un padre ni un marido.

¿Acaso no era Bosco el retrato de su padre? ¿El resultado de su inacción y negligencia? Cuántas veces había escuchado al abuelo Zabala decir que las grandes empresas familiares se autodestruían por la indolencia de las generaciones que crecían en la ignorancia. La primera creaba la empresa, la segunda la convertía en un imperio y la tercera la dilapidaba. Si aquel hijo errático y desobediente no respetaba siquiera el espacio más íntimo de su hogar, la habitación de sus padres, ¿cómo podía respetar ninguna otra cosa?

Volvió a fijar la mirada en la foto de la Toscana. Profesaba admiración por la figura de su padre; pero un amor aún más sincero por el abuelo, más presente en su niñez desde su jubilación. Sintió la urgencia de tenerlo cerca y pedirle consejo. ¿Debería dejar que Bosco pagara las consecuencias de sus actos, a riesgo de hacer peligrar la continuación de los Zabala? ¿No era suficiente castigo la culpa que arrastraría el resto de su vida, la pérdida de su mejor amigo? Mientras observaba a don Julio, rodeado de los suyos, le pareció escucharle responder a todas sus dudas: «Un Zabala jamás pisará la cárcel».

6

LA CHICA DE AYER

Las persianas seguían bajadas en el piso de Luis Delgado dos semanas después de la muerte de su hija. Vivía a oscuras y en silencio. No respondía al teléfono. Solo salía a la calle para comprar víveres, a deshora y cubierto por un gorro para ocultar su identidad. Si veía a alguien conocido, cambiaba de acera o volvía sobre sus pasos. Evitó leer la prensa o escuchar las noticias, hasta que en su segundo domingo de encierro compró un ejemplar de *El País* y dio con un reportaje sobre el accidente: «El kamikaze millonario: la vida sin freno de Bosco Zabala».

La información describía la vida de lujo, excesos y temeridades del conductor del Aston Martin que embistió a Marta. Delgado supo que conducía sin carné —se lo habían retirado por un positivo de alcoholemia— y que acumulaba una treintena de multas por exceso de velocidad. Se detuvo en el séptimo párrafo: «Este diario ha sabido por fuentes judiciales que la Fiscalía no solicitará prisión preventiva para el heredero de los Zabala, al considerar que no hay riesgo de fuga y carecer el imputado de antecedentes penales».

Volvió a leer deteniéndose en cada una de aquellas palabras —«La-Fiscalía-no-solicitará-prisión-preventiva-para-el-heredero-de-los-Zabala»— y apuntó la linterna a la fotografía que acompañaba la noticia. La imagen, tipo carné, mostraba a un joven de melena oscura, ojos saltones y expresión burlona. Desplegó el periódico sobre la mesa, tumbándose en el sofá en posición fetal, y enfocó el rostro del kamikaze. Mantuvo sus ojos clavados en él hasta que, bien entrada la madrugada, la luz se debilitó, parpadeó unos segundos y se apagó, envolviéndolo de nuevo en la oscuridad.

Por la mañana, lo despertó el timbre del telefonillo. Abrió ligeramente la persiana, observó la calle a través de los orificios y vio el taxi de Maldonado aparcado frente al portal. Volvió a bajarla e ignoró a su amigo como había hecho en días anteriores. Maldonado esperó con paciencia a que alguien saliera del portal, se abalanzó sobre la puerta para evitar que se cerrara, subió la escalinata que daba al primer piso y dio varios golpes a la puerta.

—Sé que estás ahí —dijo—. Si hace falta tumbo la puerta. ¡Te juro que la tumbo!

Oyó el sonido de unos pies arrastrándose por el suelo, el corrido de la cadena de seguridad y un clic al abrirse la puerta. Entró y buscó el interruptor de la luz, sin encontrarlo. Se movió a tientas hasta que localizó la cinta de la persiana y tiró con fuerza. Un resplandor irrumpió en el salón y reveló a Luis sentado en el sofá, con aspecto de vagabundo. Tenía barba de varios días, los cabellos grises despeinados y la misma ropa de camuflaje del día que fueron de excursión a la Casa de Campo. Sobre la mesa del salón vio una botella de Dyc vacía, una caja de aspirinas y un ejemplar de *El País* junto a una linterna.

—Joder, Luis. Esto es una pocilga.

—¿Sabes que está libre? —le respondió con una voz quebrada—. No han decretado ingreso en prisión. Dicen que no hay riesgo de fuga. Mi hija muerta y ese... ahí fuera, como si nada.

Maldonado se sentó a su lado.

—País de mierda. A la cárcel van los tirados y esos yonquis del parque. Si tienes dinero puedes robar o matar sin preocuparte por nada.

—Mírame. No tengo nada, Maldo. No... no sé qué hacer. Estoy...

Le costaba terminar las frases.

—Vamos —trató de incorporarlo agarrándolo por las axilas—. Este lugar huele a demonios. Y tú también, apestas. Te tiene que dar el aire.

—No molesto a nadie.

—Me molestas a mí, hostias ya. Te vas a levantar por mis cojones, ¿me oyes? En mi vida voy a poder ponerme en tu lugar. Ni yo ni nadie. Daría el jodido taxi que me da de comer a mí y a los míos por traerte a tu hija de vuelta. Un brazo, te daría un puto brazo. Menos a un hijo te lo daría todo para que Marta estuviera aquí, pero no voy a dejarte en este estado. —Tiró de él con más fuerza—. Venga, hombre. Pon algo de tu parte.

—Tenías que haberla visto... Estaba tan feliz... Le brillaban los ojos. Creo que era por ese chico. Veinte años. ¡Veinte años!

—Hay que buscar una manera... Seguir adelante, porque si no...

Delgado lanzó a su amigo una mirada triste y vacía.

—Si no qué... A veces pienso que sería mejor acabar con todo.

—No digas eso. ¡Eso no, me cago en la puta!

—Entonces qué hago. Porque el cuerpo me pide matarme o salir ahí fuera y cargarme a ese malnacido. Que sepa lo que es sufrir por una vez en su vida. Dime, ¿qué hago? —Dio un puñetazo a la mesa sin energía—. Bueno... Ya me has visto. Estoy bien. Puedes marcharte.

—Ni hablar. Date una ducha y ponte mono. Te voy a llevar a dar una vuelta en el taxi. Hay algo que quiero enseñarte.

Maldonado se plantó frente a su amigo, con las manos en las caderas y gesto de tener todo el día por delante. Luis supo que no se marcharía. Lo conocía bien: blando por fuera, duro por dentro. Terco hasta la desesperación desde los tiempos del colegio.

No tenían nada que ver. Luis era ateo y Santi religioso; uno de izquierdas y otro de derechas; profesor de música y taxista; del Rayo Vallecano y del Real Madrid. De vez en cuando se enganchaban en discusiones y, cuando veían que la cosa se ponía fea, hacían como quien aprieta un interruptor y zas, como si nada. Sabían retirarse a tiempo, como las parejas que han compartido una vida. Maldonado se lo dijo un día:

—Oye, tú, creo que lo nuestro funcionaría.

—¿Qué pasa?, ¿te cambiaste de acera?

—Vamos a ver... Nos gustan los pájaros y el fútbol. Cama ya no necesitamos, que ni se nos levanta. ¿No está claro?

—No.

—Pues eso, que somos el matrimonio perfecto.

Maldonado sentía que Luis lo entendía y le contaba sus frustraciones. A menudo hablaba de dejar el taxi. El negocio iba como un tiro. La gente salía por Madrid como si no hubiera un mañana y nadie reparaba en gastos. Cuando hacía la noche, no paraba de hacer carreras. Tenía tantas opciones que seleccionaba a quién subía. Pasaba de los chavales jóvenes y los borrachos, que a veces vomitaban en el asiento de atrás; rechazaba las despedidas de soltera, porque intentaban meterse diez en el taxi; o los ancianos, que por no caminar le pedían que los llevara al final de la calle —«Y oye, esto no es una ONG»—. Merodeaba los restaurantes de moda, que estaban siempre petados; las discotecas como Geraldo, frecuentada por divorciados; y los partidos del Real Madrid, por solidaridad con los hinchas. La ciudad era una fiesta incesante y daba igual dónde fuera, los clientes se peleaban por los taxis. A veces a puñetazos. Le llegaba para pagar las facturas y ahorrar. Había dado la entrada para un piso en La Manga, con vistas a la playa. Pero se negaba a creer que la vida fuera eso, doce horas al día metido en un coche. Los primeros días de la semana se le hacía soportable, pero a partir del miércoles volvía a irritarse por todo: su mujer, los niños, los clientes y consigo mismo. Conducía como un autómata por calles que conocía de memoria, porque llevaba treinta años recorriéndolas, sin que ninguna le evocara nada. Sentía nostalgia de los días en los que tenía sus preferencias y pasar junto a la Cibeles, o atravesar el Paseo del Prado, le levantaba el ánimo. Lo consumían el tedio y la certeza de que transitaría por días idénticos, uno tras otro, hasta la jubilación. Una noche le confesó a Luis que tenía problemas para controlar su genio y que había estado a punto de pegarle a su mujer.

—Joder, Maldo. Eso sí que no.

Se echó a llorar. Tenía tanto miedo de sí mismo, de lo que sería capaz, que a veces alargaba la jornada para asegurarse de que Soledad y los niños dormían cuando volvía a casa.

—Necesitas ayuda —le dijo Luis—. No la mía, sino de un profesional. Tú no estás bien.

Maldonado estuvo yendo a lo que llamaba «la doctora de hablar» durante algunos meses y reportaba sus progresos a Luis, confesándole todas las debilidades que los hombres ocultan a los amigos. Redujo las jornadas de trabajo a la mitad y, siguiendo los consejos de la psicóloga, se buscó aficiones que lo relajaran. Fue por entonces cuando empezó con la ornitología. Maldonado decía que las aves le quitaban el estrés del taxi, los clientes maleducados, la subida del diésel y los dolores de espalda. Un milano negro acariciando el cielo con sus alas extendidas compensaba las penurias de la semana. En el mundo de los pájaros, cada día era diferente. Nunca sabías cuál se dejaría ver y cuál se ocultaría; con qué ánimo despertarían; cuánto y qué cantarían. Cotorras argentinas, herrerillos capuchinos, carboneros garrapinos, abubillas comunes, picapinos, buitres leonados, águilas reales...

—Tienes que probarlo, Luis —le dijo a su amigo, que se resistía a unirse al grupo—. ¿Quién coño iba a creerse que hay águilas en la Casa de Campo? La gente no sabe lo que tenemos ahí al lado... Es el puto Borneo de la periferia. Vuelvo a casa y te juro que soy un padre más paciente, un ciudadano menos cabreado, un marido mejor. Casi ejemplar.

Luis caminó costosamente por el pasillo hasta su dormitorio, sacó una muda del armario y entró en el baño. Mientras se duchaba, Maldonado le hablaba a través de la puerta.

—Tienes que volver al trabajo, Luis. Hay que distraerse, ir al bar de vez en cuando. Y nuestros pájaros, joder; yo creo que... Te parecerá una gilipollez, pero creo que cantan pidiendo que vuelvas. —Se puso a silbar, imitando el gorjeo aflautado y melódico del mirlo—. Te echan de menos.

Delgado salió del baño, encogió los hombros y se mostró a su amigo, pidiéndole el aprobado.

—Este Luis se parece más al que yo conocía.

—¿Dónde vamos?

—Ya lo verás.

Maldonado recogió primero a Miguel Cabrera, que tenía el despacho de pleitos a dos manzanas de Delgado, un bajo que compartía con su secretaria, que también era la contable. Y su mujer. El bufete funcionaba con un sistema de tarifas variables: a los amigos les cobraba un diez por ciento de las indemnizaciones judiciales que conseguía, un quince a los conocidos y un veinte a los extraños o a los clientes que representaba sin interés. La mayoría eran conductores de camiones y taxistas como Maldonado, que unos años antes recurrió a él cuando le negaron una baja por lumbalgia.

Bajito y pasado de peso, con unas gafas de pasta que sujetaba con el borde de la nariz, Cabrera era un abogado de batalla. Disfrutaba de los «juicios cabrones» y huía de las conciliaciones, sobre todo cuando la otra parte era una gran empresa y se presentaba con abogados jóvenes y aseados. Le iba bien y, si hubiera querido, hacía tiempo que habría dejado Villaverde por el centro o un adosado en los suburbios. Pero mamaba el barrio: «Un lugar donde hasta las putas te conocen por tu nombre, aunque no las visites, eso no tiene precio».

Cabrera salió de la oficina enfundado en las fatigas de los domingos, entró en el coche, se fundió en un abrazo con Luis y los tres se dirigieron hacia la casa de Fran Sotillos en Villaverde Alto. De camino, Maldonado actualizó la situación del vocal de la Asociación Ornitológica. Sotillos seguía sin encontrar trabajo, novia o sitio en la vida.

—Ese chico no ha tenido suerte —lamentó Cabrera.

Contra todo pronóstico, porque fue de los más populares del colegio.

Sotillos fumaba a los catorce, jugaba bien al fútbol y perdió la virginidad dos años antes que los demás. Con la Luisa, en el baño de profesores. Aquello lo encumbró durante un tiempo. Ya entonces le gustaban los coches y su padre lo dejaba conducir un Citroën Tiburón. No quiso estudiar. Cuando acabó secundaria, encontró trabajo de mecánico y el siguiente curso fue el único que llevaba dinero encima. Generoso, invitaba a todo. Resultaba difícil decir en qué momento se le torcieron las cosas. Lo que había sido bueno a los dieciséis no lo era tanto a los veinte. Luego, a los treinta, pasó a ser malo. Trabajó siempre en reparaciones: fontanero, electricista, mecánico industrial y revisor de ascensores, el trabajo mejor pagado de los que tuvo. Se cansó de volver manchado de grasa a casa y buscó un empleo donde llevara traje, por mejorar la autoestima. Estuvo siete años en el departamento de ventas del concesionario de la Renault en Villaverde y luego en Chollocoches, donde su jefe decía que le faltaba picardía y le sobraba honestidad para alcanzar su verdadero potencial. Si te conocía o te había visto por el barrio se sinceraba: que si el motor de este gripa cualquier día, que si a ese le hicieron una chapuza para que el embrague aguante, los kilómetros restados al contador, la letra pequeña de la garantía... Compensaba aquella franqueza tan contraria al negocio con despistados que venían de barrios bien, convencidos de que en el humilde Villaverde encontrarían alguna ganga. Se llevaban trastos inservibles pagados con un sobreprecio del veinte por ciento. Los problemas llegaron con el despegue de la economía. Los bancos empezaron a financiar el *pack* completo —casa, coche y vacaciones—, la gente ya solo quería vehículos nuevos y Chollocoches entró en pérdidas tras acumular un *stock* que la clientela no absorbía.

—Mira, Sotillos —le dijo su jefe, que era ladrón pero buen tipo—. Los coches se venden solos o no se venden. Los empleados es que no hacéis falta, esa es la verdad. En el futuro los coches se venderán por internet. Te los llevan a casa, los pruebas y si te gustan te los quedas. Y tú... eres un romántico de esto.

Le dio una segunda oportunidad, por si la cosa repuntaba. Entonces llegó una partida de coches coreanos, todos petados, con un millón de kilómetros el que menos, y tantos problemas que el objetivo era que los clientes pudieran conducirlos al menos hasta casa. Sotillos se negó a venderlos porque algunos venían mal de frenos y aquello era mucho peso para la conciencia. Lo echaron, esta vez sí. Tenía algo ahorrado y solo buscó otro trabajo cuando se quedó sin blanca. Cincuentón, sin haber durado más de dos años en la mayoría de sus puestos, las empresas recelaban. Se le hizo duro porque a todo el mundo parecía irle bien, menos a él. Vivía con su madre.

—Este lo que necesita es una buena mujer —dijo Maldonado al verlo, de pie frente al portal con aspecto de haberlo perdido todo al casino. Vestía ropa dos tallas más grandes y ocultaba la calvicie peinándose hacia un lado—. ¡Vamos, Sotillos, que nos da la noche! —lo apremió el taxista.

El vendedor de coches caminó hacia ellos con la mirada clavada en el pavimento, subió a la parte de atrás y Maldonado arrancó casi sin darle tiempo a cerrar la puerta.

Condujeron hasta la floristería Mercedes, en la esquina de las calles Villastar y Calamocha, Cabrera bajó para comprar un ramo de violetas y después enfilaron la M-30. Los tres amigos guardaban un silencio cómplice mientras Luis los miraba extrañado. Preguntó varias veces dónde iban y lo ignoraron.

Maldonado tomó el desvío hacia la Nacional VI, puso en marcha el taxímetro —«Por si me da por cobraros la carrera»— y detuvo el coche unos metros antes de llegar a la señal del kilómetro 9. Delgado se movió incómodo en el asiento: era el lugar exacto donde el kamikaze había embestido a Marta. Iba a decir algo cuando sus amigos salieron del coche.

Cabrera sacó de su mochila una fotografía de Marta plastificada en tamaño A3, Sotillos cargó con la caja de herramientas del maletero y Maldonado llevó el ramo de flores bajo el brazo. Luis dudó si seguirlos, lanzó un suspiro de resignación y caminó hacia ellos.

Sotillos, el manitas del grupo, hizo dos agujeros en el póster con una brida y lo amarró con el alambre a la señal del kilómetro 9. Luego anudó el ramo de flores al poste, asegurándose de que quedaba bien fijado, y buscó el aprobado de los demás. Los tres dieron un par de pasos hacia atrás, clavaron la mirada al frente, hincharon los pechos y guardaron un minuto de silencio, interrumpido por el ruido incesante y fugaz de los coches que pasaban a su lado. Luis, de pie frente al altar improvisado, caminó hacia el retrato, lo acarició con suavidad y se agachó para besar a su hija.

—Los domingos vamos a ir a ver a nuestros pájaros —dijo Maldonado con voz ronca— y a tomar cervezas a El Abuelo. Y después vendremos a recordar a Marta y cambiaremos las flores.

—Al lado de la carretera se estropean mucho —dijo Cabrera.

—Flores siempre frescas —dijo Sotillos.

Luis se secó las lágrimas que descendían por sus mejillas con la manga de su camisa.

—Sois la hostia. La hostia.

—Tú sí que eres la hostia.

—No os merezco, cabrones.

—Está bien que lo reconozcas.

Los cuatro se entrelazaron en un largo abrazo y Luis dibujó una sonrisa en su rostro, la primera en más de dos semanas de luto. Los miembros de la Asociación Ornitológica de Villaverde caminaron hacia el taxi y condujeron de vuelta sin decir nada, sin que nadie creyera necesario decir nada. Maldonado dejó a Sotillos y a Cabrera en sus casas y después llevó a Delgado a la suya, haciendo la ruta inversa. Aparcó frente al portal y le dio una palmadita cariñosa en la nuca.

—Persianas arriba, ¿eh? —dijo—. Si paso por aquí y las veo bajadas, sabes que subo.

—Gracias, Maldo.

—Para eso estamos. Y otra cosa.

—No lo estropees ahora.

—¿Te acuerdas del consejo que me diste cuando lo de mi mujer? Pues te lo voy a devolver. Deberías ir a ver a la doctora de hablar.

—La psicóloga... ¿Y qué va a hacer? ¿Me devolverá a mi niña?

—No pierdes por probar. A mí me ayudó.

Luis bajó del coche haciendo una señal con el pulgar hacia arriba.

—¿Eso quiere decir que irás?

Su amigo se encogió de hombros y entró en el portal.

Luis agradecía lo que sus compañeros hacían por él, pero sintió alivio al perderlos de vista. Una vez en el piso, dejó pasar unos minutos, se asomó por la ventana, asegurándose de que Maldonado se había marchado, y bajó la persiana del salón. Puntitos de luz casi imperceptibles se colaron por los orificios. Los tapó tirando aún con más fuerza de la persiana, hasta que quedó herméticamente cerrada. Se tumbó en el sofá y escribió un mensaje a Marta. «¿Cómo ha ido en clase, niña?». Seguía escribiendo a su móvil varias veces al día. Los mensajes se quedaban en el buzón de salida, junto a una exclamación en rojo que indicaba que no habían sido recibidos. No creía en Dios ni en el más allá. Y, sin embargo, sentía que de una manera extraña seguían conectados. «Buenas noches, te he dejado algo de comer en la nevera. Te quiero». Dejó de teclear y tres segundos después la luz del teléfono se apagó, envolviéndolo entre tinieblas de nuevo.

En la oscuridad más absoluta, aislado del mundo, podía sentir la presencia de su hija. A veces, oía un ruido de llaves anunciándole que entraba por la puerta, sus pasos al caminar por el pasillo, con los zapatos en las manos para no despertarlo, y el tarareo en susurros de *La chica de ayer* mientras se desmaquillaba frente al espejo. ¿Se estaba volviendo loco? En la noche silenciosa, cuando todo lo demás dejaba de existir, Marta dormía en su habitación y el dolor insoportable desaparecía, hasta que un halo de luz o de cordura lo devolvía a la realidad.

7

EL CLUB

María Zabala pasó la mañana dando vueltas por su despacho de la última planta de la Torre Picasso. Se sentó en el escritorio y escribió algunas frases sueltas en un folio. «Es difícil expresar con palabras cuánto sentimos vuestra pérdida...». «Queríamos a Iván como si fuera de la familia...». «Cualquier cosa que podamos hacer solo tenéis que...». Todas le parecieron igualmente absurdas.

¿Qué se decía a unos padres que acababan de perder a su hijo? ¿Y si el causante de su tragedia había sido tu propio hijo? Desvió la mirada hacia el gran ventanal que daba a la Castellana y observó la hilera de coches atascados que, desde El Corte Inglés a Cibeles, atravesaba el corazón de la ciudad como una gigantesca serpiente mecánica. En la distancia, oyó el sonido casi imperceptible de las bocinas. Dejó caer el bolígrafo: expresaría lo primero que le viniera a la mente, con naturalidad. Eso era lo mejor.

Se sirvió dos Martini, ingirió un Valium y esperó a que el ansiolítico hiciera efecto antes de marcar el número de teléfono de Vicente Moncada. Sintió una punzada en el estómago al escuchar el primer tono, el segundo, un tercero... ¿Cuánto tiempo debía pasar hasta considerar la llamada rechazada? Dejó que sonaran el cuarto y el quinto tonos. Antes del sexto, colgó. Lo entendía: todavía era pronto para que las familias hablaran. A pesar de ello, volvió a marcar sin esperanza de recibir respuesta. Esta vez, una voz serena y cordial llegó del otro lado de la línea.

—Hola, ¿me llamaste?

María tardó unos segundos en reaccionar. Ninguna de las frases que había ensayado salía de sus labios. Bloqueada, solo pudo llorar mientras murmuraba un pésame errático e inteligible. Cuando recuperó la calma, se disculpó avergonzada:

—Perdóname, Vicente. Tú con todo ese dolor dentro y soy yo la que monta una escena.

—Sabemos que queríais a Iván.

—Como a un... —se detuvo—. No hay nada, nada que pueda expresar lo que sentimos, querido. Estamos devastados. ¿Recibisteis nuestra carta?

—Sí, gracias.

Los Zabala habían excusado con una nota su ausencia en el funeral de Iván para no importunar «en circunstancias tan dolorosas para todos». A cambio ofrecían un encuentro íntimo cuando sus amigos lo creyeran oportuno.

—No sabíamos cómo expresar lo que sentimos. Hemos tenido a Iván correteando por casa desde niño. Por favor, dile a Sonia que... de madre a madre...

—Lo haré.

—¿Sería posible vernos? —María acompañó la pregunta de un suspiro—. Entiendo perfectamente que no quieras. De verdad, no te sientas obligado.

Se hizo un largo silencio.

—El jueves. ¿Restaurante Avalón, en Justicia? —dijo Vicente.

—Gracias, el jueves. Sí, perfecto.

Los Zabala se retiraron de la vida social en las semanas posteriores al accidente. María sabía por amigos cercanos que el vacío había sido llenado con rumores e insidias. En el Real Club, donde ya no eran bienvenidos, la familia más venerada de La Moraleja se enfrentaba a la novedad del escarnio público, a menudo en boca de quienes antes aspiraban a formar parte de su círculo. Las críticas se repetían en el campo de golf y en los intercambios de los partidos de tenis, en encuentros fortuitos en los vestuarios y durante los almuerzos en el pabellón social. «¿Puedes creer que no han tenido la decencia de llamar a los Moncada?». «Amigos de toda la vida y míralos: como si no fuera con ellos». «Lo raro es que una desgracia de ese tipo no ocurriera antes, con un hijo así». Las expresiones de espanto se mezclaban con las de alivio por no verse en la situación de los Zabala.

Y, sobre todo, en la de los Moncada.

Para María, su próximo encuentro con Vicente Moncada tenía el doble propósito de mostrar empatía por su situación y mejorar las expectativas judiciales de Bosco. La Fiscalía había presentado cargos que incluían dos delitos de homicidio doloso, uno contra la seguridad vial con «grave desprecio para la vida de los demás» y otro por conducción bajo la influencia de bebidas alcohólicas y estupefacientes. La petición de ocho años de prisión fue descrita por Salvador Galán como «la menor de sus preocupaciones». Tenía contacto directo con Manuel Llorente, el fiscal general del Estado, y la mayoría de los abogados de la oficina pública aspiraban a trabajar algún día en su despacho, donde podían quintuplicar sus sueldos. Daba por hecho que colaborarían en la búsqueda de una rebaja gracias a los atenuantes y la falta de antecedentes.

—El problema —dijo— son las familias de los fallecidos. Y sobre todo los Moncada. Piden catorce años.

—¡Catorce! —exclamó Lorenzo.

Bosco se cubrió el rostro con las manos, corrió escaleras arriba y se encerró en su habitación. Una expresión de
incredulidad se apoderó de María. Hizo un esfuerzo de
ponerse en el lugar de aquella familia devastada. ¿Qué haría ella si hubiera sido Bosco el que...? El abogado la sacó
de sus pensamientos:

—Cuanto menos contacto con la otra parte mejor,
pero sería un buen momento para hablar con ellos. Todo
será más fácil si al menos una de las familias se ajusta a la
petición de la Fiscalía.

—Hablaré con Vicente. —Lorenzo forzó un tono de
firmeza—. No puede hacerme esto. Somos amigos.

Su mujer lo corrigió:

—Yo me encargo.

María llegó al restaurante Avalón la primera y ocupó
un asiento en la única mesa redonda del reservado, si-
tuándose frente a la salida. Mientras esperaba, se bebió
dos copas de vino y vació un mendrugo de pan. Escuchó
a Vicente saludar a Martin, el *maître*, desde el otro lado
de la puerta y se ajustó la chaqueta. Enderezó la espalda
y retocó el carmín de sus labios con la servilleta. «No era
el día», se dijo, arrepentida de haberse maquillado en
exceso.

Vicente entró casualmente vestido, con unos chinos y
una camisa remangada, caminó hacia la mesa y extendió
su mano con expresión seria pero amable.

—Qué ganas tenía de verte —dijo María, dándole un
abrazo que a ella misma le pareció demasiado largo, inne-

cesariamente intenso—. Estamos a vuestro lado en estos días tan difíciles.

La habitación se les hizo inmensa a ambos. Tomaron asiento y, durante unos segundos, no dijeron nada. Después se atropellaron al iniciar la conversación:

—Verás...

—Cómo...

Vicente cedió el turno.

—¿Cómo estáis? Perdona, es una pregunta tonta.

—Vamos a necesitar un tiempo. —Vicente se puso la servilleta sobre las piernas y bebió un trago de agua—. Nadie te prepara para esto.

—No puedo ni imaginar por lo que estáis pasando. Me dijeron que volviste al trabajo. Eso es lo mejor.

—En casa no paras de darle vueltas a las cosas. Te preguntas por qué te ha tocado a ti. María, como te decía: vamos a necesitar tiempo.

—Por supuesto.

—Antes de veros.

—Oh, claro. Es comprensible. No... no queremos molestar. Estamos ahí, en la retaguardia, para lo que necesitéis. Pensamos igual. ¡Igual! No sabíamos qué hacer. Hemos intentado que tuvierais vuestro espacio. Lorenzo y yo pasamos las noches en vela. Es todo tan...

Apareció el *maître* para tomar nota.

—Perdona, Martín; ni lo hemos mirado.

—Vuelvo en un rato, no hay prisa.

—Somos amigos desde hace mucho, Vicente —continuó María—. Nuestras familias han compartido tantas cosas. Yo... quería que supieras que hay otra vida destrozada por todo esto. ¡Por Dios, ni se me ocurriría compararlo con vuestro dolor! Bosco cometió un error imperdonable y debe pagar por ello. —El gesto de Moncada se contrajo al escuchar el nombre—. Pero Iván... era su hermano. Una vida juntos, desde niños. Llevará la culpa hasta la tumba, puedo asegurártelo. Por eso, desde lo más hondo de nuestra amistad, te pregunto: ¿es justo destrozar el resto de la vida de un chico porque se excedió una noche? ¿Traería eso de vuelta a Iván?

—No entiendo qué quieres decir.

—Nos ha llegado que vais a sumaros a la acusación particular de esa otra chica...

—Marta, Marta Delgado.

—Sí, Delgado. Cuando me dijeron que presentaríais todos esos cargos no lo podía creer. Me dije: «Es un error». Vicente y Sonia quieren a Bosco como a un hijo. ¡Catorce años de cárcel! Ha dormido en vuestra casa, sabéis lo mucho que quería a Iván. Si supierais por lo que está pasando. Es un chaval hundido. ¡Hundido!

—No queremos venganza. Los abogados creen que tiene sentido que pidamos la misma pena que la otra familia.

—¿Catorce años de cárcel? Homicidio doloso. Bosco no quiso matar a nadie. Era su mejor amigo. Fue un accidente.

—Tu hijo iba borracho y drogado, María. Conducía en dirección prohibida. Le avisaron otros conductores y siguió. —Vicente arrojó su servilleta sobre la mesa e hizo ademán de levantarse—. Creo que esto ha sido un error.

—No, por favor. —María lo sujetó del brazo—. Quédate. Entiéndeme. Soy una madre que trata... Solo quiero lo mejor para mi hijo. Nada más. Imagina lo que hacen en la cárcel a personas como Bosco. ¿Cómo tratan ahí dentro a alguien como nosotros?

—A alguien con dinero, quieres decir.

—No seamos cínicos, por favor. Sabes de qué te hablo. Es un niño, no lo soportaría. Vuestro dolor es el nuestro, te lo repetiré mil veces y mil veces será verdad. Podría haber sido Iván el que conducía y tú el que estuvieras pidiéndome este favor. Deja que hablen los abogados y coordinen con la Fiscalía algo razonable para todos.

—¿Razonable?

—Que la justicia actúe con absoluta independencia. Lo que el fiscal pida nos parecerá bien.

—¿Cuántos años?

—Hay que verlo. Por eso estoy aquí.

—¿Cuántos, María?

—Queremos reducir la petición al mínimo. Pero sea cual sea la decisión del fiscal, o la vuestra, buscaremos una condena de dos años como máximo. Bosco no tiene antecedentes. No tendría que ingresar.

—¡Conducía sin carné! —Vicente subió el tono de voz por primera vez—. Tu hijo conducía sin carné. Años de barbaridades sin que nadie le parara los pies. El único error de Iván fue no haberse alejado de él mucho antes.

—¿Quieres que te diga lo mal que hemos hecho las cosas? Perfecto. Bosco es un chico problemático. Todos hemos descarriado de jóvenes. Excesos, gamberradas, estupideces... Algunas veces hemos hablado de ello, de la suerte que tuvimos de que nuestros pecados de juventud no terminaran en tragedia, ¿lo recuerdas? —Esperó una respuesta en vano—. Es inmaduro. Imprudente. Y sí, le hemos consentido demasiado. De acuerdo, somos unos padres terribles. Entonces deberíamos pagar nosotros por sus errores. Solo te pido que le des una oportunidad.

—Iván no la tendrá.

—¡Por amor de Dios, Vicente! Entendería que no quisieras vernos nunca más, pero que odies al chico...

—No lo odio.

—¿Entonces?

—Debe pagar por lo que ha hecho.

—¡Vuestro hijo está muerto! ¡Muerto! ¡No va a volver! —María se arrepintió antes de que la última palabra abandonara su boca. Recobró la serenidad, disculpándose. Arrugó la frente, como si le doliera la cabeza, y se masajeó las sienes con los dedos—. No he querido..., perdona. No sé qué me pasa. Todo esto me tiene... No puedo llevar los asuntos del banco. Las cosas van mal con Lorenzo. Y la niña cada día está peor. Los médicos dicen que no hay manera de detenerlo. La gente cree que lo tengo todo y... me siento perdida, Vicente. Un hijo... Por quién daríamos la vida si no por un hijo. Por nadie más. Te pido que no me culpes por querer salvarlo.

La presidenta de BanKapital había sido entrenada desde niña para ocultar cualquier vulnerabilidad ante los demás. Si quería ocupar un puesto entre los tiburones de las finanzas y lidiar con las intrigas del poder, si aspiraba a hacerse con las riendas del imperio Zabala, debía conducirse con el carácter estoico de los hombres del clan. En sus reuniones con el Consejo de Administración del banco y con ministros, en los foros internacionales y las negociaciones, renegaba de muestras de empatía que pudieran interpretarse como señales de debilidad. Y, sin embargo, la situación exigía lo contrario.

A Vicente le provocó un inmenso desprecio el oportunismo sentimental de la mujer que tenía enfrente; sus intentos de situarse en el papel de víctima en una tragedia que no le pertenecía. Era su hijo el que estaba muerto. Su mujer y sus hijos quienes lo lloraban. Él quien maldecía las ambiciones de clase que lo arrastraron a una vida y una amistad impostadas.

Los Zabala pertenecían al dinero de siempre; los Moncada, sin pedigrí, al nuevo. Eran parte de la elite aspiracional surgida del *boom* económico, vista con recelo por el *establishment* tradicional. Vicente venía de una familia de campesinos extremeños que emigró a Madrid en los últimos años de la dictadura en busca de una oportunidad. Su padre trabajó como cocinero en el hotel Paradiso, en Gran Vía, mientras su madre cuidaba de los niños. Vicente fue el peor estudiante de cuatro hermanos, sacó el bachillerato por los pelos y estudió Empresariales, por entonces la carrera de quienes no sabían qué querían hacer con su vida. Por eso sorprendió a todos cuando, nada más salir de la facultad, se quitó la desidia y compaginó trabajos como empleado de una sucursal de Viajes El Corte Inglés y camarero en un bar de copas en Malasaña. Emprendió pequeños negocios y tuvo su primer éxito con la compraventa de zapatillas. Compraba Nike Jordan de segunda mano en canchas públicas de baloncesto y las revendía a la salida de los colegios pijos de Madrid. A los veintisiete, con algunos ahorros y un crédito al quince por ciento, compró un pequeño local junto al parque del Retiro. Lo renovó, logró cambiar su uso a vivienda gracias a un amigo que trabajaba en Urbanismo y lo vendió por cuatro veces más. Volvió al banco, pidió otro crédito por el triple y repitió la operación con dos locales cercanos a la estación de Atocha. Su amigo de Urbanismo se llevaba un cinco por ciento de los beneficios. Fueron los primeros golpes en un negocio inmobiliario que, impulsado por el despegue de la construcción, lo llevó a reunir medio centenar de propiedades antes de empezar a diversificar con la compra de naves industriales en el extrarradio de Madrid.

A los cuarenta era millonario y quería que todos lo supieran. Se compró un Audi descapotable, se dejó vestir en las tiendas de Serrano y se mudó con Sonia y los niños, Iván y Silvia —Guillermo nacería dos años después— a La Moraleja, el oasis residencial de los triunfadores. La casa de los Zabala quedaba en su misma calle y, al poco de llegar, encontraron en el buzón una invitación para el cumpleaños de Bosco.

—Lejos no nos pilla —bromeó Sonia—. ¿Qué se le regala a un niño que lo tiene todo? Ya debe tener el poni blanco.

—¿Uno negro?

La fachada de la vivienda, cubierta de globos de colores, parecía la entrada de un circo. Supieron que habían pasado el corte porque después llegaron invitaciones para cenas donde los Moncada se sintieron el cupo exótico y aceptable en un mundo al que jamás habrían accedido sin la introducción de los Zabala. Unos veían presuntuosidad en la normalidad del matrimonio; otros, una bocanada de aire fresco.

Vicente y Lorenzo congeniaron enseguida, quizá porque también Lorenzo era dinero nuevo —y ni siquiera suyo— y en aquellos días todavía no había completado su transformación en un Zabala. María y Sonia supieron que no serían amigas y establecieron una cordialidad exenta de la complicidad de sus maridos. María podía resultar distante: le costaba despojarse de sus maneras de banquera incluso en eventos sociales. Sonia gustaba sin esforzarse, con la cautivadora elegancia de la sencillez. No era celosa, pero le pareció que María le prestaba más atención a Vicente que a ella:

—No te ha quitado ojo —le dijo mientras caminaban de regreso a casa tras una de aquellas cenas.

Él respondió con sarcasmo:

—Mal partido no es.

Los negocios acabaron de unir a las familias y estrecharon la relación entre María y Vicente. Solitur, la inmobiliaria de Moncada, crecía imparable y necesitaba financiación para seguir desarrollándose. BanKapital empezó a ofrecerle créditos en condiciones ventajosas a cambio de participaciones en las promociones que estaba construyendo en los nuevos barrios del norte de Madrid, Sanchinarro y Las Tablas.

Los Zabala introdujeron a sus nuevos amigos en el corazón de la elite del país, facilitaron su ingreso en el Real Club Moraleja y fomentaron la amistad entre sus hijos, Bosco e Iván. Pero incluso entonces, Vicente presagió límites en su asociación con la aristocracia económica. Podía tratarse con ella, hacer negocios con sus empresas y socializar con sus miembros en el Real Club, pero un freno le impedía subir el último peldaño que lo situaría a la misma altura. No era una cuestión de dinero, sino de pedigrí: la imposibilidad de pertenecer con todos los derechos a una clase superior, reducida y dinástica, cuyo acceso no podía comprarse con dinero.

Vicente intentó durante años romper aquel muro y completar la transformación del hijo de campesinos extremeños en legítimo miembro de la cúspide social de Madrid. Desde la muerte de Iván, miraba sus pasados esfuerzos con una mezcla de culpa y rabia. Lo consumía la idea de que, si hubiera permanecido fiel a sí mismo, su hijo seguiría vivo. Sabía que, si María lo elevaba al fin a su misma altura, era solo porque necesitaba su ayuda para evitar la cárcel a Bosco.

—Por la amistad que hubo entre nosotros... —insistió ella—. Te lo ruego, dejemos a las familias al margen. Que tus abogados se reúnan con Galán, nada más. Luego, haz lo que quieras.

—Estás medrando, ¿verdad? ¿Con la Fiscalía? No le haces un favor protegiéndolo.

—Y si Bosco fuera tu hijo, ¿qué harías?

Una expresión amarga endureció el rostro de Vicente. Se levantó de la mesa, caminó hacia la salida y, volviéndose hacia María, respondió con otra pregunta:

—Y tú, ¿qué harías si un kamikaze borracho y drogado hubiera matado a tu hijo?

—Vicente, por favor.

—Te agradecería que no volvieras a contactarme —dijo sosteniendo la puerta—. Aléjate de mi familia. Ya nos habéis hecho suficiente daño.

Clavó en ella una mirada de profundo desprecio y abandonó el reservado.

María apuró una última copa de vino y regresó a la oficina sin comer nada. Una náusea la acompañó en el trayecto hasta Torre Picasso. Se sentía sucia por dentro, de una manera que la violentó. Había hecho lo que cualquier madre por su hijo. Lo que Vicente Moncada haría por el suyo. Buscó reafirmarse en la lucha, solitaria y desagradecida, que la esperaba. Evitaría que Bosco entrara en la cárcel, defendería el honor de la familia e impulsaría el banco a nuevas cotas, demostrándole a sus adversarios que jamás la doblegarían. Y todo lo haría sin pedir perdón a nadie, como una Zabala. «No te rindas», se repitió, herida en su orgullo tras el fallido encuentro con Moncada.

Pasó la tarde sin atender los asuntos del banco, incapaz de concentrarse, y sobre las nueve pidió el coche de vuelta a casa. Lorenzo estaba en su estudio. Desde el accidente, había dejado atrás su indolencia y trabajaba de forma incansable e improductiva hasta altas horas de la madrugada. La tragedia, ese gran motor de la creatividad, tampoco había logrado reavivar su inspiración. Dejaba sus cuadros y esculturas a medias. Escribía rimas inconexas y arranques de novelas que desechaba en segundas lecturas. Agotado, se acostaba poco antes del amanecer y dormía hasta bien entrada la tarde.

Hacía tres días que María no los veía ni a él ni a Bosco. Su hijo pasaba las horas encerrado en el cuarto y evitaba el contacto con sus padres. Al pasar frente a su habitación, detectó a través de la rendija de la puerta que la luz estaba encendida. Permaneció inmóvil en el pasillo un par de minutos hasta que se decidió a llamar. Bosco la recibió despeinado y en pijama.

—¿Qué quieres? —preguntó visiblemente irritado.

—Hablar con mi hijo. ¿Es eso tan raro?

María dio una vuelta por el dormitorio y se sentó en el borde de la cama antes de hablar.

—He pensado que deberíamos hacer algún plan juntos, tú y yo. ¿Qué te parece?

—...

—Quizá más adelante. Solo quería saber cómo estás.

—Bien.

—¿Seguro?

—Estoy bien. Gracias.

María había esperado en vano el derrumbe de su hijo en los días posteriores a la muerte de su mejor amigo, sorprendida de que Bosco hubiera afrontado la tragedia con tanta entereza. Al principio atribuyó su frialdad a un mecanismo de autodefensa. Por supuesto que sufría, por dentro. Pero según transcurrieron las semanas, sin que viera en él señales de tristeza o desesperación, su actitud la contrarió.

La conversación de aquella tarde con Vicente Moncada había alimentado sus dudas y la necesidad de despejarlas. ¿Era Bosco consciente de su responsabilidad en la muerte de dos personas? ¿Del dolor de las familias? ¿Entendía las consecuencias de sus actos?

—Hoy estuve con el padre de Iván —le dijo, mientras escrutaba a su hijo en busca de una reacción—. Están destrozados.

Bosco, sentado en su escritorio, dio la espalda a su madre y encendió su ordenador.

—Y la pobre Sonia. Como madre me pongo en su lugar y solo de pensarlo... No hay nada peor. Y yo... Necesito saber que lo entiendes. Sé que lo entiendes. Te conozco. Solo tú sabes por lo que estás pasando, aunque hayas decidido encerrarte en ti mismo. Lo respeto. Cada uno llevamos esto a nuestra manera. Se lo dije a Vicente, que para ti Iván era como un hermano y...

Esperó una respuesta, pero solo obtuvo un silencio prolongado que interpretó como una invitación a marcharse. Se levantó y caminó hacia la puerta, volviéndose hacia su hijo:

—Solo quería que supieras que tu madre está aquí para lo que necesites.

María salió del cuarto, hizo una parada en la habitación de Lucía, arropó a la niña mientras la besaba en la frente con suavidad, para no despertarla, y bajó a la cocina a prepararse una infusión. Sintió la casa más desangelada que nunca, como si estuviera habitada por fantasmas tristes y silenciosos. Si miraba atrás, apenas recordaba momentos en que La Aurora hubiera sido un lugar feliz. Las alegrías ocasionales de un día de Navidad o una celebración se desvanecían cuando se quedaban a solas ella, Lorenzo y los niños. De repente, sintió la urgencia de volver atrás en el tiempo y hacer las cosas de otra manera, abrumada por la idea de que su empeño en demostrar que podía dirigir un banco, liderar una dinastía, conllevara el precio de un fracaso mayor. «No he sido capaz de construir un hogar», lamentó en voz alta.

8

ARCO IRIS

Llovía cuando Luis Delgado salió a la calle por primera vez desde el homenaje a su hija en el kilómetro 9. Maldonado lo esperaba frente al portal, al volante de su taxi, vestido con pantalones de chándal Adidas y sudadera.

—Alegra esa cara —dijo al ver entrar a su amigo en el coche—. La carrera es gratis.

—Anda, arranca.

—¿Dirección?

Delgado sacó del bolsillo de su chaqueta la tarjeta de Elena Moreno y la dejó sobre el salpicadero. Seguía pensando que perdía el tiempo acudiendo a lo que su amigo llamaba la «doctora de hablar», pero la alternativa de que Maldonado siguiera presentándose todos los días en su casa le resultaba más fastidiosa.

De camino a Lavapiés, donde la psicóloga tenía su consulta, el taxista habló sin parar. Luis respondía con monosílabos, mordiéndose los labios y resoplando. «Será pelmazo. Y dale. Qué gran conversador, sí. Puede hablar consigo mismo durante horas, aunque no lo escuche nadie. ¿Es que no va a parar?». Delgado se lo había dicho muchas veces: con su humor ingenioso y esa labia tendría que estar sobre el escenario y no al volante. Resopló aliviado cuando llegaron, bajó del coche sin despedirse y volvió sobre sus pasos, arrepentido del desaire. Maldonado sacrificaba la recaudación de la mañana por hacerle el favor. Dio unos toquecitos en la luna lateral del Škoda:

—Gracias, Maldo.

—Te espero, ¿eh? Estaré aquí cuando salgas.

—Que no hace falta, hombre.

—Pero si ya estoy, no me cuesta. Tú vete tranquilo.

Luis subió a un ascensor antiguo, con la cabina enrejada y el interior de roble, puertas de cristal que se abrían hacia dentro y botonera dorada. En el espejo se encontró con un hombre demacrado, mucho mayor de lo que se recordaba. Reconoció en sí mismo la mirada apagada y el aspecto abandonado de los yonquis del parque frente a su casa. Se acercó al cristal y localizó arrugas inéditas en su rostro, apretó las dos bolsas de piel morada bajo sus ojos de boxeador derrotado, y mesó su barba blanca y desaliñada. Recordó los días en que se la cuidaba a diario, esculpiéndola milimétricamente con unas tijeras Titan de plata. Podía pasar horas haciéndolo. Lola le pedía turno en el baño, regañándole.

—¿Conoces a otro hombre que tarde más que su mujer en arreglarse?

—La barba es el maquillaje de los hombres, cariño —respondía Luis—. Necesita mucha atención.

—Será el maquillaje de los presumidos. Anda, déjame pasar.

Se conocieron en el 82, el año que España organizó la Copa del Mundo. Luis hacía la mili en Badajoz. Lola vivía con sus abuelos en Campanario, un pueblo con playa interior. Sus padres habían emigrado a Alemania, trabajaban en una fábrica Bosch y regresaban por Navidad cada año con un electrodoméstico nuevo con el que deslumbraban a todos. Tuvieron el primer microondas del pueblo, descubrieron a los vecinos el invento de la licuadora robótica y fueron la envidia general cuando instalaron en casa una nevera de dos puertas.

Luis y Lola se vieron por primera vez en El Flaco, un bar de copas junto a la Plaza España. Se lo dijo a sus amigos del cuartel nada más verla: con esa me voy a casar. Era de los tímidos. Nunca se había acercado a una chica con intenciones y, cuando al fin se decidió, arrastrado por una fuerza inexplicable, se quedó frente a ella mudo y con cara de idiota.

Lola lo sacó del apuro: «Si quieres puedes invitarme a una copa».

Se vieron en los permisos de Luis, primero a la luz del día; después en noches furtivas en el parque de la Alcazaba, que tenía vistas de la ciudad y rincones discretos para los amantes. Se besaron por primera vez en el cine Avenida, viendo una película a la que ninguno prestó atención: él siempre sostuvo que fue *Blade Runner* y ella *Flashdance*. Cuando Luis terminó el servicio militar, volvió a Madrid. Los viernes se subía a un autobús que tardaba ocho horas en hacer la ruta a Badajoz y Lola lo esperaba en la estación. No querían perder un minuto. Tras un año de idas y venidas, Luis le pidió que se casara con él. La boda fue en diciembre, para que estuvieran sus padres, en un mesón del pueblo y con un menú de migas con uvas. Al día siguiente se marcharon a Madrid con el frigorífico Bosch de dos puertas en el maletero de una furgoneta prestada.

Empezaron de alquiler y al año de nacer Marta se compraron el piso de Villaverde, atraídos por ese cartel que anunciaba la construcción de un gran parque. Lola compaginó el cuidado de la niña con trabajos esporádicos de camarera y dependienta. Pasaron dificultades porque Luis estaba empeñado en ser instrumentista de cuerda y, salvo algunas clases particulares, apenas aportaba al presupuesto familiar. La pasión por la música le venía de su madre, a la que recordaba escuchando a Rafael, el Fari y Lola Flores mientras cocinaba en su piso de Carabanchel. Jugaba con ella a imitar a sus cantantes favoritos y se aprendía las letras, que luego repetía en funciones familiares a cambio de algunas monedas. Lo enrolaron en un taller de música regentado por una *hippie* francesa de la que siempre recordaría su olor a perfume de violetas y su escote de vértigo, que él observaba con disimulo mientras se inclinaba sobre el piano para enseñarle las notas. Nunca olvidó ni su escote ni su nombre: Camille.

Hizo dos años de clarinete y aprendió algo de guitarra. Se obsesionó con la música clásica y ocultó su pasión a los amigos, que entonces escuchaban a Extremoduro. Le gustaban Bach y Vivaldi. Del cine le daban igual la trama o los actores, solo atendía las bandas sonoras. Quería escuchar a Steiner, Vangelis y Morricone. Trató de entrar en el Real Conservatorio de Música de Madrid, pero sin padrinos ni influencias, vio como lo adelantaban otros candidatos menos preparados. Dejó caer su sueño y aceptó un trabajo como profesor de música en el instituto del barrio. Desde entonces, cuando le preguntaban a qué se dedicaba, respondía: «Casi músico».

Por su tercer aniversario, le regaló a su mujer el libro *Las mil mejores poesías en lengua castellana* y la promesa de leerle un poema cada noche. Lo abría al azar y escogía el primero que salía. A veces, ella protestaba: «Ese ya me lo leíste». Él tardó en descubrir que en realidad lo engañaba para que leyera otro. Luis volvía a abrir el libro en la página que cayera y recitaba versos nuevos. En los siguientes años de matrimonio, y hasta la muerte de Lola, solo dejó de leerle poemas en las pocas noches en que se acostaban enfadados. Privarle del poema era su manera infantil de castigarla. Se peleaban por cosas sin importancia, casi siempre desavenencias domésticas, pero ella tenía carácter y sabía herirlo. Luis se encerraba en sí mismo, dejaba la sangre hervir en su interior y amenazaba con la boca pequeña: «Cualquier día de estos me ves salir por esa puerta para no volver». Y Lola: «Dónde ibas a ir tú, si no sabes freírte un huevo». Atemperaron su carácter según fueron asentándose las normas de su convivencia y se establecieron, sin necesidad de hablarse, las líneas rojas de cada uno. No podían imaginar la vida sin el otro. Las caricias tiernas al final de un día difícil, el intercambio de miradas cómplices cuando socializaban, las conversaciones sin pretensiones —se conocían demasiado bien para fingir—, la calidez del contacto en las noches de invierno o el sexo, desenfrenado en los inicios y suavemente apasionado con el paso de los años. Ella quería otro hijo, pero Luis demoró el momento a la espera de mejorar en el trabajo. Entonces llegó la enfermedad y lo truncó todo. Fueron dos años de tratamientos, esperanzas, recaídas y, al final, resignación cuando los médicos dieron a Lola tres meses de vida, cuatro a lo sumo.

Luis se tomó una baja en el instituto para cuidar de su mujer y de Marta, que todavía era pequeña. Bañó, acostó, acarició, reconfortó y secó las lágrimas de su mujer. Por la noche, iba de un cuarto a otro: leía un cuento a Marta y poemas a Lola. En sus últimos días le hizo creer que los escogía al azar, cuando en realidad tenía las páginas marcadas. Seleccionaba versos para decirle lo mucho que la quería, arrepentido de no haberlo hecho con sus propias palabras, cuánto la echaría de menos el día que no estuviera y qué poco le importaba que el cáncer la hubiera demacrado, porque para él seguía siendo la mujer más bella que había conocido nunca. La víspera de su muerte, sin la certeza de que estuviera consciente, porque la morfina la había sumido en una agónica somnolencia, leyó en voz alta *Arco Iris*, de Benedetti:

A veces
por supuesto
usted sonríe
y no importa lo linda
o lo fea
lo vieja
o lo joven
lo mucho
o lo poco
que usted realmente
sea

sonríe
cual si fuese
una revelación
y su sonrisa anula
todas las anteriores
caducan al instante
sus rostros como máscaras
sus ojos duros
frágiles
como espejos en óvalo
su boca de morder
su mentón de capricho
sus pómulos fragantes
sus párpados
su miedo

sonríe
y usted nace
asume el mundo
mira
sin mirar
indefensa
desnuda
transparente

y a lo mejor
si la sonrisa viene
de muy
de muy adentro
usted puede llorar
sencillamente
sin desgarrarse
sin desesperarse
sin convocar la muerte
ni sentirse vacía

llorar
sólo llorar

entonces su sonrisa
si todavía existe
se vuelve un arco iris

El ascensor paró en seco al llegar al tercero, balanceándose levemente. Luis Delgado caminó desorientado en la oscuridad del rellano hasta dar con el interruptor de la luz y se vio frente a una puerta con una placa profesional:

ELENA MORENO: PSICOLOGÍA. TERAPIA. RECUPERACIÓN.
COLEGIADA NÚMERO M-25768.

La puerta se abrió sin que hubiera tocado el timbre, cuando estaba a punto de echarse atrás. Lo recibió una mujer de unos treinta años, con el pelo recogido por una coleta y mofletes sonrosados. Cara de buena persona, pensó.

—¿Luis?

Asintió.

—Pasa, pasa.

Elena lo guio por un pasillo con las paredes adornadas con títulos universitarios, reconocimientos y certificados de asistencias a congresos. Pasaron junto a las consultas de un dentista que hurgaba en la boca de una anciana, un oculista que hacía leer letras menguantes a un escolar y una fisioterapeuta que masajeaba los lumbares de su paciente.

—Compartimos espacio y gastos.

Llegaron al último cuarto al final del pasillo.

—Ponte cómodo. ¿Un café?

—Estoy bien, gracias.

Delgado paseó su mirada por la habitación. Tenía las paredes color crema y una decoración espartana: una pequeña librería, una lámpara en arco y dos butacas idénticas, una frente a la otra. El ventanal daba a la calle de los Tres Peces. Sobre una mesilla redonda de metal descansaba una caja de clínex.

—Me alegra que haya venido —dijo Elena, invitándolo a sentarse.

—Bueno...

—Lo sé, su amigo el taxista. Es una suerte, ¿no le parece? Tener amigos que se preocupan. Creo que es cierto eso que dicen: los amigos son la familia que escogemos.

—Nos conocemos desde el colegio.

—Yo perdí el contacto con mis amigas de la infancia. De la universidad me queda alguna; del colegio, nada. Mi padre era militar. Íbamos de destino en destino y los amigos no duraban mucho. Nací en Melilla. Luego vivimos en Valencia, Santander y Huesca antes de venirnos a Madrid. Fui la tercera, aparte de dos chicos. A veces pienso que mis padres me trajeron al mundo para que separara a mis hermanos cuando se peleaban. Y hoy, ya ves: inseparables. Se terminaron casando con dos hermanas, Amparo y Sofía. ¿Qué le parece? Todavía no tengo claro si eso facilita o entorpece la organización de las cenas de Nochebuena.

Moreno iniciaba el trabajo con los nuevos pacientes contándoles detalles de su vida, en vez de interrogarles sobre la suya. Su teoría era que cuanto más la conocieran, más elementos de juicio tendrían para decidir si era una persona con la que querrían compartir intimidades. En aquella primera sesión relató que de pequeña había sufrido acoso escolar, en una época en la que estaba «gordita», confesó las inseguridades que había arrastrado hasta la edad adulta y lamentó su desastrosa vida sentimental; ella, que desde los doce años había sido una lectora compulsiva de novela romántica y creía saberlo todo sobre las relaciones. En verano tenía previsto irse de vacaciones por el Adriático en un crucero para solteros, a ver si había suerte.

—Lo mismo es una idea terrible, ¿no? —preguntó.

Luis esbozó una sonrisa, aliviado ante el inesperado rumbo de la consulta. Tenía oído musical y la voz de Elena, suave y melódica, terminó de relajarlo. Quizá Maldonado había tenido una buena idea.

—Antes de liarme con un conductor de ambulancias, mi primer novio fue de los que gustan a los padres —continuó Moreno—. Un chico formal y aburrido. El que más me ha durado. No bebía ni fumaba. Funcionario de Correos. Supongo que fiel, aunque vete a saber. Nunca lo quise y sin embargo perdí seis años intentando quererlo. Pudo ser peor: una vida entera atrapada en el empeño. Creo que me gustaba porque era mayor. Me sacaba diez años. Mi padre murió cuando yo era una niña, al poco de volver a Madrid. Y bueno..., aquí viene la confesión: los psicólogos también vamos al terapeuta. La mía me dijo que buscaba una figura paterna para llenar el vacío dejado por mi padre. Murió de cáncer.

—Mi mujer falleció de cáncer.

—Me lo contaron. ¿Qué tuvo?

—Páncreas. Un cáncer metastásico de grado cuatro. Se había extendido por todo el cuerpo. Cuando se lo detectaron, era tarde.

—Lo de mi padre fue cáncer de pulmón. Había fumado desde los trece años. Oí a mi madre llorar cada noche durante muchísimo tiempo. Dejó de ver a sus amigas. Le gustaba la playa, pero nunca volvió a pisarla. Fue como si, al morir mi padre, decidiera que su vida también había terminado. Y no hablo de la España de antes, cuando las mujeres tenían que guardar luto y esas cosas. Al revés, todos la animamos a echarse un novio, ir a los viajes del IMSERSO, jugarse la pensión en el bingo...

—¿Está...?

—Como un roble. Sana y despierta con ochenta y uno. ¿Cómo era su mujer?

—¿Lola? Me habría gustado darle una vida más emocionante. Le gustaba viajar, pero no había mucho dinero y yo no era de lugares exóticos.

—Seguro que ella pensaba que tenía un gran marido. ¿Cuánto tiempo estuvisteis casados?

—Este año haríamos..., no sé, mucho.

—Verás, Luis —Elena Moreno buscó encontrarse con la mirada huidiza de su paciente—, si te cuento todo esto no es para decirte que yo he estado en tu lugar. Nuestra pérdida es la peor para cada uno de nosotros. Lo que quiero que sepas es que se puede salir adelante. Ha pasado poco tiempo y sé que ahora piensas que es imposible.

La psicóloga se levantó y buscó entre los libros de la estantería.

—¡Aja, aquí está!

Retiró un ejemplar de *Sobre la muerte y los moribundos*, de Elisabeth Kübler-Ross, y se lo dio abierto en una página marcada por un separador.

—Negación, ira, negociación, depresión, aceptación. ¡Tonterías! La autora escribió el libro en 1969, pero cuando hablaba de las cinco fases del duelo no se refería a la pérdida de seres queridos, sino a los estados por los que pasan los enfermos terminales. Luego las adaptó al duelo, pero nunca dijo que tuvieran que ser en ese orden o para todo el mundo iguales. Las personas no somos iguales, ni queremos igual o sentimos el dolor de la misma forma. No existe una guía sobre cómo pasar por la pérdida de un ser querido. Hay gente que nunca experimenta la negación o la ira. Otros sí. ¿Aceptación? ¿Por qué deberíamos aceptar que se marche alguien que necesitamos en nuestra vida? El duelo es infinito.

Moreno dijo que podía llevarse el libro prestado. Ahorró a su paciente detalles y estadísticas sobre la duración del luto, que según su experiencia era mayor en el caso de padres que perdían a un hijo súbitamente que en aquellos que habían tenido tiempo de asimilar la marcha tras una larga enfermedad. Un adiós traumático producía un colapso emocional que, sin la terapia adecuada, podía degenerar en un duelo patológico, secuelas psíquicas e incluso el suicidio. Algunas personas se aferraban a su dolor, transformándolo en una prueba de amor; temían que, si dejaban de sentirlo o lo hacían con menos intensidad, romperían el último hilo que los conectaba con el ser querido.

El trabajo de Elena Moreno consistía en que sus pacientes perdieran el miedo a despedirse y asumieran que la relación con ese hijo, esposa o hermano, ese alguien imprescindible, continuaría de otra manera. La experiencia le decía que, para lograr su objetivo, debía establecer una relación horizontal con su paciente, de igual a igual. Las teorías sobre el duelo, libros como el de Kübler-Ross y la literatura terapéutica, todo eso estaba muy bien, pero el éxito dependía de su capacidad para dejar de lado a la psicóloga y sentar frente a sus pacientes a la persona. Buscaba entender su dolor hasta lo más profundo. Incluso si suponía llevárselo a casa. Sentirlo casi como propio. Era una implicación desgastadora que la sumía en un estado de máxima vulnerabilidad.

—Cuéntame, Luis, ¿cómo es tu día a día?

—No hay mucho que contar.

—Eres profesor de música.

—Músico fracasado.

—¿Te ayuda? La música. ¿La escuchas?

—A Marta le gustaba mucho. A veces íbamos al Auditorio Nacional. La primera vez que la llevé tenía ocho años. La Filarmónica de Finlandia tocaba la Sinfonía n.º 3 de Górecki. Cuando la miré, vi que tenía lágrimas en los ojos. Era buena chica.

—Estoy segura. ¿Te habría gustado que fuera música?

—No se le daba bien. Arañaba el violín en vez de tocarlo. —Luis sonrió al recordarlo—. En los últimos años lo había dejado del todo. Vendimos el violín.

—Vaya.

—Ella quería ser médico. Supongo que hay gente que nace para curar el alma con la música y otros para curar los cuerpos con la medicina.

—Eso es muy bonito, Luis. Me gustaría pensar que los psicólogos hacemos lo mismo con las mentes. Dime, ¿qué esperas de este encuentro?

—Estoy seguro de que es usted una gran profesional.

—Si me hablas de usted no vamos a romper el hielo.

—Claro. Es solo que... no creo que puedas ayudarme, Elena.

—No perdemos nada por intentarlo.

—Usted... Tú lo has dicho: el duelo es infinito.

—Pero podemos aprender a manejarlo. Me gustaría que me dejaras ayudarte.

Luis se movió inquieto en la silla. Miraba el reloj cada poco tiempo.

—Mi amigo me espera y... es mejor que me vaya marchando.

—Podemos hacer que mejore.

—Ya.

—Lo creo de verdad.

—...

—Te prometo que puede mejorar.

—No siga diciendo eso. —Luis apartó la vista de la terapeuta. Por primera vez desde el inicio de la sesión, su voz sonó afectada—. ¿Ha perdido a una hija? ¿Sabe lo que es perder a una hija? ¿Lo sabe? No pude... no pude despedirme de ella.

—Todavía puedes.

—Dígame cómo.

—Si me dejas ayudarte...

—¿No lo entiende? No puede. Nadie puede. ¿Por qué

tenía que ser ella entre todas las personas que iban en esa maldita carretera? ¿Por qué Marta?

Luis cerró los ojos con rabia. Elena se acercó, rodeándole con sus brazos. La calidez del contacto lo estremeció e incomodó a partes iguales. Se separó de la psicóloga con tacto, recomponiéndose, e insistió en que se le hacía tarde. La urgencia de marcharse lo sofocó. Elena advirtió sus dudas y recuperó la distancia emocional con su paciente. Era la consulta inicial y debía medir hasta dónde quería llegar. Si iba demasiado lejos, o demasiado rápido, se arriesgaba a perder su confianza. Durante unos segundos, no se dijeron nada.

Luis se levantó, caminó hacia la ventana y fijó la mirada en la calle. Vio el taxi de Maldonado aparcado frente al portal. Había dejado de llover.

—Me esperan —dijo.

—Próximo viernes, ¿misma hora?

Elena intentó rodear la pregunta de un halo de certeza. Luis se acercó a ella, extendió la mano en una despedida formal y salió por la puerta sin comprometerse. Una vez en el rellano, se dio cuenta de que se llevaba consigo el ejemplar de *Sobre la muerte y los moribundos*. Dudó si llamar al timbre para devolverlo, pero decidió no hacerlo.

9

OSTRAS JAPONESAS

Los Zabala escogieron para su *rentrée* social una cena en su casa de La Moraleja. Después de un verano de ostracismo, sin dejarse ver en eventos sociales ni acudir al Real Club, se pusieron en manos de la agencia de relaciones públicas Hopper & Jones, que diseñó un plan de recuperación reputacional por fases. Un primer paso consistiría en la organización de veladas íntimas con su entorno más cercano, seguida de la asistencia a actos solidarios y finalmente una exposición pública sin restricciones.

El matrimonio seleccionó cuidadosamente a los invitados de la primera cena, limitándola a amigos leales y convenientes.

Acordaron llamar a los Valbuena y a los Ayala, dos familias que les habían mostrado su apoyo desde el principio; a su querida Pilar Rojas, enviudada unos meses antes y dueña de la mayor cadena de clínicas estéticas del país; y a las hermanas Alcoy, Mercedes y Violeta, herederas del imperio de alimentación Terranova. Descartaron a presidentes del IBEX, altos cargos del Gobierno o miembros de la familia real, por considerar prematuro un acercamiento y probable que declinaran sumarse. María propuso a los De la Cerda, bien posicionados en la aristocracia, amigos de los reyes y garantía de que la noticia de su vuelta a la vida social llegaría donde importaba. Lorenzo prefería a los Montal, Antonio y Cristina, dueños de las bodegas Montal. Se convencieron mutuamente: extendieron invitaciones a ambos.

María asumió un inesperado papel doméstico, coordinó al servicio, hizo preparar el salón de las grandes ocasiones y recibió personalmente a la cocinera Laura Armestre, que planeó un menú de ensalada de mango con carpacho de merluza, ostras japonesas y un segundo a elegir entre tartar de buey de Kobe o rodaballo del cantábrico al horno. Lorenzo seleccionó algunos de los mejores vinos de la bodega, incluido un oporto de Ramos Pinto del 73 para acompañar los quesos franceses, y encargó una caja de champán Cristal Rosé. Los Zabala dieron indicaciones al chófer para que llevara a Lucía a la casa de sus abuelos. Aunque pidieron a Bosco que acompañara a su hermana, aceptaron que se quedara en su habitación.

Los Zabala nunca habían sido mejores anfitriones que esa noche. Acostumbrados a que sus invitados se sintieran privilegiados en su casa, fueron ellos los que agasajaron, complacieron y se esforzaron por agradar. Se multiplicaron en los corrillos, sin desatender a nadie; rieron las bromas de todos, a veces más de lo necesario, y midieron cada palabra que salía de sus bocas por miedo a iniciar conversaciones difíciles. Una vez en la mesa, se habló de los recientes viajes estivales de cada uno, a Sotogrande, Bali o Portofino; los planes de estudio de los niños para el nuevo curso, en Inglaterra o Estados Unidos; los disgustos con las empleadas domésticas —la filipina de los Ayala no había vuelto de sus vacaciones— y, por supuesto, de política.

María preguntó a De la Cerda sobre los rumores de una inminente remodelación del Gobierno:

—Y no me digas que no tienes información, Jaime. Tú te enteras de todo.

—A veces pienso que me la pega con la secretaria del presidente —dijo Victoria, su mujer.

—¿Es verdad que los ministros están a la gresca?

—Como en el colegio. Todos buscan el favor del Todopoderoso, que juega con ellos y disfruta de la reyerta. Ahora te doy mi favor a ti, mañana a tu rival y así... Los tiene comiendo de la palma de su mano.

—Tienen que quitarse a ese inútil de Interior —saltó Eduardo Ayala—. Debió de resbalársele a su madre tras el parto. ¡Qué pocas luces, por Dios!

—Tengo una teoría. —De la Cerda hablaba despacio y en un tono bajo que obligaba a los demás a prestarle máxima atención—. Hay políticos buenos y capacitados en este país, pero se hacen los idiotas porque de lo contrario nadie les votaría. Los mejores disimulan y se ponen al nivel del populacho. Es una estrategia de supervivencia. No se atreven a decir que hablan idiomas o leen a los clásicos. Todo eso les hace parecer alejados de la gente.

—No te lo compro, Jaime —discrepó Antonio Montal, un tipo robusto y sin apenas cuello, apretado en una chaqueta que le venía pequeña. Antes de dejar la carrera diplomática para dedicarse a los negocios, había sido embajador en la India, México y Sudáfrica, siempre con gobiernos conservadores—. Los he conocido y son tan mediocres como parecen. ¿Qué persona decente querría entrar en política? Mal pagada y desprestigiada. Con esa prensa que te despelleja a cada paso. Luego dejas el cargo y por incompatibilidad tampoco puedes ir a la empresa privada. He perdido la cuenta de las veces que me han ofrecido algún ministerio. Antes me haría monje benedictino.

—Un país que odia el éxito —dijo Ayala—, eso es España.

—Entonces —insistió María por cortesía; estaba mejor informada que ninguno de los que se sentaba en la mesa—, ¿habrá disolución y elecciones en diciembre?

Pilar Rojas exageró un bostezo:

—¿No os aburre tanta política? Me gusta cuando nos dedicamos a despellejar a personas honorables con calumnias.

—¡Buena idea! —saltó Lorenzo Zabala—. ¿A quién podemos difamar hoy?

—Dejemos ya a esos políticos insoportables —concedió divertida Pilar—. Lo realmente importante es... No sé si debo.

—Vamos, querida.

—¿Qué diríais si os contara que un conocido empresario acaba de salir del armario después de veinte años de matrimonio y cuatro hijos?

Rojas, viuda del galerista Paco Soria, manejaba la maledicencia social con la justa medida de verdades contrastadas y rumores infundados, crueldad y picardía. Había heredado la cadena de clínicas estéticas Modern Beauty, un negocio familiar que se expandió con rapidez en los años ochenta al hacer accesibles para el gran público las operaciones de aumento de pecho, hasta entonces reservadas a quienes podían pagarse el viaje a Los Ángeles. Rojas prestaba escasa atención al negocio, que crecía solo al albur de los buenos tiempos. Quienes no podían pagarse los pechos, un estiramiento de piel o un tratamiento de adelgazamiento, solo tenían que pedir un crédito al banco. En los meses previos al verano, la lista de espera sumaba a cientos de pacientes en lo que Rojas describía, con buen ojo económico, como una «burbuja de silicona a punto de explotar». Mientras llegaba ese día, la presidenta de Modern Beauty dedicaba su tiempo a la filantropía y la vida social.

—¡Nombres! —dijo Mercedes Alcoy desde el otro lado de la mesa—. ¡Queremos nombres!

—Juré que mis labios estarían sellados.

—¡Más vino! ¡Dadle más vino!

—Vamos, querida —la animó Violeta Alcoy, apoyando a su hermana—. Somos gente de bien. No saldrá de aquí, ¿verdad, amigos?

Todos prometieron guardar el secreto.

—Sois unos chismosos insaciables. Él se lo dijo este verano. Un ataque de sinceridad durante un safari en Uganda. Mi amiga, nuestra amiga, llora por las esquinas desde entonces.

—Así que la conocemos —inquirió Violeta—. A ver, alguien de nuestro entorno, de La Moraleja, con cuatro hijos.

Los invitados rumiaron nombres para sus adentros.

—¿Y ella no sospechó nada? —preguntó María.

Se inició un debate entre quienes aseguraban que era impensable que la esposa desconociera las preferencias sexuales de su marido y quienes creían que alguien con gran capacidad de fingimiento podría mantener aquella doble vida durante un largo tiempo.

—Indicios tenía —dijo Rojas, entrando en los detalles que agradaban a sus audiencias—. Una vez me contó que él siempre quería del revés. ¡En la luna de miel no le puso la mano encima! Toc, toc... —Simuló darse golpecitos en la cabeza—. ¿Hay alguien ahí? ¡En la luna de miel!

—Quizá le dolía la cabeza.

—O tal vez le van las dos cosas —dijo Lorenzo, lanzando una mirada cómplice a María. Todo estaba saliendo mejor de lo esperado. El matrimonio, por primera vez en mucho tiempo, se sentía compenetrado.

—Es cuestión de cerrar los ojos y si hace falta te pones —aseguró Rojas—. A mí no me gusta el brócoli y de vez en cuando me lo como. Él siempre tuvo secretarios en la oficina. Hombres jóvenes. No dejó uno vivo. Lo sabía todo el mundo menos ella.

—Habrá pedido el divorcio —dijo María.

—Pues aquí es donde se pone interesante. Le ha propuesto seguir juntos, al menos hasta que los niños se hagan mayores. Cada uno con su dormitorio y su vida por separado.

—Y ella, ¿ha aceptado?

—Se lo está pensando.

—¿En serio?

—Por un hijo se hace cualquier cosa —dijo Lorenzo.

Y, según la palabra «hijo» salió de su boca, se arrepintió de haberla pronunciado. En el silencio que siguió, y que María lamentaría no haber llenado a tiempo, la pregunta se volvió inevitable. La hizo Eva Valbuena, que hasta entonces apenas había dicho palabra:

—Y vuestro chico, ¿qué tal lo está llevando todo? Tiene que ser una situación terrible para él. Lo de su amigo Iván...

—Es un proceso largo, ¿verdad, cariño? —María alargó su mano hacia Lorenzo—. Sigue yendo a terapia dos veces por semana. Los psicólogos nos dicen que está en riesgo de depresión y lo tienen bajo vigilancia. No le quitamos ojo.

—Va saliendo, poco a poco —confirmó su marido.

—Alicia se lo encontró el otro día —dijo Cristina Montal—. En esa discoteca a la que van los chicos, la que está cerca del hipódromo. Oh, creo que se llama.

María se levantó precipitadamente y derramó su copa de vino sobre el mantel. Mientras pasaba la servilleta por la mesa, disculpándose ante sus invitados, sugirió tomar el postre en el salón.

—Estaremos más cómodos.

Dejó pasar a los invitados delante y se volvió hacia Lorenzo, lanzándole una mirada furiosa. ¿Cuántas veces lo habían hablado? ¿Qué aconsejaban los abogados? Bosco debía llevar una vida discreta hasta la celebración del juicio. La familia haría todo lo posible por evitarle la cárcel: «Una experiencia que no te enseñaría nada». A cambio, le exigían mejorar su comportamiento. Le retiraron la tarjeta de crédito, redujeron su asignación mensual al mínimo y le impusieron un toque de queda a las diez de la noche, fines de semana incluidos.

El joven Zabala cumplió las instrucciones hasta que María reanudó sus viajes. Las conversaciones para la compra del Banco Industrial Hispanoamericano (BIH) continuaban y demandaban su presencia en Nueva York. En la recta final de la negociación, la presidenta de BanKapital puso en práctica las lecciones aprendidas de su padre. Ignacio Zabala creía que, más allá de las cuentas de resultados y los balances, el éxito en banca se decidía en claves de póker. Enseñó el juego a su hija y, cuando la vio preparada, la incorporó ocasionalmente a las partidas que celebraba con sus amigos. Cuando se marchaban, repasaba con ella movimientos y jugadas, errores y aciertos. «La clave es diseñar una estrategia sin que parezca que tienes una, esconder tus cartas hasta el instante preciso, observar al adversario y tener paciencia para golpear en el momento adecuado —le decía—. La inteligencia emocional que te lleva a meterte en la mente del rival, eso es lo importante».

El BIH había recibido por dos veces la misma oferta de la presidenta de BanKapital, sin decidirse a aceptar. El Consejo de Administración del banco insistía en subirla y cerrar la operación cuanto antes por miedo a una OPA rival. María, segura de que las urgencias financieras de BIH eran mayores que las que transmitían sus directivos, optó por alargar la partida y amenazar con retirarse. Dejó pasar el tiempo y, mostrándose desinteresada, dobló su apuesta: en lugar de subir el precio, lanzó una propuesta que lo rebajaba otro veinte por ciento. Fue una temeridad que la enfrentó al Consejo y la distanció de Salvador Galán, contrario a desautorizar a directivos más experimentados. Todos habían llegado a sus puestos de la mano de su padre.

El hecho de que Galán discrepara de su decisión hacía aún más decisivo el momento para la presidenta. Si había leído bien a sus adversarios del Industrial, y lograba una ganga, nadie volvería a dudar de sus méritos dentro o fuera del Consejo. Por el contrario, si la operación se iba al traste, su posición al frente de BanKapital sería insostenible.

Mientras negociaba la operación del Industrial en Nueva York, María dejó la supervisión de Bosco en manos de Lorenzo. Pero su marido, en lugar de implementar las restricciones acordadas, cedió hasta levantarlas todas. Primero el toque de queda, después la paga y finalmente la conducción, permitiéndole llevarse los coches de la familia con menos cilindrada, bajo la promesa de no consumir drogas ni alcohol.

Todo se lo había concedido a su hijo desde niño. Y de todo se había aburrido. Despreció el poni shetland que le regaló por su séptimo cumpleaños porque le pareció que no corría suficiente. Le compró karts, motocicletas y dos coches antes de darle el Aston Martin con el que se estrellaría en la Nacional VI. Crédito sin límites en las tiendas de Serrano y la asignación semanal de un ministro. Al entrar en la mayoría de edad, Bosco empezó a mostrar signos de autocomplacencia ante el destino que le habían reservado. Su manera de caminar, con un ligero balanceo de vaquero; su incapacidad para mirar a los ojos, que los extraños atribuían a la timidez y los cercanos al desdén; o su tono de voz perezoso, como si nada mereciera el esfuerzo de una explicación, transmitían la arrogancia del heredero. Con el paso del tiempo aumentó sus exigencias, que su padre satisfacía para evitar sus enfados. Deseaba con todas sus fuerzas que su hijo lo quisiera, intentándolo primero como padre, después como amigo y finalmente como benefactor. Su vínculo, en vez de reforzarse, se volvió más frágil con los años, reducido a un cariño fugaz, fingido y dependiente de aquellas concesiones.

Bosco terminó devorando a Lorenzo, incapaz de dar marcha atrás. Restituidos sus derechos, bajo la promesa de ocultar el secreto a su madre, regresó a la noche con revancha. Ignoró los riesgos de conducir sin carné, se intoxicó y frecuentó los reservados de las discotecas. Hizo nuevas amistades, ante el recelo de amigos comunes de Iván a secundarlo en la fiesta. María fue la última en enterarse de que la nueva vida de su hijo era, en realidad, una secuela de la anterior.

La revelación de Cristina Montal puso fin a la tregua que los Zabala se habían concedido durante la velada. El ambiente se enrareció a partir de ese momento, la conversación decayó hasta volverse embarazosa y anfitriones e invitados contaron los minutos para dar la noche por concluida. Las hermanas Alcoy tomaron la iniciativa y todos aprovecharon para despedirse con agradecimientos pomposos, alabanzas a la comida —«Las ostras japonesas estaban exquisitas»— y la sugerencia de un reencuentro temprano.

Nada más cerrar la puerta tras ellos, el matrimonio Zabala se dispersó: Lorenzo subió por las escaleras, mientras María esperaba el regreso de Lucía. Quiso hablar con Bosco, pero decidió dejarlo para la mañana siguiente, cuando estuviera menos enfadada. Pasaba la medianoche cuando entró en el dormitorio. Encontró a Lorenzo recostado en la cama con un libro en las manos. Sobre la mesilla de noche descansaba la caja con su colección de relojes —cada mañana escogía uno diferente—, ejemplares atrasados de la revista *Tiempo* y una bandeja revestida de cuero marrón con sus iniciales, donde dejaba las gafas de pasta negra antes de apagar la luz. Entró al baño, se desmaquilló, guardó las joyas en la caja fuerte y escogió un pijama de cuadros del vestidor. Cuando regresó a la habitación, la luz estaba apagada y Lorenzo dormía —o fingía dormir— girado hacia un lado. María se acostó dándole la espalda, se movió inquieta durante unos minutos y se incorporó:

—Solo tenías que vigilarlo mientras yo estaba fuera. —Su marido no respondió—. ¿En qué quedamos con los abogados? Perfil bajo hasta la celebración del juicio. Nada de salidas o fiestas.

—Solo fue una noche —se defendió Lorenzo, sin cambiar de postura—. ¿Podemos hablarlo mañana?

—Mañana, mañana... Siempre es todo para mañana.

—¿Qué podía hacer? ¿Encerrarlo el resto de su vida? Soy su padre, no la policía.

—¡Pues ejerce de padre por una vez!

—Baja la voz, te van a oír.

—¡Que me oigan! —María alzó el tono aún más—. Que sepan quién es su padre.

Lorenzo no reconocía la ira de María. Apenas se peleaban, preferían desarmarse con la indiferencia. Las pocas veces que discutían medían las palabras, hiriéndose con sarcástica elegancia, sin alzar nunca la voz. Él, intimidado, se defendió:

—No te atrevas a decir que todo esto es culpa mía. Eso no lo permito.

—Lo has malcriado toda su vida. Y ahora es tarde. ¡Tarde! Tenías que comprarle ese maldito coche.

—No recuerdo que te opusieras.

—Porque no puedo ocuparme de sus caprichos ni de los tuyos. Yo dirijo un banco con miles de empleados.

—¡Diriges una herencia, querida! No es lo mismo.

Los dos se habían levantado de la cama y se gritaban mientras se movían por la habitación.

—¿Tienes idea de lo que supone esto? ¿De la mancha para la familia?

—Oh, los Zabala. ¡Qué deshonor! El apellido..., solo eso te importa. Qué dirán tus amigos. Qué pensará tu padre desde la tumba.

—No te atrevas a nombrarlo. Nunca serás la mitad de hombre de lo que él fue. Un Zabala, sí. Recuérdalo porque es el apellido que paga tus gastos.

—No necesito tu dinero.

—Ah, ¿no? Lo disimulas muy bien. He financiado todos tus fracasos y ahora tu vida con los amigotes. Pero se va a terminar.

—No quiero nada de ti. ¡Nada!

Lorenzo había empezado a resentir el apellido Zabala. Lo que en un principio vio como una ventaja, en los últimos tiempos le parecía una carga. Achacaba la falta de respeto que inspiraba su obra, el repudio de los círculos culturales más exquisitos, a su relación con una familia de banqueros. Si el éxito lo eludía, no era por falta de talento o esfuerzo, sino por la manera en la que el entorno de su mujer fagocitaba su inspiración y marcaba su perfil como artista. Fantaseaba sobre cómo habría sido todo si hubiera seguido siendo Lorenzo Molina y jugaba con la idea de recuperar su nombre original.

—¿Cuándo fue la última vez que vendiste un cuadro, una escultura, algo? —lo golpeó María.

—Yo al menos soy libre. —Lorenzo forzó una risa ruidosamente falsa—. Libre, ¿entiendes?

—No hacer nada no es libertad, es pereza. Solo te pedí una cosa. No yo, los abogados. Vigila al chico. Pero era demasiado. Nada que requiera un esfuerzo te merece la pena. Por eso has fracasado y fracasarás mil veces.

—¿Y lo dices tú? —Dudó si decir lo que tenía en la mente—. Tú..., tú que ni siquiera supiste engendrar una hija normal.

Un grito de rabia salió de las entrañas de María.

—¡Hijo de puta! No hables así de la niña.

Avanzó hacia su marido y lo abofeteó dos veces. Entró en el vestidor y empezó a arrancar la ropa de los percheros, arrojándola por el suelo. Él la sujetó de las muñecas y las apretó con todas sus fuerzas, hasta que la tuvo de rodillas.

—¡Solo he querido ser alguien! ¡Alguien!

Levantó la mano derecha y cerró el puño en el aire. Y, por primera vez, se sintió por encima de su mujer, aunque fuera de una manera indigna, violenta y ventajista.

—Vamos, pégame. —María le sostuvo la mirada—. ¡Adelante! Que todos sepan quién eres de verdad. Un cobarde. ¡Eso es lo que eres! ¡Vamos, atrévete!

Lorenzo escuchó un ruido a sus espaldas, se giró y vio

a Lucía de pie bajo el marco de la puerta. Contemplaba la escena con gesto inexpresivo, descalza y en camisón. Dolores apareció tras ella, aupándola y llevándosela entre disculpas.

Lorenzo bajó el puño lentamente, dejándose caer sobre su mujer. Rompió en un llanto inconsolable.

—Lo siento, lo siento mucho.

Ella lo apartó a un lado, se levantó y fue tras la niña. Cuando entró en su cuarto, dormía con Dolores tumbada a su lado. La niñera acariciaba sus cabellos y tatareaba una nana. *Mi Jesús tiene sueño, bendito sea, bendito sea. A la nanita, nana, nanita, nana...*

—No se preocupe, señora —se interrumpió—. Luci está bien. Ella no entiende las cosas de los mayores.

María se acercó a su hija y acarició sus cabellos.

Dolores Quichua nunca entendió por qué los Zabala, teniéndolo todo, se comportaban como si no tuvieran nada. Después de Antonio Carmona, el chófer, la niñera era la más veterana entre los empleados de La Aurora. Trabajaban también Giselle, encargada de la limpieza, la cocinera cubana Maite Otero y su marido, el jardinero y manitas también cubano Leopoldo Martínez. Todos menos Dolores vivían en la casa de invitados, una réplica de la principal con cuatro habitaciones distribuidas en dos plantas.

La niñera había dejado marido y dos hijos en Guayaquil. Los primeros seis meses en España lloró cada noche, en silencio para que «los señores» no la oyeran. Le carcomían por dentro la tristeza y la culpa. ¿Entenderían por qué los abandonaba? ¿Por qué iba a dedicar sus mejores años como madre a cuidar los hijos de otros? Todo su amor materno lo redirigió en el pequeño Bosco, nacido tres meses antes de su llegada. Lo cuidó como si hubiera salido de su vientre, se ilusionó cuando echó a andar y al escuchar sus primeras palabras, organizó cada detalle de sus cumpleaños, lo vistió para las grandes ocasiones y lo reconfortó en sus noches de fiebre, envolviéndolo de los afectos que sus padres le negaban. Y lo mimó como nunca habría hecho con sus propios hijos. Consintió sus llantos de cuna, corriendo a calmarlo al primer quejido, y sus caprichos infantiles. Extendía la pasta sobre su cepillo de dientes para ahorrarle el esfuerzo; lo arropaba con el albornoz al salir del baño, cuidándose de que no resbalara; y le cocinaba fuera de horas, sin discutir sus preferencias. En momentos de flaqueza, cuando la nostalgia la vencía o resentía la abundancia que la rodeaba, tan cercana e inalcanzable, Bosco la rescataba sin saberlo de sus peores pensamientos. ¿Había sido correspondida? Durante algún tiempo pensó que sí, porque en la niñez le mostró un amor incondicional. Pero según se hizo mayor, menos dependiente, y sobre todo a partir de la adolescencia, Bosco se distanció. Vivió con tristeza su indiferencia y con aprensión la manera en la que se desvió del camino, indisciplinado y desobediente. La llegada de la pequeña Lucía nunca suplió el vacío, ya fuera porque la niña apenas podía expresarse o porque había agotado en su hermano todo el amor ajeno que podía ofrecer. Cualquier gesto de Bosco, un saludo al entrar en casa, una orden dada de forma distraída, bastaban para devolverle la ilusión. Sufría calladamente por él. Y, cuando el resto del servicio lo criticaba por su falta de educación y excesos, ella lo defendía. «No es mal chico —decía, atribuyéndose conocimientos sobre su mundo interior que escapaban a los demás—. Es solo que no lo quisieron bien».

10

EL RUISEÑOR BASTARDO

Luis Delgado decidió reincorporarse a su puesto como profesor de música a mediados de septiembre, con el curso comenzado. Aunque todavía no se sentía con fuerzas, pensó que le vendría bien tener la mente ocupada.

Daba clases de música a alumnos de tercero y cuarto de secundaria, que decía era como tratar de enseñar «maneras en la mesa a las hienas». Al entrar en el instituto Antonio Machado, se sintió observado por todos. Entendió que había dejado de ser el profesor Delgado para convertirse en el profesor que perdió a su hija en un accidente kamikaze. Los alumnos se acercaron para darle el pésame en los pasillos; una profesora que tuvo a Marta en su clase rompió a llorar al verlo; y el director, Mariano Salinas, lo trató con la deferencia que nunca le había mostrado en sus años de enseñanza en el centro.

Al describir su regreso laboral a Elena Moreno, en su segunda consulta con la psicóloga —justificó la visita en que debía devolver el libro que se tomó prestado—, dijo haberse sentido como la nueva atracción del zoo.

Ella le quitó importancia:

—La gente quiere ayudarnos y a menudo no sabe cómo hacerlo. En unos días habrán pasado página y continuarán con sus vidas.

Luis había sido un profesor combativo, de los pocos que se enfrentaban a la dirección. Resentía especialmente el desinterés hacia su asignatura, nó solo de los estudiantes, sino del resto del claustro de profesores y los padres. Nadie pensaba que las clases de música fueran algo más que un pasatiempo donde los alumnos tenían derecho a relajarse de materias más complejas. Los estudiantes esperaban un aprobado general, pero Delgado hizo lo contrario: suspendió a todos sus alumnos, en los dos cursos a su cargo. Salinas lo llamó a su despacho y le preguntó si había perdido el juicio.

—La paciencia, nada más —respondió, dejándole sobre la mesa su carta de renuncia—. Pedí instrumentos y no los tengo. Intento enseñar y todos los mensajes que los chicos reciben desde el colegio es que no hace falta que aprendan. Los padres me piden sobresalientes gratis para sus hijos porque así les sube la media. A mí lo que me vendría bien es que sus hijos aparezcan por clase, para ponerles cara y saber a quién debo regalar la nota.

—Hombre, no es exactamente así.

—Las faltas a mi clase no se computan como ausencias. Se supone que los alumnos me llegan tras haber estudiado diez cursos de música. Pues bien, la mayoría creen que do, re, mi, fa, sol, la y si son los miembros de una *boyband*. Por respeto a mi trabajo, no puedo continuar.

—Quizá haya que hacer mejoras —rectificó Salinas, suavizando el tono. En realidad, lo que pensaba era: «Dónde demonios voy a encontrar otro profesor de música a mitad de curso»—. Esto puedo prometerle: llevaré todos estos asuntos al consejo escolar. Algo podremos hacer, señor Delgado. Yo me ocupo.

Los primeros instrumentos llegaron dos semanas después. En lugar de la flauta, durante décadas el instrumento de enseñanza en las escuelas, el profesor incorporó la armónica, la guitarra eléctrica, la trompeta y los tambores. Enterró el temario oficial que lo obligaba a dar Evolución de la organología, Música profana en la Edad Media o El aparato fonador: respiración, emisión e impostación. En su lugar incorporó El rock como rebeldía, Héroes del Silencio y el pop español de los ochenta o Sinfonía de ruidos, donde dejaba que los alumnos experimentaran con los instrumentos bajo la única condición de que hicieran mucho ruido. Organizó un concurso de bandas para la fiesta de Navidad, con una participación que aumentaba en cada edición. Ninguna de aquellas innovaciones habría superado una inspección de Educación, así que mantuvo exámenes teóricos en los que adelantaba las respuestas a los alumnos en función de su participación en clase.

El tercer sábado de septiembre Luis llamó a Maldonado.

—¿Hablo con la Asociación Ornitológica de Villaverde o AOV? —El tono risueño de su amigo sorprendió al taxista—. ¿Dónde hay que apuntarse para la expedición de mañana?

Su amigo lanzó un grito de júbilo, llamó al resto del equipo y lo organizó todo. Decidió que dejarían el coche en casa y harían a pie la «ruta larga», con salida desde El Espinillo. Partieron a las cinco de la madrugada, bajo la noche cerrada y con paso animado. Hablaba Maldonado con Sotillos; Cabrera con Delgado; Delgado luego con Sotillos; Cabrera con Maldonado; a veces todos a la vez; adelantándose unos y retrasándose los otros, para volver a juntarse, como si fueran un pelotón ciclista.

Maldonado dijo que el día parecía dispuesto por el

mismísimo Garuda, rey de las aves, mitad águila y mitad hombre, que había sido el emblema de la asociación desde el primer día. El calor que aturdía a las aves había quedado atrás; el alba prometía un cielo azul y limpio; y no soplaba un ápice de viento, molesto para el vuelo de los pájaros. Madrid, que nunca fue madrugadora, dormía apacible y en silencio.

—No sabes cómo fue el otro domingo, Luis —dijo Cabrera—. Gorriones y palomas. Eso fue todo lo que vimos. ¿Dónde se meten cuando no les gusta el día?

—Si es que hay que madrugar...—protestó Maldonado—. Os tengo dicho que los pájaros no son como las personas. Ellos están alegres y cantarines pronto por la mañana. Nosotros por la noche, en el bar.

—Sobre todo alguno —dijo Luis Delgado.

Todos rieron con fuerza, no tanto por la broma, sino al escuchársela al amigo que desde julio había habitado en otro mundo, oscuro y apartado, y parecía volver a la vida al fin.

Bordearon el río Manzanares hasta llegar a Matadero, con paradas para escuchar los primeros gorjeos de verdecillos, trepadores azules, estorninos negros y papamoscas. Cormoranes y gaviotas se posaban en las farolas a ambas orillas del Manzanares. Cruzaron los puentes de Praga y Segovia, adentrándose en la Casa de Campo en dirección al arroyo de Meaques. Lo cruzaron y tomaron posiciones entre los arbustos mientras preparaban los prismáticos. Sotillos sacó de la mochila unos Vortex Diamondback de última generación. Maldonado no pudo contenerse:

—Vaya con el parado. Sin blanca, eh, pero con prismáticos para un safari.

El vendedor de coches era, del grupo, el que mejor ojo tenía para identificar aves. Se pasaba las horas en casa leyendo libros sobre la materia, repasaba vídeos de expertos y tenía estudiados el plumaje, picos, aleteos, forma de volar, graznidos y alimentación de cientos de especies.

—Un ruiseñor bastardo —alertó Sotillos.

—¿Dónde?

Permanecieron inmóviles, casi aguantando la respiración, durante un par de minutos. Los cantos venían de diferentes direcciones.

—A las tres, posado en la rama de aquel árbol.

Vieron la figura de un pájaro rechoncho y de colas redondeadas, con un color entre pardo y grisáceo que se confundía con la rama del árbol.

—Nah —dijo Maldonado—. Es un ruiseñor común.

El presidente de la Asociación Ornitológica de Villaverde resentía cariñosamente la sabiduría aviar de Sotillos.

—Te digo que es un bastardo.

—Me vas a decir tú a mí lo que es un bastardo.

—Escucha...

Agudizaron los oídos y sonó un cuchí-cuchí-cuchí potente, más repetitivo que el del ruiseñor común.

—Va a ser un bastardo —dijo Delgado.

—Sí —confirmó Cabrera.

—Joder con el *birdwatcher* de los cojones, ¿qué pasa?, ¿te dieron el título en Oxford?

—Psst.

—¿Y ahora qué?

—Si no os calláis no podemos oírlos.

Volvieron a fundirse con el silencio. El cielo rojizo anunciaba el despunte del día. La quietud paciente de los cuatro amigos burló incluso a los pájaros más desconfiados, haciéndoles creer que habitaban un mundo sin personas. Se lo habían preguntado muchas veces: ¿acaso no tienen memoria las aves y olvidan que conviven con humanos, esos seres toscos y limitados que no pueden volar? Un sinfín de silbidos, melodías y graznidos rompieron la calma de la alborada. A Luis le recordó a un concierto en el Auditorio y se preguntó quién era, entre todas las aves escondidas entre la vegetación, el director de orquesta que coordinaba las notas. Le pareció que aquella explosión de felicidad armoniosa tenía un perfecto sentido musical. Si afinaba el oído, creía distinguir quiénes entre aquellos seres voladores cantaban al amor, la amistad, la nostalgia o la pérdida. Escucharon y observaron, contuvieron la respiración, moviéndose con el sigilo del camaleón, alternaron prismáticos con cámaras de fotografía, y se dejaron envolver por la melodía de carboneros comunes, picos picapinos y abubillas.

Maldonado miró de reojo a su amigo Luis, tumbado a su derecha, la mirada al frente, la boca abierta. Quiso decirle lo feliz que estaba de tenerlo de vuelta, pero las normas del avistamiento se lo impedían y él, más que nadie, debía respetarlas. Cualquier sonido, pisar una hoja seca o una tos, terminaría con el recital.

Permanecieron bajo un estado de éxtasis sigiloso durante cerca de diez minutos, hasta que un primer grupo de domingueros rompió la paz del lugar y una estampida de cientos, miles de aves, surcó el cielo y se perdió en el horizonte. La excursión tocaba a su fin. Con la irrupción de caminantes y familias, abuelos con sus nietos y corredores madrugadores, los miembros de la Asociación Ornitológica de Villaverde emergieron de sus escondites, observados con sorna por los demás.

—El mejor día en la historia gloriosa de la asociación —sentenció Maldonado, que ordenó retirada.

Regresaron haciendo el camino inverso y, antes de dejar la Casa de Campo, se encontraron un polluelo de mirlo herido y abandonado. Tenía un ala dañada y llamaba a su madre. En eso sí se parecían humanos y pájaros: la manera en la que los debilitaba el miedo. Indefenso, el pajarillo pedía ayuda aun a riesgo de atraer un peligro mayor, un roedor o un ave rapaz. Sotillos se acercó para comprobar su estado y negó con la cabeza. «Está rota en dos», dijo. Discutieron sobre si debían sacrificarlo, dejarlo donde estaba o llevárselo para curarlo. Maldonado tenía amistad con el veterinario de la clínica Pulgas, junto a la sede de Seguros Ocaso. Aunque trataban sobre todo perros y gatos, lo mismo podían hacer algo.

—Este no vuela más —insistió Sotillos—. No se puede reintroducir y estos tampoco se adaptan a la vida en interiores. Lo mejor sería sacrificarlo.

—Mira que eres cenizo —dijo Cabrera—. ¿A ti te gustaría que te dejaran tirado en medio de la calle? ¿O que te mataran porque cojeas?

Discutían acaloradamente el abogado y el vendedor de coches cuando Luis se abrió paso entre ellos, levantó la rodilla y aplastó al mirlo con su bota, matándolo al instante. Después presionó con fuerza, para asegurarse de que estaba finado y restregó la suela en el suelo para limpiarse los restos del plumaje y la sangre. Un silencio tenso se apoderó del grupo, sin que ninguno de los demás supiera qué decir.

—¿Podemos irnos? —preguntó Delgado, como si hubiera olvidado lo que acababa de hacer.

Nadie dijo otra palabra en el camino a Villaverde, aunque Maldonado se mordía los labios. Entendía la postura de evitarle un sufrimiento innecesario al polluelo, pero habría preferido agotar las opciones de salvarlo. Lo confundía la frialdad con la que Luis había terminado con la discusión. No parecía él.

Una vez en Villaverde, Maldonado sacó el taxi y condujeron hasta el kilómetro 9 para el homenaje a Marta, y después se fueron a comer perdices encebolladas a Colmenar. Apenas hablaron hasta que, en el segundo plato, Luis se dirigió a Cabrera:

—Voy a necesitar un abogado, Miguel. Por lo de Marta.

—Pensé que ya tenías a alguien.

—Le falta implicación, yo es que no le veo.

Su amigo se quedó pensativo unos segundos antes de autoexcluirse.

—Lo mío es laboral. Sabes que lo haría encantado, pero no es mi campo.

—Eres abogado, ¿no?

—Te puedo recomendar a alguien mucho mejor. Hay un tipo, Manolo Suárez. Un crac. Compi de la facultad. Y va a comisión, no tendrás que pagar nada hasta que te den la indemnización.

Maldonado interrumpió el diálogo:

—Joder, Cabrera, has perdido la cabeza o qué. Tu amigo te pide ayuda y se la niegas.

Sotillos, que rara vez se entrometía, sobre todo si olía un conflicto, se unió a la protesta.

—Él ha estado siempre por ti —dijo.

—Vosotros no os metáis.

—Me meto si me da la gana —saltó Maldonado—. Vas chuleando de que ganas todos los juicios y cuando Luis te pide un favor te pones estupendo. Bla, bla, bla... Todo boquilla.

—A ver, que una cosa es laboral y otra...

—Vamos, que no quieres hacerlo. Dilo y ya está.

—¡No es eso, hostias!

Cabrera dio un golpe en la mesa. Todos los razonamientos que había compartido eran ciertos y, sin embargo, ocultaba el más importante. Miró a Luis con franqueza:

—No podría perdonarme si pierdo esto, esa es la verdad. Tengo miedo, leches. Ya está dicho. ¿Contentos?

Luis lo sacó del apuro.

—Era solo una idea, no te preocupes.

—Si es que yo llevo cosas pequeñas. A ti, Maldo, cuando te negaron la baja. Un despido en una empresa de transportes. Los jueces siempre van con el despedido, es fácil ganar. Pero esto... Van a ir con todo, Luis. Los conozco. No hay trampa que no vayan a intentar. No soy tu hombre. Lo digo por tu bien.

Siguieron comiendo sin comentar nada, enfadados por primera vez desde el colegio. Miraban al televisor instalado en lo alto de una repisa esquinera. La Dos emitía un documental de animales: la escena mostraba a un león herido en la sabana africana, rodeado de hienas que aullaban y testaban su fortaleza con ataques y retiradas. Sus rugidos cansados apenas las intimidaban.

—Veinte contra uno —dijo Maldonado.

De repente, la cámara enfocó a dos leonas que llegaban en auxilio de la bestia malherida. Las hienas huyeron a la carrera, dispersándose en varias direcciones.

Cabrera explotó:

—Está bien, joder.

—¿Lo harás? —preguntó Sotillos.

—De verdad que no hace falta —volvió a excusarle Luis.

—Sí, putas. Le daremos su merecido a esas ratas de Galán & Ladrones. Pero no me jodáis más la comida del mes. Solo eso os pido.

Miguel Cabrera no pegó ojo los siguientes tres días. Se levantaba en mitad de la noche y repasaba pruebas, documentos e informes. Dejó de aceptar casos para centrarse en el de Marta, entrevistó personalmente a testigos y contrató un detective para investigar cada detalle de la vida de Bosco Zabala. Consultó con amigos abogados, repasó la jurisprudencia y leyó decenas de sentencias sobre accidentes provocados por conductores ebrios.

Poco después de ser oficialmente designado abogado de la acusación particular recibió, como esperaba, una llamada de la otra parte. La fecha del juicio había sido fijada para el ocho de diciembre, cinco meses después del accidente. Salvador Galán, el abogado de los Zabala, proponía una reunión y lo citaba en la Torre Picasso, donde Galán & Asociados ocupaba una planta entera en el mismo edificio en el que BanKapital, su principal cliente, tenía su sede. Miguel dijo que estaría encantado de verlo, pero que la reunión debía celebrarse en El Abuelo, el bar que frecuentaba con los amigos de Villaverde.

—Me dan vértigo las alturas —dijo, asegurándose de que su interlocutor captaba su sarcasmo.

Cabrera detestaba los grandes despachos y su capacidad de defender al mismísimo Satanás, siempre que pudiera permitirse la minuta. Los consideraba fontaneros del sistema, dispuestos a buscar cualquier resquicio para prostituir el sentido con el que se aprobaban las leyes. Se presentó una hora tarde a la cita, disculpándose por el tráfico a pesar de que vivía a tres minutos andando del bar. Para él, la vista judicial ya había comenzado.

El Abuelo olía a churros y café recién hecho. Jubilados, obreros, un par de policías municipales y algún estudiante copaban la barra. Galán, fácilmente reconocible, se sentaba trajeado y con las piernas cruzadas en una mesa al fondo. «Más mayor de lo que esperaba», se dijo.

Lo saludó sin darle la mano, colgó la chaqueta en el

respaldo de la silla y gritó a Chano, el camarero, desde la distancia:

—¡Un par de porras y uno corto de leche!

—¡Marchando!

Tomó asiento y miró desinteresadamente a su interlocutor.

—Y bien, ¿quería usted verme?

—Como sabe, represento a la familia Zabala en el caso del accidente que tuvo lugar...

—Dígame algo que no sepa —lo interrumpió.

Cabrera era un tipo campechano, con el don de hacer sentir a gusto a las personas que acaba de conocer, pero no estaba dispuesto a concederle ese trato a su adversario. Al recibir a Galán en territorio hostil, le enviaba el mensaje de que vestir un traje diez veces más caro que el suyo, disponer de un despacho en las alturas o tener a clientes poderosos no lo situaba por encima de él. El asesor de los Zabala mantuvo la compostura.

—Creemos que no es de interés para ninguna de las partes que este caso vaya hasta el final.

—Querrá decir que no es de interés para su cliente.

—La familia Zabala entiende que el daño causado es irreparable. No hay, por supuesto, cantidad que pueda compensar la pérdida ocasionada al señor Delgado. Aun así, la intención es resolver esta situación de la manera más favorable y generosa.

El abogado sacó de su maletín un documento con los detalles de su oferta y se lo entregó a Cabrera.

—La misma cantidad que figura en el documento será donada a programas de seguridad vial en escuelas de primaria de Madrid. Es un compromiso de la familia Zabala que algo positivo salga de esta terrible tragedia. Créame si le digo que están muy afectados y que...

—Bla, bla, bla...

Cabrera dejó los papeles a un lado, mojó un churro en su café y terminó de desayunar. Después agarró el papel con las manos aceitosas, manchándolo todo lo que pudo, y comenzó a leerlo en voz alta. La oferta incluía la admisión de un delito de homicidio imprudente en concurso, dejaba fuera los de conducción temeraria y contra la seguridad vial y desestimaba el estado de embriaguez de Bosco Zabala.

—Eso son dos años, quizá menos.

—Consideramos que, llegados a este punto, destrozar otra vida es innecesario para lograr un acuerdo que repare el daño ocasionado.

—Creen que todo el mundo tiene un precio, ¿cierto?

Salvador Galán se levantó, saludó con cortesía y dejó una tarjeta de visita sobre la mesa.

—Le agradecería que transmitiera nuestra propuesta a su cliente. Cualquier duda, estaré encantado de resolvérsela.

Por la tarde, Cabrera fue donde Luis a informarle de la reunión. Lo encontró en casa viendo la televisión, enfundado en una bata de cuadros y unas zapatillas de andar por casa.

—Ofrecen una cantidad por el daño moral causado —dijo—. Un millón de euros. Y se comprometen a donar la misma cantidad a programas de seguridad vial. Te cuento todo esto no como tu amigo, sino como tu abogado. Es mi obligación transmitirte la propuesta de la defensa. No estoy diciendo que la aceptes. No tienes que hacerlo.

—¿Cuántos años? —preguntó Delgado.

—Es a cambio de no ir a la cárcel, Luis. Iríamos al juzgado, pero la vista no se celebraría. Se presentaría al juez una sentencia de conformidad entre las partes con una condena a dos años de prisión, máximo tres. Sin antecedentes, no entraría.

—¿No iría a la cárcel?

—No.

—¿Y tú que piensas?

—Yo... No puedo tomar esa decisión por ti.

El corazón de Cabrera le pedía ir a juicio; la razón, que aceptara un dinero que solucionaría la vida de su amigo. Sabía que ningún juez igualaría la indemnización y tampoco había garantías de una condena con privación de libertad para el acusado, aunque la consideraba probable. Le preocupaba la capacidad de una familia con el poder de los Zabala para extender sus tentáculos en la Judicatura, influir en la Fiscalía y condicionar la sentencia. Quiso decirle que la oferta era una oportunidad de pasar página, evitarse un proceso farragoso y sortear una justicia desesperadamente lenta e impredecible. Si dejaba los sentimientos de lado, le parecía un buen trato. Pero no dijo nada de eso.

—Si quieres ir hasta el final, estaré a tu lado.

—Ese chico mató a Marta.

—Lo hizo, sí.

—Y el juicio lo vamos a ganar.

—Habla el abogado, ¿vale? No te puedo prometer que ganaremos. Ese debería ser el resultado si queda justicia en este país. Lo que te puedo decir es que haré todo lo posible. Si demostramos que ese kamikaze era consciente de que estaba poniendo en peligro a otros conductores, que no fue solo una confusión, que iba borracho..., lo metemos en la cárcel un buen tiempo. La pasta de la indemnización será menos, eso seguro.

146

—Creen que la vida de mi hija vale un millón.

—No tienes que decidir ahora. Piénsalo unos días y me dices.

—No hace falta, Miguel. —Su voz sonaba segura y calmada—. Vamos a ganar. Sé que vamos a ganar. Es lo que hubiera hecho mi hija, es lo que ella hubiera querido. Marta lo merece.

—Claro que sí, Luis. Vamos a ganar.

11

LA PRUEBA

Abogados y expertos en comunicación descendieron sobre La Aurora la mañana del juicio de Bosco Zabala. Salvador Galán mandó recrear en el salón de la vivienda familiar un escenario similar al que se encontraría en la Audiencia Provincial de Madrid, utilizando como extras al servicio y a algunos empleados del despacho. El ensayo final, tras días de preparación, incluía interrogatorios y la teatralización de situaciones potencialmente incómodas para el acusado.

—Ahora quiero que imagines que la madre de Iván Moncada rompe a llorar. —Galán parecía estar dirigiendo una película—. Se oyen sus gritos en la sala. Te señala. ¿Qué haces?

Bosco bajó la cabeza, cubriéndose el rostro en señal de arrepentimiento.

—Te sientes contra la pared. Las preguntas del abogado de la defensa están siendo reiterativas y agresivas. ¿Qué bebiste la noche del accidente?

—No lo recuerdo.

—¿A qué velocidad ibas?

—No lo recuerdo.

—Bien. Responde solo a las preguntas sobre tus datos personales. Todo lo demás: «No lo recuerdo».

Un joven abogado fue llamado para interpretar el papel de uno de los guardias civiles que asistieron en el siniestro del kilómetro 9. Empezó a describir la escena del accidente con detalles sacados del escrito de la Fiscalía.

—Muéstrame aflicción —pidió el consejero—. Sin dramatismo, que no parezca que actúas.

El matrimonio Zabala contemplaba la escenificación junto a la chimenea. María, compungida, se acercó a Galán:

—¿De verdad todo esto es necesario?

—Será peor en la vista. Tiene que familiarizarse con las situaciones a las que se va a enfrentar. Casi hemos terminado. Sobre lo que hablamos...

—Voy a ir.

—Ya sabes mi opinión.

—Y te la agradezco.

—Tu presencia no aporta ningún beneficio a la defensa. En cambio..., los riesgos reputacionales para ti y para el banco son grandes. Habrá mucha prensa. Va a ser una jornada cargada de emotividad.

—Reputación. El banco. La prensa. Soy su madre, Salvador. Voy a estar con mi hijo.

Llegaron otras dos expertas en comunicación y un estilista. Cortaron el pelo de Bosco, le pusieron unas gafas de pasta fina sin prescripción, para darle un aire más académico, y probaron con diferentes indumentarias. Escogieron una camisa blanca, americana azul y pantalones de pinzas. Recomendaron que no llevara el reloj, un IWC Portuguese, y que se quitara la cadena de oro. Cualquier signo de ostentación podría predisponer a los jueces en su contra. Se decidió que la familia iría al juzgado en taxi. Camino de la Audiencia Provincial, Galán dio las últimas instrucciones a Bosco:

—No rehúyas el contacto visual con los jueces o el abogado de la parte contraria. Relaja la mandíbula. Responde con voz clara y firme.

Una nube de fotógrafos los esperaba en la entrada de la Audiencia. Los Zabala se bajaron del taxi seguidos por su abogado, que se abrió paso utilizando su maletín como escudo. Letrados, procuradores y testigos esperaban en el vestíbulo la apertura de la Sala de Vistas.

Estaba previsto que declararan los guardias civiles Jorge Santos y Héctor Sarabia, los primeros en acudir al lugar del accidente; el repartidor de periódicos Julio Consuegra, que trató de alertar al kamikaze que iba en dirección contraria; Soledad Alonso, una de las vecinas que socorrió a las víctimas tras ser despertada por el sonido de la colisión; o Alberto Lahoz, perito experto en accidentes de tráfico. Un grupo de chavales departían en un círculo formado junto a la máquina expendedora de café. Eran los testigos de la defensa. Todos habían asistido a la fiesta de La Aurora.

Luis Delgado y su abogado, Miguel Cabrera, esperaban el arranque del juicio en la sala habilitada para las familias de las víctimas. Los Moncada entraron poco después. Luis se levantó e instintivamente se acercó primero a Sonia, la madre de Iván, extendiéndole la mano. Ella lo abrazó:

—Tenía ganas de conocerlo.

—Gracias, yo también.

Vicente Moncada lo saludó con un fuerte apretón de manos:

—Creo que todos esperábamos este día.

Cabrera sirvió cafés y después se retiró a repasar documentos del caso con Serafín Escudero, el abogado de los Moncada. Las familias compartieron anécdotas y coincidencias. Cómo eran sus hijos. Qué les gustaba. Sus planes de futuro. Descubrieron que Marta e Iván eran fanes de La Oreja de Van Gogh, aficionados del Atlético de Madrid y apasionados de los viajes. Chicos alegres y llenos de vida. Él, reservado con sus cosas; ella, incapaz de guardarse nada dentro.

—Desde pequeña no había quien la callara —dijo Luis—. Nos metía en líos porque todo lo que escuchaba en casa lo soltaba luego en la calle.

—Iba a ser médico, ¿verdad? —preguntó la señora Moncada.

—Sí, habría empezado el tercer año. ¿Iván?

—Arquitecto. De pequeño se le daban muy bien las construcciones. Cuando paseábamos por la calle, se paraba a mirar los rascacielos. Estaba muy ilusionado con un viaje a Japón con su clase. Lo fascinaba todo lo relacionado con Japón.

—¿En serio? Marta igual. Tenía el cuarto lleno de mangas. Se sabía todos los personajes. Les habría gustado conocerse.

El señor Moncada bromeó:

—Parece que estos dos habrían sido más que amigos.

Una risa contenida llenó la habitación. Aunque venían de lugares dispares, se encontraban en el mismo vacío. No se preguntaron cómo estaban o qué sentían. Lo sabían con dolorosa precisión. ¿Quiénes, sino los Moncada, podrían comprender la presencia abrumadora y aplastante de una hija ausente? ¿Quién, sino el señor Delgado, entendería mejor qué supone vivir con el tiempo detenido tras el adiós de un hijo? ¿Con el miedo a que reanudarlo te aleje aún más de él?

Los afectos que la señora Moncada dedicaba a Luis nacían de ese lugar común que habitaban, pero también de la incomprensión que ella sentía ante la situación de aquel hombre. ¿Cómo podía nadie afrontar solo lo que a ella le resultaba imposible rodeada del amor de su marido y la fuerza de sus hijos pequeños? Extendió una invitación a Luis:

—Nos encantaría que viniera a casa algún día, ¿verdad, Vicente?

—Eso estaría genial —dijo él.

Entró el secretario judicial para avisar de que todo estaba a punto. Hubo un último cruce de miradas de apoyo mutuo, caminaron por los pasillos del juzgado sin decirse nada y entraron en la sala. Un funcionario ajustaba la altura del micrófono de Bosco, sentado en el centro de la habitación. Los tres magistrados ocuparon el estrado frente al acusado; los abogados y el fiscal, los sillones a la izquierda; familiares y asistentes autorizados, las bancadas traseras.

María y Lorenzo Zabala se arrimaron en una esquina discreta de la última fila, en el extremo opuesto a Luis Delgado. Los Moncada, tomados de la mano, se sentaron en primera fila.

El murmullo de la sala fue reemplazado por un silencio ceremonial cuando uno de los jueces declaró abierta la sesión y dio paso al secretario para que leyera los escritos de la acusación y la defensa. Bosco volvió la vista hacia su madre con expresión de desamparo. «Tranquilo, todo irá bien», creyó leer que decían sus labios.

En ese momento, María se sintió observada. Giró el cuello levemente hacia su derecha y se encontró con la mirada apática de un hombre con barba, enfundado en un jersey de cuello alto y una americana de pana. Un abrigo negro descansaba sobre sus piernas. Lo saludó con un gesto y enseguida se arrepintió. Un rubor intenso recorrió sus mejillas al darse cuenta de que se trataba del padre de la òtra víctima. Entonces cayó: no recordaba el nombre de la joven, aunque lo había oído mencionar varias veces, la última esa misma mañana durante los ensayos del juicio. ¿Eva? ¿Mónica? Tampoco sabía nada de su familia. O en qué estado se encontraba. Su única referencia venía de Galán, cuando le comunicó que habían rechazado la oferta para resolver la disputa con un acuerdo económico.

—Sube la oferta —le había dicho—. Lo que haga falta.

¿Cuántas veces había oído decir a su padre que todo el mundo tenía un precio? Decenas, cientos de veces. El abogado la desincentivó:

—No es una cuestión de dinero. Es una familia humilde, pero el padre cree que sería ponerle precio a su hija. Podríamos ofrecerle el triple y tampoco aceptaría.

María no volvió a preguntar por los Delgado. Había llorado a Iván, al que consideraba casi como un hijo. Se había centrado en rescatar a Bosco, salvar a la familia y proteger al banco de los efectos de la tragedia. Lidiaba con un matrimonio en descomposición. Estaba exhausta y desbordada, se justificó. ¿Era posible que las desilusiones de la vida la hubieran endurecido? ¿Había perdido también ella, como su hijo, la empatía por los demás?

Volvió rápidamente la vista al frente, desviándola del hombre que la observaba. Se preguntó por qué estaba solo. Quizá su mujer no había encontrado las fuerzas para asistir. Sintió la urgencia de hablar con él. Explicarse. Decirle que sentía su dolor. Cuando todo terminara, iría a verlos. Debía haber algo que pudiera hacer por ellos. Por supuesto que sentía la pérdida de su hija. ¿Almudena?

¿Maite? Cerró los ojos y rezó en silencio para que todo saliera bien. Oyó a uno de los jueces dirigirse a Bosco:

—Póngase en pie. Se le informa de su derecho a no declarar contra sí mismo y a no confesarse culpable. Si va usted a declarar, responda a las preguntas del Ministerio Fiscal.

El acusado siguió el plan trazado por Galán, respondió solo a las preguntas referentes a sus datos personales y reiteró que no recordaba nada de la noche del 7 de julio de 2007. Miguel Cabrera, que había previsto la estrategia de la defensa, aprovechó su turno para lanzar una batería de preguntas que llevaban implícitas las respuestas, con el objetivo de establecer un perfil del kamikaze: «¿Es o no es cierto que la madrugada del accidente se celebró en su casa de La Moraleja una fiesta donde se consumió alcohol y drogas?». «¿Es o no es cierto que la madrugada del 7 de julio condujo su coche deportivo, valorado en más de doscientos mil euros, en dirección contraria por la Nacional VI?». «¿Es o no es cierto que, preguntado por los agentes que llegaron a la escena del siniestro, confesó usted encontrarse ebrio en el momento del accidente que provocó la muerte de Iván Moncada y Marta Delgado?». «¿Es o no es cierto que días antes del siniestro del que se le hace responsable participó usted en una carrera ilegal que estuvo a punto de provocar una tragedia similar?».

Cabrera había incorporado a la causa el incidente desvelado por la prensa: los participantes en la competición apostaron veinte euros cada uno en una carrera entre La Moraleja y la Plaza de Cibeles, añadiéndole un extra de emoción. La mitad del dinero iría a parar al conductor que arrancara el mayor número de carteles de las marquesinas de autobús que encontrara durante el trayecto.

Bosco ganó ambas competiciones. Llegó el primero y con el maletero lleno de anuncios de El Corte Inglés, Telefónica, Hugo Boss y más. Regresaban a La Moraleja eufóricos cuando la policía les dio el alto en la Plaza de Cuzco, iniciándose una persecución por las calles de Madrid. El heredero de BanKapital, al volante de su nuevo Aston Martin, se saltó un control en la Castellana y tomó la dirección prohibida. Testigos describieron al menos dos momentos en los que estuvo a punto de estrellarse contra coches que venían en sentido contrario. Los agentes le perdieron la pista en la calle Rosario Pino, pero detuvieron a Iván Moncada a la altura del depósito de agua de Canal de Isabel II, en la Plaza Castilla. En el calabozo, fue interrogado por la identidad del conductor fugado. Se negó a dar su nombre. Por la mañana, Vicente Moncada recogió a su hijo en la comisaría. Según volvían a casa, le dijo que de todas las cosas censurables que había hecho aquella noche, al menos una lo honraba: no haber delatado a su mejor amigo. Y reforzó la felicitación con la frase que lo perseguiría mucho tiempo después de la muerte de su hijo: «Tu padre habría hecho lo mismo».

Miguel Cabrera abrumó al acusado con setenta y cuatro preguntas, replicadas con setenta y cuatro «No lo recuerdo». El abogado los dio todos por buenos, convencido de que aquellos silencios dejaban en evidencia la estrategia de Galán & Asociados y predisponían a los magistrados en su contra. La práctica de la prueba fue tan contundente, describió los hechos con tanta claridad, sustentados con datos tan objetivos sobre la trayectoria de los coches, las velocidades y las pruebas de alcoholemia, que cuando al abogado de la acusación particular le llegó el turno de presentar su alegato final, teatralizó un gesto de irritación por tener que explicar lo obvio:

—Con la venia. No estamos aquí para juzgar un accidente. No hubo despiste ni confusión. Estamos aquí para confirmar un homicidio ejecutado con frialdad y pre-me-di-ta-ción —se detuvo en cada sílaba—. El acusado, Bosco Molina Zabala, un conocido adicto al riesgo, al alcohol y a las drogas, subió a su deportivo y se lanzó a toda velocidad en sentido contrario bajo la premisa de que eran los demás quienes debían apartarse de su camino. Rompió todas las reglas porque no considera que ninguna le concierna. ¿Y saben por qué? Porque Bosco Molina Zabala, mayor de edad, educado en los mejores y más caros colegios del país, con todas las posibilidades que ofrece el dinero y su posición social, ha crecido en el convencimiento de que las reglas solo existen para los demás. En su mundo paralelo de impunidad, el acusado cree que está por encima de mí, de ustedes, señores jueces, de todos nosotros. Por encima de Marta Delgado e Iván Moncada, sus víctimas en aquella fatídica noche de julio.

Cabrera describió al joven Zabala como un juguete caro y averiado, asiduo de los excesos y las fiestas, que ni siquiera después de la tragedia pudo mantener el luto por su mejor amigo o la joven a la que había segado la vida. El abogado mostró fotografías, tomadas por el investigador privado que había contratado, en las que se veía a Bosco eufórico en pistas de baile y barras de bares de Madrid en los días posteriores al siniestro.

—La pregunta es si queremos vivir en una sociedad donde unos pocos privilegiados ponen en riesgo a los demás —continuó Cabrera—. Si vamos a aceptar que la diversión de un joven millonario está por encima de la vida de una chica humilde que ha madrugado para pagarse la universidad trabajando como cajera en un supermercado. Tenemos que decidir si estamos dispuestos a aceptar que la nuestra sea una sociedad con dos justicias, una para los que tienen y otra para los que no. Si vamos a permitir que, mientras unos se hunden en un océano de desigualdad, otros sigan a flote.

Uno de los magistrados interrumpió al abogado:

—Letrado, debo recordarle que está usted en un juicio penal, no en un mitin político. Cíñase a los hechos relevantes para esta causa.

—Gracias, su señoría.

Cabrera se excusó, lamentando haberse dejado llevar por las emociones, y cedió el turno a la defensa.

Salvador Galán se movió con parsimonia, rebuscó papeles en su maletín de cuero, que tenía las iniciales G&A grabadas a fuego, y espació frases grandilocuentes con largos silencios, dejándolos suspendidos en el aire para mantener la tensión sobre su próximo argumento. Siguió al milímetro la estrategia de la negación, alegó que Bosco tomó el desvío equivocado por error y que ni siquiera este podía ser atribuido a su cliente, sino a la falta de iluminación y la vegetación que ocultaban la señal de prohibido. Reforzó su teoría de la involuntariedad con un estudio que cifraba en seiscientos los conductores multados cada año por conducir en sentido contrario, la mayoría ancianos y jóvenes con escasa experiencia al volante. Luego refutó los informes presentados por los peritos y las aseguradoras respecto a la conducción temeraria del acusado. Concluyó que en el momento del impacto el Aston Martin rodaba a una velocidad de 120 km/h —el atestado de la Guardia Civil indicaba 160 km/h— como demostraba el hecho de que el conductor del vehículo infractor hubiera sobrevivido, algo que «habría sido imposible a una velocidad mayor». Informes psicológicos confirmaron el trauma sufrido por su cliente y la plausibilidad de que no recordara nada de lo sucedido. Y, en lo que el propio Galán había descrito en las reuniones preparatorias como un *long shot*, disputó los resultados toxicológicos sobre el consumo de alcohol y drogas. Dijo que lo que se había detectado eran trazos de un consumo previo a la noche del accidente y presentó un análisis médico que achacaba al metabolismo defectuoso de su cliente que esos restos siguieran en su sangre. Un estudio del laboratorio Geonyc Inc., en Cambridge, comparó los test utilizados por diferentes países europeos con un resultado «indisputable»: las pruebas francesas o británicas tenían una fiabilidad del trece por ciento superiores a las españolas.

—¿Cómo es posible que las autoridades de este país sigan utilizando medidores obsoletos —preguntó Galán—, cuando la tecnología ha avanzado y disponemos de otros mucho más fiables que habrían demostrado que el señor Zabala no consumió alcohol ni drogas aquella noche?

Galán reforzó su alegato con la presentación de una prueba que, afirmó, a nadie le dolía más que a él tener que exhibir en público.

—Este papel es un estudio toxicológico de una de las víctimas mortales de aquella noche. —Agitó el documento en el aire—. Solo leeré la conclusión por respeto a esa persona y su familia. Dice así: «Marta Delgado, positivo por diacetilmorfina». Es decir, heroína en el lenguaje coloquial.

—¡Mentira! —Cabrera se levantó del asiento.

—Pertenece al atestado de ese día, señor letrado. Y sí, también yo creo que esa información puede deberse a un error. De la misma forma que mi cliente ha sido víctima de un error que le atribuye el consumo de sustancias que no tomó.

Galán se acercó al secretario y entregó el documento mientras concluía su teoría exculpatoria. Después llamó al primero de los testigos de la defensa. Los declarantes habían sido preparados a conciencia, dividiéndolos en tres grupos: fiables, dudosos y contrarios. Los primeros se mostraban dispuestos a declarar a favor de Bosco, por amistad o a cambio de una compensación; los segundos tenían buena disposición, aunque manifestaban reparos morales que podrían hacerlos flaquear bajo presión; y los terceros suponían un riesgo excesivo, por lo que el objetivo era persuadirlos de que no declararan, ni a favor ni en contra. Uno por uno, los testigos aseguraron bajo juramento que el acusado no bebió ni consumió drogas la noche del accidente.

El juez concedió un interrogatorio adicional a la defensa y descartó el resto por considerarlos redundantes. El secretario judicial se asomó por la puerta que daba al vestíbulo y llamó a la última compareciente:

—¡Natalia Jansen García!

12

NATALIA

La novia de Bosco atravesó la sala con la mirada al frente, ocupó su sitio y sorbió de un vaso de agua. Le preguntaron su nombre, apellidos, edad, estado civil, profesión y domicilio; si tenía interés directo o indirecto en el objeto del proceso; y cuál era su relación, si tenía alguna, con las partes. «Conocida del acusado y de una de las víctimas», dijo Natalia, repitiendo las instrucciones que había recibido de Salvador Galán.

—¿Con cuál de los fallecidos?

—Iván Moncada.

El abogado defensor le pidió que se acercara al micrófono, la miró con aire paternal, en un intento de tranquilizarla, y comenzó su interrogatorio.

—¿Estuvo usted en la fiesta organizada por el acusado, Bosco Molina Zabala, la noche del 7 de julio de 2007 en su vivienda particular?

—Sí.

—¿Qué se celebraba ese día en casa del señor Molina?

—Su cumpleaños.

—¿Cuánta gente acudió a la celebración?

—Yo... diría que unas ochenta personas.

—En un baremo del uno al diez, siendo diez el máximo nivel de excitación, ¿dónde situaría el ambiente de la fiesta?

—Un cuatro.

Galán había preguntado lo mismo a anteriores declarantes, asegurándose de que ofrecían cifras intermedias. No pretendía que los jueces creyeran que en una fiesta de veinteañeros se había consumido zumo y hablado de filología hispánica, pero quería transmitir que los presentes eran jóvenes sanos. Procedían de buenas familias, vivían en un barrio próspero y tenían un futuro prometedor. Se divertían en lo que describió como un «ambiente responsablemente festivo».

—¿Se consumió alcohol aquella noche?

—Había cerveza. Y algún licor. Algo de güisqui. Martini...

—¿Consumió usted esas bebidas?

—Tomé un par de cervezas.

—¿Drogas?

—No.

—¿Y vio usted a otros invitados tomarlas? Ochenta personas son muchas y no pretenderé que estuviera usted pendiente de lo que hacía todo el mundo. Pero ¿hubo alguna instancia en la que los presentes mostraran señales de embriaguez?

—¿Embriaguez?

—Me refiero a si el comportamiento de los invitados fue el que se espera de personas que están borrachas.

—En la fiesta...

—Eso es, en la fiesta.

Galán hizo un esfuerzo por disimular su impaciencia. Durante los ensayos, había instado a los testigos a contestar con celeridad y firmeza, sin mostrarse dubitativos. Natalia lo miraba ensimismada, como si hubiera desconectado del cuestionario y tuviera la mente en otro lugar.

—Varios testigos han corroborado en esta sala que el

acusado no ingirió alcohol ni drogas aquella noche. Al menos, ellos no lo vieron. La señorita Alicia... —Miró sus papeles en busca del apellido de una de las testigos—. Alicia Montal ha declarado que el señor Molina le indicó que estaba tomando una medicación y que esa era la razón de que no ingiriera alcohol. En concreto, antiinflamatorios para una contractura en su hombro derecho por un partido de tenis.

—Creo que... sí.

—Sí escuchó al acusado decir que estaba medicándose.

—Eso es.

—También ha sido corroborado por los testigos que la han precedido en su declaración que el acusado estaba en perfectas condiciones para conducir vehículos de tracción motora. ¿Es esa también su percepción? ¿Detectó usted algún impedimento en su manera de actuar?

Natalia ladeó el cuerpo en el asiento y dejó que el pelo cubriera su perfil derecho, ocultándose de las miradas. Su respuesta fue inaudible.

—Por favor —dijo Galán—. Hablé en voz alta para que todos puedan escucharla.

—Estaba bien. Él... podía...

—¿Podía conducir?

—Sí.

—Gracias, señorita Jansen.

Galán tenía preguntas pendientes, pero dio el interrogatorio por terminado. Aunque había incluido a Natalia Jansen García en el grupo de testigos «fiables», convencido de que la novia de Bosco ofrecía una imagen convincente y serena, temió que sus respuestas entrecortadas y las pausas innecesarias restaran credibilidad a su declaración.

El abogado desconocía que la pareja había roto poco

después del accidente del kilómetro 9. Bosco ocultó la noticia a la espera de una futura reconciliación y sintiéndose incapaz de dar el disgusto a sus padres. Natalia era otra «buena influencia» en su vida, como Iván. A ojos de los Zabala, aquella joven guapa y responsable, que transmitía una simpatía contagiosa, era uno de los pocos motivos de orgullo que su hijo les había dado en los últimos años de decepciones. Iba mal en los estudios y solo la gestión de la familia con la dirección de la universidad facilitó que pasara el segundo curso de Finanzas. A principios de verano había sido expedientado en el Real Club después de lanzarse desnudo a la piscina exterior mientras un grupo de madres participaba en una clase de matronatación, donde mamás y bebés «conectaban emocionalmente bajo el agua». Para un club que tenía prohibidas las bermudas en el salón social, los torsos descubiertos en las pistas de tenis y los tangas en la piscina, cuyas reglas incluían «un comportamiento decoroso en todas las instalaciones», el exhibicionismo en la piscina supuso cruzar todas las líneas. Una vez más, la influencia de la familia evitó su expulsión.

Pasó de ser un consumidor de drogas recreativo, restringido a los fines de semana, a tener un problema. Buscaba pelea en las discotecas, encontrándola siempre en rivales más débiles. Su carácter, cada vez más errático, transitaba sin motivo de la apatía a la euforia y lo llevaba a purgar a sus amigos con arbitrariedad, ganándose reputación de ser socialmente impredecible. Solo Iván Moncada permanecía a su lado desde la infancia, quizá porque Bosco presentía que la suya era una amistad irremplazable.

De padre holandés y madre catalana, Natalia había sido compañera de Bosco e Iván en el colegio Brains de

La Moraleja. Su padre trabajaba como ejecutivo de la Phillips y su madre regentaba una tienda de ropa infantil en el Sexta Avenida. Natalia pasó desapercibida para los chicos de primaria y secundaria, donde su figura enclenque, la piel rosada y sus maneras de empollona ofrecían pocos alicientes frente a la adolescencia exuberante de compañeras más populares. Entonces llegó el verano de 2004 y con él la transformación. Regresó del parón estival irreconocible: dos palmos más alta, con una larga melena rubia y cuerpo de gacela, con piernas tonificadas y delgadas. Había dejado atrás el aparato en los dientes, las coletas infantiles y la ropa dos tallas grandes, reemplazada en su regreso por minifaldas, vaqueros ajustados y tops.

En el instituto y en las discotecas, donde empezó a dejarse ver, sus apariciones desordenaban el aforo. Ellos se arremolinaban como moscones, intimidados por su planta; ellas la observaban con envidia. Lucía una larga melena que caía perfectamente alisada sobre sus hombros; ojos azules turquesa, antes ocultos tras unas gafas de pasta gruesa; y una sonrisa radiante que desarmaba por igual a compañeros de clase, profesores y amigos de sus padres. Al contrario que las chicas de su edad, apenas se maquillaba, como si fuera consciente de su belleza devastadora y buscara atenuarla. Lograba el efecto contrario. Al atractivo de su mezcla nórdica-latina, añadió la elegancia natural. Pasó de ser ignorada a pretendida por todos, incluidos Bosco e Iván.

Los dos amigos fingían desinterés y competían por su atención. Una noche bailaban en la pista de Green, la disco de moda, junto al resto de la pandilla. Bosco agitó en el aire un billete de cien euros y dijo que invitaba a una ronda. Iván fue a por las bebidas con Germán y, al volver, encontró a la pareja besándose en la pista. Fue un noviazgo turbulento desde el principio. Él la llamaba a todas horas. Si Natalia le decía que no podía salir porque tenía que estudiar o cenaba con sus padres, montaba guardia frente a su casa para asegurase de que era verdad. Ella lo dejó un par de veces, pero volvía cuando Bosco imploraba otra oportunidad, a veces con escenas dramáticas y llantos. «No me abandones, tú no; haré lo que quieras», le decía.

Natalia no respondió a sus llamadas después del accidente con el Aston. Algunas noches lo veía merodear por su casa. Se presentaba en la universidad, invitándola a salir. Le pidió tiempo y Bosco se lo negó, atosigándola a diario. Accedió a verlo una última vez con la esperanza de que la dejara en paz. Quedaron en el Goa, una terraza junto al Retiro. Llegó enfundada en un peto vaquero sobre una blusa blanca y los ojos ocultos detrás de unas grandes gafas de sol. Pidieron dos cafés. Bosco advirtió el temblor de sus manos al llevarse la taza a los labios.

—¿Cómo estás? —preguntó, poniéndole una mano sobre la rodilla. Ella la apartó.

—Cómo quieres. Mal.

Miraron a su alrededor, sin saber qué más decirse. Natalia se llevó un cigarrillo a la boca y trató de encenderlo con el mechero, sin atinar. Su novio sujetó sus manos hasta que prendió. Una calada profunda la tranquilizó. Lanzó un suspiro y dejó caer los hombros.

—No te entiendo, Bosco —dijo.

—¿El qué?

—¿No te importa lo que ha pasado? Estás... normal.

—Me importa, claro que me importa. Quiero estar contigo.

—¡Lo de Iván, mierda! Era tu mejor amigo. Te dije que no condujeras esa noche. Y ahora... se ha ido. Entiendes que se ha ido, ¿verdad? Para siempre. Todavía no puedo creerlo.

Una lágrima se coló entre la montura de sus gafas y descendió hasta la comisura de sus labios. Bosco acercó el dedo índice para secarla.

—Todos los días pienso en lo que pasó. Estoy yendo al psicólogo, ¿sabes? No dejo de torturarme y repetirme que es mi culpa. Claro que era mi mejor amigo. Lo quería, tú lo sabes. Fue un accidente. ¿Por qué todo el mundo me trata como si fuera un asesino? Estoy dispuesto a ir a la cárcel. Así estaréis contentos. ¿No es eso lo que queréis?

—Yo no quiero eso. ¿Qué pasará ahora?

—Tendré un juicio. Todo el mundo está en mi contra, Natalia. Mi abogado... quiere que testifiques. ¿Harás eso por mí?

—Mierda, yo no...

—Iré a la cárcel, Nati.

—Te han visto por la noche, Bosco.

—No puedo estar en casa. Sabes cómo son las cosas ahí. Quiero que nos sigamos viendo. Cuando todo esto acabe podríamos probar otra vez. Te necesito.

Natalia resopló:

—Joder, no puedo seguir con esto.

Hizo ademán de levantarse. Él la agarró de la muñeca.

—No te vayas, por favor. Piénsalo. Quiero que todo sea como antes.

Ella tiró con fuerza de su mano, liberándose.

—Dile al abogado que me llame. Pero no quiero volver a verte, Bosco. Esta vez te lo digo de verdad.

Miguel Cabrera había escuchado con desinterés el inicio de la declaración de Natalia, convencido de que

166

sería una repetición de las respuestas preparadas de los testigos que la precedieron. Pero su mirada huidiza, la actitud dubitativa y el creciente nerviosismo de Galán captaron su atención. De repente, olió una oportunidad. Comenzó su interrogatorio con preguntas deliberadamente superficiales para ganarse su confianza: qué tipo de música sonó en la fiesta de La Aurora, a qué hora se marcharon los invitados, cuál era la relación entre los asistentes.

—¿Eran ustedes buenos amigos? De la universidad o del vecindario, quizá.

—Algunos, sí. Casi todos vivimos en La Moraleja.

—Y al acusado, ¿lo conoce desde hace mucho?

—Desde niños.

—Y a Iván Moncada, ¿también lo conocía de siempre?

—Sí.

Cabrera se refería a Bosco como «el acusado» y utilizaba nombres de pila para las víctimas, «Iván y Marta», en un intento de generar empatía hacia ellas. Imaginó que los jueces tendrían hijos. Quizá de la misma edad. Saldrían por la noche de fiesta. Seguramente los esperarían preocupados, aliviados solo al escuchar el sonido de la puerta abrirse de madrugada. Detrás de sus togas había unos padres. Quería que sintieran lo más cerca posible la pérdida injusta y arbitraria del hijo. El dolor de esos otros padres que se sentaban en las bancadas del público y que rompían cada poco tiempo la solemnidad del escenario con sus sollozos.

—Entiendo que salían siempre juntos —continuó Cabrera— y que usted formaba parte de la pandilla, si se la puede llamar así.

—Sí.

—Aquel día... la fiesta terminó hacia las cinco de la mañana, ¿correcto?

—Más o menos.

—Y entonces se marcharon a la discoteca Oh.

—Yo no.

—¿No fue usted a la discoteca con sus amigos?

Natalia negó con la cabeza. Uno de los jueces se dirigió a ella:

—Responda a las preguntas de la acusación particular con voz alta y clara para que se le entienda.

—Déjeme que repita la pregunta, señorita Jansen. ¿Subió usted a alguno de los coches cuando decidieron acabar la noche en la discoteca Oh?

—No.

—Entonces se marchó usted a su casa y dio la noche por acabada.

—Sí.

El abogado creyó haber encontrado una grieta. Dio unos pasos y se acercó a la testigo.

—¿Por qué no fue usted con los demás? Me llama la atención que, a pesar de su amistad y de ser una más en..., bueno, parte del grupo. A pesar de ello, usted tomó la decisión de quedarse atrás. ¿Le importaría compartir el motivo?

—Estaba cansada. Al día siguiente íbamos a ir de compras.

—¿Con quién?

—Mis amigas, Alicia y Susana.

—Las dos testigos que han declarado antes que usted.

Asintió con un movimiento de la cabeza.

—¿Fueron sus dos amigas a Oh?

Natalia las buscó entre el público, pero se habían marchado. En su lugar se encontró con la mirada de los padres de Iván. Sonia Moncada, apoyada en el hombro de su marido, se secaba las lágrimas con un pañuelo. Sintió que le flaqueaban las piernas. Tragó saliva.

—Ellas fueron, sí. Subieron a un coche con sus novios.

—Pero usted no. Perdone que insista en este punto. ¿Por qué no las acompañó? El plan parecía divertido. Se lo habían pasado en grande en la casa y todos querían seguir la noche. Usted planeaba ir de compras al día siguiente, pero esa es una actividad que requiere poco esfuerzo. ¿Por qué no hacer las dos cosas? ¿Alguna otra razón que la llevara a decidir no unirse a esa partida que se dirigía a la discoteca?

Un silencio llenó la sala, como si los presentes se hubieran puesto de acuerdo en contener la respiración.

—¿Y bien? —insistió el abogado.

—Esto... ¿puede repetir la pregunta?

—Con gusto. Una vez sus amigos tomaron la decisión de seguir la noche, usted parece que fue la única que prefirió quedarse. Sabemos que estaba cansada y que quería ir de compras a la mañana siguiente. ¿Hubo otro motivo que influyera en su decisión?

—...

—Tómese su tiempo.

Natalia cerró los ojos y juntó las palmas de las manos, inclinándose hacia el suelo. Cabrera provocó un chasquido de sus dedos para captar su atención de nuevo. Decidió que había llegado el momento de abandonar su papel de poli bueno. Endureció el tono.

—¿Por qué no fue a la discoteca?

—No me apetecía. Por favor, ¿podemos terminar?

—Enseguida. Pero antes necesito que responda la pregunta. Le recuerdo que tiene la obligación de decir la verdad y que, de no hacerlo, incurriría en un delito de falso testimonio recogido en el artículo 458 del Código Penal.

Salvador Galán protestó enérgicamente.

—Está presionando a la testigo.

—La defensa puede recordar a la testigo sus obligaciones —dijo el juez.

Cabrera acercó el vaso de agua a Natalia, concediéndole unos segundos. Volvió a suavizar su voz. El instinto le decía que tenía delante a una joven atrapada entre lealtades encontradas. Si sostenía la misma mentira que los demás testigos, traicionaba a Iván; si decía la verdad, traicionaba a Bosco, con quien el abogado sospechaba que tenía o había tenido una relación.

—¿Cómo era Iván, señorita Jansen? Todo lo que me llega de él es que era una persona muy especial, querida por todos.

—Sí. Sí. Todos lo queríamos.

—¿Buen amigo de sus amigos?

—Sí.

—Y sin embargo encontró una muerte terrible e injusta. Estaba en lo mejor de la vida. ¿Por qué no se subió usted a ningún coche aquella noche?

—Yo no... no podía.

—¿Por qué no podía?

—Déjeme, se lo ruego. Ya he contestado a todo.

Se levantó con intención de marcharse.

—Todavía no he terminado —dijo Cabrera.

—La testigo debe retomar su asiento —ordenó el juez.

—Dígame qué se sirvió en la fiesta.

—No lo sé. Había... muchas cosas.

—¿Alcohol?

—Era una fiesta.

—¿Drogas? ¿Alguien tomo drogas?

—Algunos, sí. Ya le he dicho lo que sé.

—¡Por su amigo Iván! —gritó el abogado. Apretó los puños y clavó una mirada severa en la testigo—. Por Marta, a la que no conoció y nunca podrá conocer. Era una chica de su edad, con sueños como usted. Todo un futuro por delante. Otra vida inocente destrozada. Por Iván, su amigo. Un buen chico que nunca hizo daño a nadie. Se lo debe a ellos. ¡Les debe la verdad!

Galán se descompuso:

—Está acosando a la testigo, señorías. Es inaceptable.

—Se negó a subirse en ese coche porque el acusado estaba ebrio, ¿cierto?

—Quiero... quiero irme a casa.

—Hay dos personas que ya no podrán irse a casa nunca. Iván y Marta. Sus familias los esperaban aquella noche. Nunca llegaron.

—Yo no quería que pasara. No quería.

—Lo sé. Nadie la acusa a usted de nada. Solo diga la verdad. ¿Estaba el acusado en condiciones de conducir esa noche?

—Por favor.

—¡Responda a mi pregunta! Los padres de Iván están aquí y la escuchan. Quieren saber la verdad. Tiene derecho a saberla. ¿Por qué no subió usted a ninguno de los coches?

—¡Bosco! —Natalia se giró hacia su exnovio con el rostro bañado en lágrimas—. ¡Te lo dije! Te dije que no podías conducir borracho. Y ahora están muertos. ¡Muertos! ¿Por qué no me hiciste caso? ¿Por qué?

—Gracias, no tengo más preguntas.

Miguel Cabrera se volvió hacia Galán, lanzándole una mirada triunfal y después hacia las bancadas de los familiares. Buscó a Luis en el asiento que había ocupado durante la vista, pero estaba vacío.

13

CASTIGO

Miguel Cabrera corrió por las calles de Villaverde con la sentencia en la mano, llegó hasta el portal de Luis Delgado y, desde la calle, gritó con todas sus fuerzas:

—¡La tengo, Luis! ¡La tengo!

Cuando su amigo asomó la cabeza por la ventana, arrugó el papel y se lo lanzó para que lo atrapara. Tuvo que intentarlo una segunda vez.

—¡Ocho años! ¡Le han caído ocho años!

Escuchó el sonido de la puerta del portal abrirse, subió las escaleras de dos en dos y, al entrar en el piso, encontró a Luis leyendo el auto:

Se condena a Bosco Molina Zabala como autor penalmente responsable de un delito de CONDUCCIÓN CON MANIFIESTO DESPRECIO POR LA VIDA DE LOS DEMÁS del art. 381 y de UN DELITO DE CONDUCCIÓN BAJO LA INFLUENCIA DE BEBIDAS ALCOHÓLICAS del art. 379.2 del CP en concurso de normas entre sí (art. 8.3) y, a su vez, en concurso normativo del art. 382 del CP con UN DELITO DE HOMICIDIO del art. 138 del CP, anteriormente definido, con la concurrencia de la atenuante analógica de embriaguez del artículo 21.7, en relación con el artículo 21.1 (LA LEY 3996/1995) y 20.2 del Código Penal, a la pena de OCHO AÑOS DE PRISIÓN con inhabi-

*litación especial para el derecho de sufragio pasivo durante el
tiempo de la condena y privación del derecho a conducir vehículos a motor y ciclomotores durante un periodo de NUEVE años,
con pérdida de vigencia de permiso que le habilita para la conducción, de conformidad con lo dispuesto en el artículo 47.3 del
Código Penal (LA LEY 3996/1995).*

—¡Justicia! —dijo el abogado—. No estoy de acuerdo
con la pasta, ¿eh? Pero oye, te dan trescientos mil. Para
unos prismáticos nuevos te llega.

Cabrera aplacó su entusiasmo el ver que Luis no lo
compartía.

—Pedimos catorce años.

El abogado deseó que leyera su mirada para no tener
que explicarse: «Pero, hombre, ocho o catorce, no te van
a devolver a tu hija». En su lugar, buscó el tono de voz menos convincente posible y dijo:

—Podemos recurrir... si quieres.

—¿Tú qué harías?

—Ocho años es lo que pedía la Fiscalía. Es difícil que
vayan a ponerle más y siempre hay un riesgo de que...

—¿De qué?

—Yo lo dejaría estar. Se ha hecho justicia. Ese chico irá
a la cárcel.

—Entonces hemos ganado.

—Yo diría que sí.

Luis abrazó a Cabrera, todavía sin reunir el júbilo que
se esperaba de él, y prometió pagarle su minuta en cuanto
recibiera la indemnización.

—Mira, chaval, ni en mis sueños más locos pensé que
un día tendría el honor de metérsela doblada a esos cabrones. Me doy por pagado, bonus incluido. Pilla la pasta y
vete al Caribe. Allí hay unos pájaros que no veas y mujeres

que matan las penas. El dinero es tuyo. Si le quieres pagar unas perdices a los chavales..., eso sí te lo acepto.

Luis siguió dándole vueltas a la sentencia cuando el abogado se marchó. «Tenían que haber sido catorce años —se dijo—. O más». Llevaba meses esperando una resolución y, ahora que la tenía, en vez de resarcimiento sentía un gran vacío. La obtención de justicia para Marta, aunque fuera parcial, rompía uno de los últimos vínculos que lo unía a ella, enfrentándole al adiós definitivo. Quedarían los recuerdos y sabía por Lola que el paso del tiempo los debilitaría hasta transformarlos en olvido, por mucho empeño que pusiera. Un día dejaría de escuchar su voz, los momentos compartidos se perderían en la distancia, como el barco que se aleja del puerto hasta desaparecer en alta mar, y ni siquiera las fotografías mantendrían la fuerza evocadora de los primeros días, meses, años de ausencia. Si había colgado el cuadro de su mujer en el recibidor, en un espacio donde lo veía al entrar y salir de casa, si corregía su posición todos los días, aunque estuviera perfectamente alineado, era para evitar que se convirtiera en una parte más del mobiliario, un objeto al que dejamos de prestar atención por la fuerza de la costumbre. En la rutina de pararse y observar a Lola, encontró la imposición de la memoria. Y, sin embargo, el barco seguía alejándose.

Esa misma tarde, entró en el cuarto de Marta por primera vez desde su muerte. Abrió la puerta con delicadeza, como si temiera encontrársela dormida. Le pareció que la habitación, polvorienta pero ordenada, era el único lugar de la casa donde todo estaba en su sitio. Sin Marta, se le hizo más grande de lo que recordaba. Las muñecas que le regaló en su niñez —una por cada cumpleaños hasta cumplir trece— se sentaban sobre una estantería con las piernas colgando; las carpetas con sus trabajos de la universidad, de un color diferente para cada asignatura, estaban milimétricamente archivadas; la cama, hecha y sin una arruga; las fotografías de sus días felices, pegadas en el corcho de la pared... En una de las imágenes aparecía con sus padres, en las escalerillas de la laguna del Retiro. Lola todavía vivía y Marta era muy pequeña. En otra fotografía se colgaba del cuello de su novio, en el Parque de Atracciones de Madrid, rodeada de su pandilla del barrio. Luis se quitó las gafas, acercándose para verlo mejor. Aunque lo conocía de vista, de cruzárselo en la calle, apenas sabía nada del tal Javi. ¿Sería verdad todo lo que decían de él, sus trapicheos con las drogas y que era de los que por las noches salían a quemar coches?

Ya no recordaba si lo había visto en el entierro. Guardaba una memoria confusa de aquellos días. Le preguntaron si su hija habría preferido ser enterrada o incinerada. No supo qué responder. Veinte años. ¿Quién planea su entierro a los veinte? El único pensamiento que Marta compartió en vida fue su deseo de donar sus órganos. Se lo dijo un día mientras veían un reportaje sobre trasplantes en el telediario: «Es como si una parte de ti siguiera viva en otra persona».

Delgado le dijo al de la funeraria, un joven bien trajeado que parecía sentir su pérdida, aunque quizá solo estuviera haciendo su trabajo, que ignoraba las preferencias de Marta y que harían un entierro al uso, en el cementerio de Villaverde para que estuviera junto a su madre. Le presentaron un catálogo con los ataúdes disponibles, cada uno con su precio y alguno en oferta. La gama estándar, sencillo y con tapa de madera; la superior, con una ventanilla por la que se podía ver el rostro del difunto, con agarraderas de bronce para ser transportado; y la premium, con adornos dorados, madera de roble y una placa para grabar una despedida, una cita o lo que quisiera. Le pareció tacaño comprar el féretro más barato y no podía permitirse el más caro, así que escogió algo intermedio. Por la tarde llamaron de un diario, no recordaba cuál. Querían saber si estaría interesado en publicar una esquela. Pagabas un día, publicaban el anuncio dos consecutivos. Dijo que no. O que sí, tampoco lo recordaba. Nunca llegó la factura.

Podía recordar al detalle cosas que había hecho treinta, cuarenta años antes, y casi nada de la despedida de Marta. Asistieron unas treinta personas. Sus tíos y primos. La abuela Pilar, la madre de su mujer, que tenía noventa y dos años. ¿Cuántas personas habría visto morir? ¿Cuántas le quedaban antes de que le llegara el turno? Aparte de su pandilla de Villaverde, fueron compañeros de la universidad y del Supermaxi de La Rozas. El día del accidente, el jefe que exigía horas extra a cambio de nada, enfureció al ver que Marta se retrasaba. «No se pueden tolerar las faltas insolidarias con la empresa», dijo bien alto, para que lo escucharan los demás. Luis lo llamó dos días después del accidente para informarle de que su hija no iría más a trabajar. El hombre se mostró conmovido: «Era nuestra mejor empleada, señor Delgado. Todos en la familia Supermaxi lamentamos mucho su defunción».

El viernes Luis volvió a la consulta de Elena Moreno. Le gustaba llegar pronto y curiosear los libros de la estantería. Se llevaba uno y, a la siguiente semana, lo cambiaba por otro. *Inteligencia emocional*, de Goleman. *La tabla rasa*, de Pinker. Abrió al azar un ejemplar de *Obediencia a la autoridad*, de Milgram.

La psicóloga entró en la consulta y se puso a su lado.

—Se ha escrito mucho sobre la mente humana —dijo—. Hay tanto que todavía desconocemos...

Luis mostró el lomo del libro de Milgram.

—Este parece interesante.

—Sí —dijo Elena—. Habla de la subordinación a la autoridad y cómo es un factor en la participación de las personas supuestamente normales en horrores como el Holocausto. La idea es que, una vez nos libramos del sentido de responsabilidad, mediante la autojustificación de que estamos siguiendo instrucciones, somos capaces de cometer los peores actos. Pero no quiero estropearte el final. Llévatelo.

—Es abusar. Ni que fuera esto una biblioteca.

—No seas tonto, ya me lo devolverás.

Luis caminó hacia el sillón, tomó asiento y puso las manos sobre sus rodillas. Moreno ocupó el suyo. Dijo que había leído las noticias sobre la condena del conductor kamikaze.

—¿Cómo te sientes? —preguntó con naturalidad.

—Debería estar contento.

—Pero no lo estás.

—Sí y no.

—¿Quieres explicarlo?

—Otro día. Es complicado.

—Y el insomnio, ¿cómo va?

—Duermo dos o tres horas. A veces cuatro.

—¿Tomas las pastillas?

—Con o sin pastillas, es igual. Hoy me costó venir.

En los últimos meses habían ganado en confianza.

—Siempre me dices eso y luego... tengo la impresión de que te alegras de haber venido.

Era cierto. Luis agradecía que la psicóloga lo tratara

sin la condescendencia sentimental de sus amigos o colegas del instituto. Notaba que su estado de ánimo mejoraba durante las sesiones. Pero el efecto se desvanecía en el trayecto a casa. La psicóloga tenía demostrado que sus pacientes varones respondían peor a la terapia y preparaba una tesis doctoral sobre las diferencias con las mujeres.

—Los hombres lleváis dentro una caja fuerte donde guardáis vuestros sentimientos —dijo, compartiendo un aspecto «nada científico» de sus estudios—. Tenéis miedo a que os hagan daño. Sufrís hacia adentro y por eso sufrís más. Solo hay que ver la prevalencia del suicidio, mucho mayor en varones. Desde niños os han enseñado que ese hermetismo es una prueba de fortaleza, cuando lo es de debilidad.

—Y los psicólogos tenéis la llave de la fortaleza.

—La llave la tiene el paciente. Si no quiere abrirse, hay poco que se pueda hacer. ¿Qué tal fue la excursión del domingo?

—Llovió.

—¿Se canceló?

—Fuimos de todas formas. Vimos poca cosa.

—Siempre me lo he preguntado. —Elena sacaba la ornitología en cada sesión, consciente de que era una de las pocas aficiones que lo distraían—. ¿Dónde se meten los pájaros cuando llueve?

—Los pequeños lo tienen más fácil. Se ocultan en huecos de los árboles o en copas frondosas. Otros se marchan donde hace mejor tiempo. Tienen la ventaja de que pueden volar.

—Háblame de tus amigos. Al grande ya lo conozco. ¿Y los otros?

—Miguel Cabrera, mi abogado. Buen tipo. Me hizo un favor con lo de Marta y eso que me costó convencerlo. Es un idealista. Siempre le ha gustado defender a los débiles, desde pequeñito. Era el delegado de la clase y discutía con los profesores. Que si hay que renovar las pizarras, que si el tiempo de patio es insuficiente... No veas la que montó por la comida en una ocasión. Nos daban basura y montó una huelga. Convenció a todos para que no probaran bocado, aunque pasábamos un hambre de perros. Pues va el director y dice: «De aquí no se mueve nadie hasta que estén limpios esos platos». Tenía madera de líder. Nadie comió y cuando vinieron nuestros padres a buscarnos seguíamos allí, delante de aquellos guisantes duros como canicas.

—¿Y la cambiaron?

—¿La comida? No.

—Pues vaya.

Rieron con ganas.

—¿Y el otro, el delgado? Un tipo peculiar, ¿no?

—Sotillos es un misterio. Muy callado. La vida lo ha tratado mal. Solo le interesan las aves y casi que lo entiendo. Son mejores que las personas.

—Nunca había oído eso.

—Un ave siempre será más honesta que una persona porque es más libre. No deben nada a nadie. Nadie les debe nada. Son seres inmateriales y conformistas. Ignoran la muerte. Aceptan el mundo tal como es y lo contemplan desde ahí arriba —Luis miró al techo—, conscientes de que son privilegiadas. ¿Quién no preferiría ser un ave y poder escapar de todo cuando quisieras? Ahora es tiempo de migraciones, así que vendrán buenos bichos de África. Los chavales quieren que organicemos un viaje a Doñana.

—Parece un buen plan.

—No creo que vaya.

—¿Por?

—Fuera le doy más vueltas a las cosas.

Dudó si contarle a Elena que vivía de noche, incluso cuando era de día, y que apenas salía de casa si no era para trabajar o sumarse a las excursiones a la Casa de Campo. En la calle, veía a Marta por todos lados: en los carteles donde jóvenes anunciaban marcas de ropa, en las dependientas de las tiendas donde compraba o en las estudiantes que se cruzaba en el metro. Sentía un irrefrenable deseo de estrecharlas entre sus brazos, para sentir que volvía a abrazar a su hija.

—Al venir vi a una chica sentada en el vagón —dijo—. Tenía su mismo pelo. Creo que se sintió incómoda por la manera en la que la miraba. Hay algo que... Mi hija quizá tenía problemas y no supe verlos.

—¿Qué tipo de problemas?

—En el juicio dijeron que había tomado drogas. Pero ella nunca... Creo que fue cosa de ese novio.

—No lo conocemos todo de la gente que queremos.

—Si tenía un problema, ¿por qué no me lo dijo?

—No quería preocuparte.

—Hablamos de todo.

—Hablabais, Luis. Marta se ha ido. Siempre seguirá contigo, pero de otra forma. Tenemos que avanzar hacia una relación diferente entre vosotros.

Luis apreciaba la franqueza de Elena y su capacidad para decirle cosas dolorosas con palabras suaves, pero encontraba irritante su empeño en definir cuánto dolor debía sentir o por cuánto tiempo. Volvió a echarle en cara a la psicóloga que no hubiera perdido a una hija.

—Debe ser muy cómodo estar ahí sentada y dar lecciones de algo que no puedes comprender.

Elena suspiró ante el cambio de humor de su paciente. Decidió sostenerle el pulso.

—No va a volver, Luis. Tenemos que aceptar que eso no va a pasar y seguir adelante. La condena del kamikaze puede ser un buen momento para explorar otra relación con tu hija. Ponte horizontes, lo hemos hablado. Recuerdo que me comentaste lo de las protestas contra las viviendas que quieren construir frente a tu casa. ¿Cómo va eso?

—He estado muy ocupado.

—Parece algo que podrías recuperar. Un objetivo. Tu hija puede darte fuerzas para seguir esa pelea. No te estoy pidiendo que abandones a Marta, solo que des un paso adelante y aceptes que a partir de ahora vuestra relación será diferente. Cada uno en su lugar. Tú aquí y ella acompañándote de otra forma, desde la distancia.

Moreno temía que, sin un cierre emocional después de meses de terapia, el duelo de su paciente se hubiera cronificado. Lo había visto en otros dolientes. Mujeres que, diez años después de perder a su marido, guardaban sus corbatas y se rociaban con sus colonias; enamorados que, al morir su pareja, se negaban la posibilidad de volver a empezar con otra persona por considerarlo una traición; padres que, a pesar del tiempo trascurrido, eran incapaces de romper las cadenas del duelo por sus hijos.

—Hay algo de lo que no te había hablado hasta ahora. —La psicóloga dejó sobre la mesilla un folleto explicativo—. Las terapias de grupo. Te sorprendería lo mucho que pueden ayudar a gente en tu situación.

Luis dejó escapar una sonrisa amarga.

—¿Un Alcohólicos Anónimos para viudos y huérfanos?

La idea de contar sus penas delante de otras personas no lo atraía. Se sentía como un náufrago a la deriva en un océano de infinita tristeza, sin tierra a la vista ni nada a lo que agarrarse. ¿En qué lo ayudaría verse rodeado de otros náufragos, si él apenas podía mantener la cabeza sobre las olas?

—Son personas unidas por el dolor —insistió Elena—. No hay nada que iguale más. Quién eres, de dónde vienes, a quién votas, a qué Dios rezas... Nada importa. Son personas que está viviendo lo mismo que tú y la complicidad que se crea es increíble.

La primera vez que Elena se enfrentó a un grupo de dolientes que habían perdido a sus hijos cuidó al detalle la sesión, apuntó todo lo que diría, estudió vídeos de colegas que tenían más experiencia y se preparó a conciencia para contener sus emociones, convencida de que al menos ella debía mantener la compostura si pretendía ser de ayuda. Nada salió como tenía previsto. Tras su introducción, los padres empezaron a narrar sus historias y Elena fue empequeñeciendo hasta desaparecer bajo la enormidad de sus tragedias. Fue como si la abrieran en canal desde la garganta al vientre, lenta y dolorosamente. El abuelo que había olvidado poner el cinturón a un bebé cuando lo conducía a la guardería; los padres de un hijo que recibió un golpe tonto e inofensivo en el patio del colegio; el suicidio de dos hermanas de doce años después de haber descubierto cómo asfixiarse en una página clandestina de internet. Los testimonios la golpeaban uno tras otro sin tiempo de recuperarse, hasta que se derrumbó y fueron los pacientes quienes terminaron consolándola a ella.

Las tragedias que había escuchado la acompañaron durante días y, según se acercaba la fecha de la segunda sesión, estuvo a punto de suspenderla, viéndose incapaz de soportarla. Pero fue mejor de lo que esperaba. Los participantes se abrieron aún más que el primer día, de una manera más serena y reflexiva. Una vez expulsada la pena que los devoraba por dentro, empezaron a escuchar el sufrimiento de los demás y a comprender mejor el suyo. A partir de la tercera sesión, un único dolor parecía haber llenado la habitación. Compartido, se hizo más pequeño y manejable. Elena introdujo entonces la silla vacía. Colocó a sus dolientes en un círculo y situó una silla en medio para que, cuando estuvieran listos, imaginaran a la persona sentada frente a ellos. Era su oportunidad de resolver conflictos que la muerte había dejado inconclusos, ofrecer perdones aplazados y cerrar conversaciones pendientes que impedían dejar marchar a la persona. Y, uno a uno, se despidieron de sus seres queridos.

Al acabar la última sesión, Elena estaba tan convencida de que había servido de ayuda a los pacientes, se sintió tan empoderada por la sanación de sus almas rotas que dedicó todos los sábados a las terapias de grupo. Asumió que nunca tendría un trabajo de nueve a cinco, que sus dolientes la necesitarían a deshoras, de madrugada o en domingo, y que pagaría un alto coste emocional. A veces, llegaba a casa, metía la cabeza en el retrete y vomitaba, como el cabo de la Guardia Civil al que había conocido en la casa de Luis. No encontraba fuerzas para levantarse del sofá. Lloraba pérdidas ajenas como si fueran propias. Y se prometía que jamás sería madre, viendo cómo los hijos condicionaban la libertad emocional de sus padres incluso después de muertos. Todo lo compensaba cuando, meses de terapia después, recibía la llamada de una madre o un padre dándole las gracias y contándole que habían rehecho sus vidas. Y entonces, aunque solo fuera durante unas horas, las dudas desaparecían y pensaba que quizá había escogido la profesión correcta.

—Prueba un día solo —le dijo a Luis—. Si después no quieres regresar a los grupos, prometo no volver a mencionarlo. Antes me dijiste que no sé lo que es perder a una hija y tienes razón. Hay cosas que nunca comprenderé lo suficiente para serte útil.

Elena sentía que había agotado toda la ayuda que podía prestarle. Y sabía que su paciente, aunque no se lo dijera, compartía la misma sensación. Daban vueltas sobre los mismos conceptos, repetían conversaciones y se frustraban al ver que se terminaba la sesión sin que, tampoco esta vez, llegaran a ninguna parte.

—Hay dos tipos de personas. Las que cuando leen un libro que no les gusta lo dejan a la mitad y las que siguen leyendo, con la esperanza de que encontrarán una razón que les haga continuar hasta el final.

—No sé si te entiendo.

—Hemos llegado a ese punto en que debemos tomar una decisión. Dejarlo o continuar. Yo quiero que sigas. Creo que te haría bien escuchar a personas que se enfrentan a tus mismos miedos, pero es tu decisión.

—¿Por qué insistes en que tengo miedo? No me queda nada que perder. ¿A qué podría tener miedo?

—Miedo a que deje de doler, Luis. Hace falta mucho coraje para vivir de nuevo.

Se aguantaron la mirada durante un instante que a los dos se les hizo eterno. Luis se levantó, caminó hacia la librería y devolvió a la estantería el ejemplar de *Obediencia a la autoridad* que había mantenido en su regazo durante la sesión. Por primera vez en las últimas semanas, decidió no llevarse ningún libro de la consulta de Moreno.

—Lo siento, lo que me propones no es para mí —dijo.

14

DANI

El funcionario del Departamento de Ingresos de la prisión de Navalcarnero cacheó a Bosco Zabala, tomó sus huellas dactilares y lo fotografió, primero de frente y después de perfil. Entró en la sala un enfermero y apuntó sus datos en un formulario. Varón. Veinte años. Setenta y ocho kilógramos. Ciento ochenta y tres centímetros. Ninguna alergia ni enfermedad conocida. Le entregaron una bandeja de plástico con productos de aseo, dos rollos de papel higiénico, una caja de preservativos, la tarjeta recargable para las compras en el economato y el manual *Los derechos y deberes del recluso*. Por último, le presentaron la hoja de ingreso, con fecha del veinte de febrero de 2008. «Firme aquí».

Lo guiaron a través de un pasillo de paredes amarillentas que llevaba al módulo B, en el segundo piso. En el trayecto final, mientras caminaba junto a una hilera de celdas, percibió las miradas que lo observaban a través de las mirillas de las puertas metálicas. Mantuvo la vista al frente mientras los reclusos silbaban y gritaban. «Oye, tú, el nuevo. Lo vas a pasar genial aquí». «¿Dónde dejaste a tu mamá?». «¡Guapo!».

El funcionario lo tranquilizó:

—Son inofensivos, no creas.

Un hilo de orina descendió por su pierna derecha, empapó su pantalón y dejó un reguero en el suelo. Se detuvo, mareado. El guardia esperó a que se recompusiera y volvió a animarlo.

—Mira, chico, nosotros estamos aquí para asegurarnos de que no te pase nada. Te doy mi palabra de que todo irá bien. Sigue las reglas y no te metas en líos.

Señaló la placa con su nombre: Alberto González Cruz.

—Cualquier cosa, solo tienes que llamarme.

Llegaron frente a su celda.

—¡Abre la 340! —gritó el funcionario González.

Sonó una bocina, la puerta chirrió al deslizarse a la izquierda y Bosco se encontró en una habitación del tamaño de su vestidor en La Aurora, una litera a la izquierda y un preso sentado en la cama superior, con las piernas colgando. Calculó que tendría su edad. Bajó de un salto y le ofreció su mano.

—Dani. ¿Y tú?

—Bosco.

El sonido metálico y seco de la puerta al cerrarse lo estremeció. Miró atrás con la expresión de un perro abandonado en la carretera. Durante unos segundos, permaneció paralizado sin saber qué hacer.

—¿Te cayó mucho? —preguntó su compañero de celda.

—Ocho años.

—Bah, a nada que no la cagues y hagas horas en los talleres se queda en tres.

—Sí, eso me han dicho.

—Yo llevo dos años. Te acostumbras. Lo peor, la comida. Una mierda. Pasa desapercibido. Si te haces invisible, evitas problemas.

La voz amable de Dani lo tranquilizó. Deshizo su bolsa, guardó la ropa en un armario sin puertas y ocupó la cama baja de la litera. Compartían diez metros cuadrados —«Seis para mí, cuatro para ti, por la veteranía»—, un inodoro, un lavabo, un pequeño escritorio y una ventana estrecha y enrejada por la que entraba algo de luz. Estaba situada casi a la altura del techo: solo el recluso que ocupaba el catre superior tenía vistas al exterior. Un póster de Angelina Jolie, enfundada en el traje de Lara Croft en la película *Tomb Rider*, adornaba la pared frente a la litera. No había terminado de colocar sus cosas cuando la luz fluorescente del techo se apagó, dejándolos a oscuras.

—Las diez —anunció Dani.

Bosco se tumbó en el camastro con la ropa puesta. Lo embargó una sensación de insoportable claustrofobia. Estaba encerrado en un ataúd y podía escuchar su respiración acelerada. Quería gritar que lo dejarán salir. Escapar. Pedir ayuda al preso que dormía encima de él. Deseó entablar conversación con la única persona que tenía a su alcance, para tranquilizarse, pero no se atrevió a iniciarla.

Durante la noche, lo sobresaltaron todo tipo de ruidos. Golpes metálicos. Celdas que se abrían y cerraban. Gritos de presos que protestaban su encierro, llamaban a los funcionarios y aporreaban las puertas. Sus voces callaron, se hizo el silencio y, bien entrada la madrugada, cayó en un sueño frágil e inquieto que lo llevó a sus incursiones infantiles en el dormitorio de sus padres. Volvió a sentir el vértigo de lo prohibido, la irresistible culpa de la desobediencia y la recompensa de verse ante el tocador de su madre, rodeado de sus colonias, cada una con su esencia. Una gota de este y otra de aquel. Quizá un poco más del frasco violeta. Aquellos olores que de niño reemplazaron las ausencias de su madre, volvían a llevarlo junto a ella. La escuchó susurrándole palabras dulces al oído, acariciándole los cabellos, envolviéndolo en perfume de jazmín:

«Mamá está aquí, mi niño. Oh, cuánto te he echado de menos».

El sonido de Dani al saltar de la litera lo sacó del letargo. Abrió los ojos creyendo que despertaba en La Aurora y lo encontró sentado en el retrete, completamente desnudo.

—*Bos días* —saludó en gallego. Era de Bayona, en la comarca de Vigo. Delgado como un palo, con la cara afilada y una mata de pelo rizado—. Ya te queda un día menos.

A las siete sonó la bocina y una hora después comenzó el recuento de presos. Un funcionario abrió la mirilla desde fuera y preguntó sus nombres:

—Daniel Garrido Torres.

—Aquí.

—Bosco Molina Zabala.

—Sí.

Todas las celdas del módulo se abrieron a la vez, los internos salieron y Bosco los siguió hacia el comedor de la planta baja, separándose de su compañero en el barullo. Agarró una bandeja metálica, se puso a la fila y avanzó hasta un cocinero que le sirvió huevos revueltos, una tostada y café. Paseó la mirada en busca de presos con los que tuviera algo en común, por aspecto o edad, pero no encontró ninguno. Vio un hueco libre en la cabecera de una mesa alargada, en una esquina junto a la salida vigilada por dos guardias. Avanzó con la cabeza inclinada hacia la bandeja, levantándola ocasionalmente para observar a su alrededor, se sentó y comió a toda prisa. ¿Debía esperar o podía volver a la celda? Un tipo delgado, con la nariz doblada hacia un lado y los antebrazos tatuados, se acercó a él. Sonrió, mostrándole su dentadura picada, llenó una cuchara de su comida y la puso en su bandeja vacía.

—Hernando Palacios —se presentó.

—Bosco Molina.

Había prescindido del apellido que más problemas podría traerle en prisión.

—¿Quieres ser mi amigo?

—Yo...

—Puedo ayudarte aquí dentro.

—Gracias.

—Dicen que tu familia tiene mucho dinero. Nadie te tocará. Un chico joven como tú... Hay mucho *joputa* en el talego.

El funcionario que había conducido a Bosco hasta su celda la noche anterior caminó hacia ellos.

—Deja al chico en paz, Palacios.

—Somos amigos —dijo el preso—. ¿No puede uno hacer amigos?

—Te digo que lo dejes.

Los internos empezaron a salir del comedor y Bosco los siguió. Atravesaron una galería, la biblioteca y la lavandería antes de llegar al patio. Localizó a Dani en un banco de piedra, junto a la cancha de baloncesto.

—Te perdiste —dijo.

—Todavía no conozco bien este lugar.

—Es fácil. Está el patio, las celdas, los vigilantes. No son mala gente. Hay algún cabrón, como Antonio, aquel de allí —señaló con un gesto de la barbilla hacia un funcionario cincuentón que fumaba junto al muro—, pero la mayoría se portan.

Dani hizo un repaso de los personajes de la prisión, deteniéndose en las diferentes tribus de la cárcel.

—Allí se ponen las bandas latinas. En ese otro lado, los moros, que se mezclan sobre todo con los negros. Hay algunos rusos. Gitanos. Nadie se mete con los gitanos porque no olvidan. Presos de ETA. Estos van por libre. También están los VIP. Empresarios y políticos corruptos. Dan clases a los presos y duermen en casa. ¿Ves que todos miran hacia aquí? Eres la novedad. En la cárcel no hay secretos, todo el mundo se conoce. Saben quién eres y quién es tu familia. No te dejarán en paz.

Bosco le contó el acercamiento que había tenido en el desayuno.

—Pagar a ese yonqui no te servirá de nada. Si yo fuera tú... compraba mi protección a los latinos. Nadie te toca si los tienes de tu lado.

Los primeros días, Bosco pasó el mayor tiempo posible en su celda. Prefería la angustia de aquel espacio reducido a la inseguridad del exterior, que percibía lleno de peligros. Fingió dolores y enfermedades que lo llevaron varias veces ante la médico de la prisión, Almudena Laforet. A la tercera visita, después de no encontrarle nada las dos anteriores, la doctora se lo dijo:

—Tú lo que tienes es miedo.

Llevaba trece años recibiendo a novatos en la consulta.

Le recetó pastillas contra la ansiedad, un par de talleres para mantenerse ocupado y una hora de ejercicio al día. Trató de quitarle los temores. La prisión no era Disneylandia, pero tampoco el *Expreso de medianoche*. Con la actitud adecuada, incluso aprendería a conocerse a sí mismo y sacaría algo valioso de la experiencia. Podía emplear el tiempo libre en reflexionar: qué lo había llevado hasta allí y qué tenía que cambiar para empezar de cero. Más que médico, parecía terapeuta.

—Tenemos hasta piscina. —Tres años antes, dentro de un plan para «humanizar» las condiciones de la población reclusa, el Gobierno había inaugurado en Navalcarnero la primera piscina carcelaria del país—. Cubierta y climatizada, te vendrá bien. Además, es un espacio seguro. Hay más vigilancia, para evitar ahogamientos.

Insistió en que lo importante era estar activo y pasar el menor tiempo posible en la celda, que era el lugar donde germinaban los resentimientos y la ira. Le dijo que lo vería de nuevo en un mes y que, para entonces, aunque no lo creyera, se habría acostumbrado a la cárcel. Antes de dejarlo marchar, le dio un último consejo que no figuraba en los manuales:

—El miedo es un sentimiento que no podemos controlar. Pero no dejes que los demás lo vean. Si ven que tienes miedo, si lo huelen, tu vida aquí será muy difícil.

Dani, su compañero de celda, siguió instruyéndolo durante los primeros días. Cuídate de tal recluso. Dale una propina al cocinero de vez en cuando, para que añada un dulce en tu bandeja. No mires a nadie a los ojos. Estaban por lo mismo. Instituciones Penitenciarias juntaba a los jóvenes condenados por delitos de tráfico, separándolos de los presos más violentos.

—¿Puedo preguntarte algo? —le dijo Bosco.

—Dispara.

—¿Por qué me ayudas?

—Tú no estás hecho para esto. Mira, yo lo pasé muy mal cuando vine. Estaba jodido. Aprendí a hostias. Algún día te contaré lo que me pasó. Si puedo echarte una mano, lo hago encantado. Pero no olvides que aquí todos estamos solos.

Le habló de su accidente. Dani vivía en el Colegio Mayor Chaminade, en Madrid, y apenas salía porque le faltaban horas para completar los estudios de Ingeniería naval.

Su abuelo y su padre eran pescadores, sin estudios. El plan era graduarse, regresar a Galicia y buscar empleo en los astilleros, aunque cada vez había menos trabajo por la competencia de los surcoreanos y los chinos. Solo le quedaba un examen para terminar el curso y después volvería a pasar el verano en Vigo. Un par de amigos, Pablo y Santi, lo animaron a subir a las fiestas de Villalba y pensó que podría venirle bien para despejarse. Se fueron en el coche de Pablo, un Ford Fiesta tuneado y con bafles de camión de feria. Bailaron, bebieron y fracasaron en el cortejo de las muchachas del pueblo.

—Y decían que las gallegas son difíciles. Tuvimos que tocar retirada, porque los de Villalba eran muy celosos y la cosa se puso fea.

Escaparon entre una lluvia de piedras. Como los tres iban borrachos, echaron a suertes quién conducía. Le toco a él. Sus amigos dormían cuando entraban en Madrid por la Nacional VI. Amanecía y no se veía un alma en las calles. Quedaban trescientos metros para llegar al colegio mayor cuando se distrajo un momento para cambiar la música. Invadió el arcén izquierdo. Nada, cosa de un segundo. Sintió que golpeaba algo. Paró el coche y miró por el retrovisor. Una bicicleta. Un señor levantándose del suelo. Menos mal. Estaba bien. Luego los gritos. Sacó la cabeza por la ventanilla y vio a una niña tendida en el pavimento. Más gritos. «Joder, no se movía». Pablo dormía en el asiento del copiloto; Santi en la parte de atrás. Dudó. ¿Bajarse del coche y atender a la niña? ¿Salir de allí a toda pastilla? Le entró pánico. Siguió hacia la residencia, despertó a sus amigos y bajó del coche. Estaba pálido y le temblaba todo el cuerpo. Vomitó sobre unas plantas.

—Nos trajo el más borracho —bromeó Pablo—. Puto milagro que hayamos llegado vivos.

Se despidieron y se quedó rezagado para inspeccionar el coche. Apenas tenía un rasguño en el parachoques delantero, en el lado izquierdo. Nadie lo había visto. Estaba seguro de que nadie lo había visto. La arboleda tapaba la vista y en ese punto solo había un bloque de pisos. El padre estaba ocupado en atender a su hija. Estará bien. Tampoco iba tan rápido. Se encerró en su habitación, dio vueltas de un lado a otro y encendió la radio. Al mediodía dieron la noticia: una niña muerta tras un atropello a primera hora de la mañana en la entrada a Madrid. Tenía siete años.

—Intento no pensarlo. Pero han pasado tres años y es como si la atropellara cada día.

—¿Cómo te pillaron?

—Confesé, tío.

—Joder.

—Tardé cinco días en presentarme en comisaría. No podía con la presión de estar todo el día pendiente de cuándo vendrían a por mí. Imposible estudiar, comer, dormir... Volví a Galicia sin hacer el examen que me quedaba. Mi padre notó enseguida que me pasaba algo. Se lo conté y me dijo que tenía que entregarme. Imagina: mi propio viejo. Si no voy, me entrega él. Ahora lo entiendo, pero en ese momento lo odié mucho.

—¿Tuviste juicio?

—Sí. Los que venían conmigo, Pablo y el otro, ni me acuerdo, dijeron que iba bebido. Los camareros del pueblo también. Era absurdo negarlo. Tú también diste positivo, ¿no?

—Cuatro veces por encima del límite.

—Tiene que ser un jodido récord.

—Cocaína y marihuana también.

—¡Hostias! En las noticias dijeron que murió un amigo tuyo... Y una chica.

Bosco no respondió.

—Bueno, no tenemos que hablar de ello si no quieres.

Permanecieron callados uno, dos minutos.

—Lo he pasado mal —continuó Dani—, seguro que sabes de lo que hablo. Intenté suicidarme dos veces. —Descolgó su brazo por la litera y mostró las cicatrices de su muñeca. Bosco las había visto antes, sin atreverse a preguntar—. El médico dijo que un poco más profundo y estaría en el otro barrio. La segunda vez fue en la estación de metro de Lavapiés. Había ido a ver al psiquiatra mientras esperábamos la sentencia, pero ya sabía que me caerían unos años. Estaba esperando en el andén y fue como si alguien se hubiera metido en mi tarro y me gritara: «Tírate, cabrón». Caminé hacia las vías para arrojarme. No sé cómo el poli aquel se dio cuenta y me paró justo a tiempo. Luego fui de una consulta a otra. Me estaba volviendo loco, te lo juro. Te das cuenta de que también haces daño a tus padres. A tus hermanos. A la abuela, allí en Vigo. Un día me lo dijo: «Si te matas, voy yo detrás». No sé, tío. Creo que es más fácil perdonar el daño que te haces a ti mismo que el que haces a los demás.

Bosco se tapaba los oídos con las manos. Quería que Dani se callara.

—La niña que maté se llamaba Luz. Siete años tenía. Se me aparecía en todos lados: en la calle, en sueños, al pasar por un parque. Cuando vi a sus padres en el juicio... no pude..., me derrumbé. Te juro que les habría dado mi vida por devolverles la de su hija. Pero ¡qué coño! Ya era tarde. Desde entonces me cuesta vivir conmigo mismo. A veces me miro en el espejo y siento asco. Veo un monstruo. ¿A ti te pasa lo mismo? ¿...? ¿Sigues despierto?

Bosco presionaba su rostro contra la almohada. Contuvo la respiración unos segundos y estalló en el llanto desconsolado que había reprimido desde su accidente. Acurrucado en posición fetal, sintió que la confesión de Dani lo abría en canal. Por primera vez, contempló la escena del kilómetro 9 en toda su crudeza.

Volvió a adelantar a los coches que encontraba a su paso en la Nacional VI, con Iván dormido en el asiento del copiloto. Se pasó el cambio de sentido que los habría dejado en Oh y buscó dar marcha atrás, antes de que su amigo amenazara con bajarse del coche. Aceleró en busca de otra salida y llegó a una rotonda, donde vio la señal de prohibido... Sí, tenía la certeza de que la vio. ¿Por qué la ignoró? ¿Por qué no se detuvo cuando vio las luces de los coches que venían de frente? Las drogas y el alcohol le resultaban ahora una explicación insuficiente. Con cada golpe de gas, una rabia incontenible lo empujó a ir más y más deprisa. Nadie podría detenerlo. Era inmortal. ¿Quién podía negarlo? Había sobrevivido. Solo él. No recordaba el momento del impacto, solo la confusión, el humo y los gritos procedentes del coche que había embestido. A su lado, Iván yacía inconsciente en el asiento del copiloto. Tenía la camisa abierta y un chorro de sangre brotaba de su pecho. Alargó el brazo y presionó su hombro para despertarlo. No se movía. Escuchó sonidos lejanos de sirenas y, de fondo, la música que llegaba de Oh. Lo sacaron de entre los restos del Aston Martin y lo llevaron a una ambulancia aparcada en la cuneta. Voces incomprensibles hablaban a su alrededor. «¿Ha bebido usted?». «¿No vio que iba en dirección prohibida, por Dios?». «Sople por aquí».

No sabía cómo, pero durante meses logró guardar la noche del 7 de julio en un lugar profundo y oscuro de su alma, allí donde ni siquiera él podía acceder. Había sido su manera de protegerse del dolor y la culpa. Podía convivir consigo mismo y seguir la fiesta. Mirar a sus padres a los ojos. Pedirle a Natalia que volviera con él. No pensar en Iván y en esa otra chica, Marta.

Dani lo había devuelto a la realidad, enfrentándolo al sufrimiento causado y a sus víctimas, a la magnitud de la tragedia y a los remordimientos ocultos. De repente, su castigo dejó de parecerle injusto. Sí, también él era un monstruo. Y la cárcel, el lugar que merecía.

Fuera de la prisión, los Zabala movían los hilos para lograr la liberación de su hijo. Salvador Galán fue autorizado a emplear cualquier método, llamar a cualquier puerta y cruzar cualquier línea, para conseguir un indulto. El asesor se hizo invitar al palco del estadio Santiago Bernabéu, frecuentado por el ministro de Justicia, Emilio Mendoza. Aunque le aburría el fútbol, el asesor de BanKapital se dejaba ver por allí una vez al mes. Sostenía que la gran política y los mejores negocios no se hacían en el Parlamento o los despachos de la Castellana, sino en los intermedios de los partidos del Real Madrid. El equipo de la capital disputaba los cuartos de final de la Champions League contra el Bayern de Múnich y Galán ocupó un asiento en una fila por debajo de presidencia, flanqueado por el juez del Tribunal Supremo, Juan Pablo Palacios, y el presentador líder de las noches televisivas Tino Manrique, que no dejó de explicarle las tácticas y pormenores del encuentro. «Ese Gonzalo Higuaín no está al nivel, parece perdido». «O defienden las contras o los alemanes te matan». «¡Menudo arbitraje!».

El consejero esperó pacientemente al final de la primera parte, se abrió paso en la zona VIP, donde los invitados se felicitaban de que el Real Madrid fuera ganando, y se acercó a Mendoza.

—No contestas a mis llamadas, ministro —le dijo, lle-vándoselo a un aparte.

—Perdona, Salvador. Estamos hasta arriba. De locos. Hay elecciones a la vuelta de la esquina y ya sabes cómo se pone todo. Dime qué puedo hacer por ti.

—Lo sabes muy bien.

—La situación del chico de los Zabala, ¿verdad?

—Es insostenible. La familia está destrozada.

—¿Dónde lo tienen?

—En Navalcarnero.

—Me aseguraré de que recibe un buen trato. Institu-ciones Penitenciarias depende de Interior, pero la direc-tora es amiga.

Galán fijó sus pequeños ojos grises en su interlocutor.

—No es eso. Mis abogados te enviaron un informe hace un mes.

—Un indulto no se entendería. La opinión pública... La oposición se nos tiraría a la yugular.

—Déjame a mí a la oposición. Está hablado, no harán ruido.

—Necesitaría un informe favorable del tribunal que lo condenó.

—No es imprescindible. El Consejo de Ministros es com-petente. Tenemos los informes que confirmaban que el chico tiene depresión y hay riesgo de suicidio. Ha firmado una de-claración de arrepentimiento. Además, la Fiscalía está a favor.

—Lo has hablado con Llorente.

Galán asintió.

—Deja que pasen las elecciones. Luego será más fácil.

—Emilio, la señora no se va a arrastrar. Ni siquiera por su hijo. Cuando alguien ha hecho favores, espera que en el momento de la verdad sean devueltos. Es ahí cuando descubres si tienes un amigo al otro lado.

Las reticencias de Mendoza estaban haciendo perder la paciencia a Galán, empeñado en arrancar al ministro un compromiso antes del comienzo de la segunda parte. María Zabala esperaba su llamada.

—Todo son problemas —dijo el abogado—. ¿Los puse yo cuando viniste a verme con lo de tu candidatura en Asturias? ¿O el banco cuando solucionamos lo de tu finca en Málaga?

El ministro se ajustó la corbata y miró inquieto a su alrededor.

El conglomerado empresarial de los Zabala, con BanKapital a la cabeza, había financiado a los partidos políticos con representación parlamentaria desde la llegada de la democracia en 1978. Aunque se los situaba en la órbita conservadora, Ignacio Zabala siempre se esforzó por mantener buenas relaciones con derecha e izquierda. «Los negocios no tienen ideología, solo pérdidas o ganancias», decía. Las regulaciones que facilitaban el crecimiento del grupo no podían depender de quién estuviera gobernando, por lo que se engrasaban todos los contactos. Un fondo secreto, que en las cuentas aparecía bajo el epígrafe de Patrocinios y Desarrollo Cultural, servía para influir en partidos, sindicatos o medios de comunicación. Si una ONG hacia ruido o amenazaba con denunciar algo que podía afectar al negocio, se hacía una donación solidaria a uno de sus proyectos, en África o Dos Hermanas; cuando un sindicato se quejaba de las condiciones laborales, se invitaba a sus representantes a una conferencia en República Dominicana, con todos los gastos pagados; si un diario denunciaba una irregularidad que afectaba al banco, se llamaba al departamento de Publicidad y se aumentaban la partida en anuncios, con el mensaje de que sería retirada si continuaban las coberturas negativas. El presupuesto para favores había aumentado con el *boom* de los últimos años. Quienes estaban en posición de tomar decisiones exigían mordidas cada vez más generosas. Los concejales de los ayuntamientos que debían aprobar recalificaciones de terreno ya no se conformaban con un sobre en metálico o un Rolex de oro. Querían uno de los pisos de la promoción para su hija. Los partidos, que antes agradecían el pago de su cartelería electoral y el fletado de autobuses para sus mítines, pedían sumas millonarias para repartir sobresueldos entre sus dirigentes. Los reguladores encargados de aprobar fusiones y adquisiciones, y archivar investigaciones sobre irregularidades, demoraban la firma de documentos y subían el precio de su aguinaldo de un mes a otro. Los Zabala nunca consideraron que nada de aquello fuera corrupción: ellos solo eran parte de un engranaje que necesitaba de la participación de todas las piezas para seguir funcionando. Alcaldes, presidentes de comunidades y candidatos varios esperaban que una gran empresa como BanKapital apoyara sus campañas. Lo que la familia ocultaba era que, a la vez, financiaba a sus rivales.

Cinco años antes, Mendoza regía la alcaldía de Oviedo y aspiraba a presidir el principado asturiano, pero iba por detrás en las encuestas. Galán también era de Oviedo y tenía buena amistad con el padre del candidato. El banco necesitaba a alguien afín en la comunidad, donde tenía importantes negocios inmobiliarios y problemas para conseguir licencias de construcción frente a playas protegidas. El asesor aprobó el desvío de una partida procedente de Patrocinios y Desarrollo Cultural para impulsar la campaña. Mendoza ganó las elecciones.

—Cálmate, Salva. —El ministro buscó apaciguar a su antiguo benefactor—. Déjame que hable con Abogacía del Estado y vemos qué podemos hacer. Te pido paciencia. Es un tema delicado. ¿Sabes el ruido que esto haría en prensa?

Galán se acercó a Mendoza hasta incomodarlo, estrechó su mano con fuerza y le susurró al oído:

—Hay muchas cosas que harían ruido si se supieran.

El consejero se alejó, atravesó la sala VIP, deteniéndose a charlar con otras personalidades y, cuando se anunció la reanudación del partido, caminó en sentido opuesto a los demás en busca de la salida.

15

TRAICIÓN

Tras la muerte de su hijo, Vicente Moncada puso en venta la empresa, el chalé y la acción del Real Club Moraleja. La idea de seguir viviendo en el entorno de los Zabala se le hizo insoportable. Aceptó la primera oferta que tuvo por la casa y se mudó con Sonia y los niños a un piso en la calle Ibiza, frente al Retiro. Deshacerse de la inmobiliaria costó más porque la operación requería auditorias, análisis y valoraciones de consultores. El día de la firma, se presentó en la sala de juntas vestido con unos chinos negros y una camisa blanca, el único entre los asistentes que no llevaba traje y corbata. Esperó de pie junto a la puerta, mientras sus abogados ordenaban las copias del contrato y las desplegaban sobre la mesa. Manuel Vallejo, el vicepresidente de Inmobiliarium, una de las tres empresas que absorbían Solitur, lo confundió con un asistente y le pidió un café largo con hielo. Fue a la cocina y regresó con la orden:

—¿Desea algo más?

Stefano Ricci, consejero delegado de Bancalia, que asesoraba la venta, se apresuró a aclarar el malentendido.

—Manuel, es el señor Moncada.

—El señor...

El todavía dueño de Solitur lo sacó del apuro. Aunque

el italiano no se acordaba, se habían cruzado alguna vez en el Real Club; pertenecían a un mundo pequeño.

—No te preocupes, Manuel. Por lo que vas a pagarme por mi empresa, es lo mínimo que puedo hacer.

Moncada abandonó las oficinas sintiéndose aire, liviano e invisible. Liberado de un peso que, inadvertidamente, había llevado a cuestas durante años. Hacía un día radiante y decidió ir a pie a casa, mientras imaginaba cómo sería su nueva vida. Flotaba en vez de caminar. No tenía claro qué haría en adelante, solo qué cosas dejaría de hacer. El golf: nunca le gustó. Las cenas sociales por compromiso: le resultaban insoportables. Los negocios: quería alejarse a toda prisa de la elite empresarial de Madrid, que veía como una mezcla de dinastías negacionistas de sus privilegios, caciques de pacharán y nuevos ricos sin curiosidad intelectual. Era por estos últimos que sentía el mayor desprecio, porque se consideraba uno de ellos. Si miraba al mundo que dejaba atrás, la única amistad que le mereció la pena, al menos durante un tiempo, fue la que mantuvo con Lorenzo Molina. Para él nunca fue un Zabala.

Comían los jueves en el Aspen, un restaurante decorado al estilo de la estación de Colorado, en la Plaza de la Moraleja.

—En cualquier momento aparece por la puerta una monitora de esquí buenorra —bromeó Lorenzo la última vez que se vieron, una semana antes del accidente del kilómetro 9.

—Yo solo veo viejas con el *ABC* bajo el brazo —rio Vicente.

Antes de terminar el primer plato se habían bebido la primera botella de Montrachet. Si Vicente tenía una tarde tranquila de trabajo, pasaban a los *gin-tonics* y terminaban en el D'Arcy. A partir de las cinco, el local estaba abarrotado, sobre todo en días laborables. Los aparcacoches se volvían locos buscándole huecos a los Porsche Cayenne de los ejecutivos de bancos, promotores inmobiliarios, políticos, periodistas y miembros de oficios supuestamente distinguidos, jueces y presidentes de fundaciones solidarias, que hacían la sobremesa en D'Arcy. Universitarias vestidas con trajes de Nochevieja se pagaban los caprichos trabajando en los clubes de la Castellana un par de tardes a la semana.

D'Arcy lo regentaba un marbellí que había expandido el negocio a una docena de ciudades tras dar con la tecla de los tiempos. En la misma calle, a doscientos metros, quedaba el hotel Delta, que reservaba habitaciones por horas y tenía un acceso discreto por el parquin. Vicente se ahorraba ese último tramo, que los clientes regulares conocían como «el paseo de la vergüenza». Se tomaba unas copas, tonteaba un rato con alguna estudiante y se marchaba para evitarse la culpa de la infidelidad. Lorenzo lo regañaba y defendía que no había engaño cuando mediaba transacción económica, porque el mero hecho de pagar eliminaba la connotación romántica del encuentro. «Si no se lo puedes contar a tu mujer —decía Vicente—, son cuernos».

Compartir confidencias los acercó.

En aquella última comida, Vicente encontró a su amigo más bajo de moral que de costumbre. La crisis con María iba a peor, llevaban meses sin acostarse y Lorenzo temía que ella le pidiera el divorcio.

—Si no lo hace es por el qué dirán. Y porque estaría feo a ojos del Señor.

—Llévatela de viaje, sin niños. A nosotros nos funciona.

—Todo es el banco, el banco, el banco... Este fin de semana tiene un congreso en Nueva York y me he animado a acompañarla con la excusa de ir de museos. Le sentó fatal cuando se lo dije. Lo vi en sus ojos.

—Una oportunidad para que vuelva la chispa.

—Veremos, no soy optimista.

Detrás de su fanfarronería y las visitas al D'Arcy, Lorenzo ansiaba una reconciliación con su mujer. A menudo se preguntaba si la había escogido por el dinero. No podía negarse que, en sus inicios, se sintió atraído por su apellido y el mundo que prometía. Pero también la había querido, a su manera errática y distante, por las sinrazones del amor. Añoraba la María divertida, cálida y temeraria de su juventud, antes de que la seriedad, la frialdad y el autocontrol ganaran el pulso de su carácter.

—Todo se pudre, amigo; todo se marchita; todo se muere. La vida es un juego al que no se puede ganar.

Vicente siempre pensó que el mejor Lorenzo era el que se dejaba llevar por su vena poética, el tristón y sensible artista frustrado. Respetaba su intelectualidad, algo de lo que él carecía, y valoraba la sinceridad jocosa e hiriente de su conversación. Intentó animarlo preguntándole por próximos proyectos. Le habló de una novela inspirada en el clan Zabala, llena de intriga, traición y tragedia familiar.

—Le mandé un borrador a Olmos, el editor de mis poemas. No publica ficción, pero le ha encantado y dice que la presente a un premio literario. Creo que puede ser un bombazo.

—Sí, te va a pedir el divorcio.

—Por eso no me atrevo. Aunque a veces pienso que lo mejor sería acabar con todo y empezar de cero. Mi vida es un glorioso fracaso. Como artista, como marido y como padre. Mi mujer no me habla y mi hijo cree que soy un cajero automático. El otro día buscaba las llaves del Aston en sus vaqueros y ¿qué me encuentro? Una bolsita con polvo blanco. Habla con Iván, por favor. A él lo escucha. Tiene que decirle que deje de hacer el gilipollas.

—Se lo diré.

—No soy feliz, Vicente.

Lo soltó sin ira, con un tono de aceptación que añadió tristeza a su confesión.

—Nadie es feliz. —Moncada empezaba a preocuparse—. Si te va mal, estás jodido. Si te va bien, la angustia de pensar que todo se puede torcer no te deja disfrutar.

—Pero mírate a ti, don perfecto. Forrado, con una mujer estupenda y niños de anuncio. Yo querría ser otro hombre, ¿entiendes?

—Ah, ¿sí? ¿Quién?

—Tú, por ejemplo.

—Si yo te contara... No todo es tan perfecto como parece.

Vicente solía inventarse problemas inexistentes con Sonia o en el trabajo para equilibrar la conversación. Era consciente de que, incluso de aquellos a los que apreciamos, necesitamos conocer algún infortunio para sentirlos cerca. Esta vez, tenía una disfuncionalidad matrimonial real que compartir.

—¿Juras que no saldrá de aquí?

—Ya me conoces, soy el amigo al que puedes llamar cuando tienes que ocultar un cadáver.

—Stella Rinaldi.

—¿La profesora de pádel? ¿Qué pasa con ella?

Vicente hizo una mueca cómplice. Lorenzo soltó una carcajada.

—¡Venga ya! Demasiado cliché.

—Psst. Baja la voz. Te juro que te mato si sale de aquí.

—Pero ¿desde cuándo?

—Tres meses, pero lo voy a dejar. Me siento un grandísimo hijo de puta. Es la primera vez que engaño a Sonia.

—Leches, esto sí que no me lo esperaba. El bueno de Vicente. Quién nos lo iba a decir...

—No sé por qué coño te lo he contado.

Rinaldi era una argentina de veintiséis años que daba clases de pádel a Lorenzo en La Aurora, dos veces por semana. Se la presentó a su amigo cuando este le dijo que se aburría con el golf y quería probar algo nuevo. Había llegado a España después de una carrera en el tenis truncada cuando estalló la crisis del 2001 y el ministro Cavallo impuso el corralito en su país.

—De repente no te dejan sacar tus ahorros del banco —le contó a Vicente el día que le dio su primera clase—. Mis viejos no pudieron pagar las letras y el banco les quitó la casa. Se arruinaron. De un día para otro, no teníamos nada. Ni la casa ni el dinero. No podían pagar mis entrenos ni los viajes a los torneos y lo fui dejando. Me vine a España porque el pádel empezaba a pegar fuerte y había oportunidades. La mejor decisión de mi vida.

A Rinaldi no le costó encontrar trabajo. Una amiga que dejaba su puesto como monitora en el Real Club Moraleja la recomendó como reemplazo. Pasó a cobrar las clases al doble. A los dos meses, le preguntaron si le interesaría llevar la escuela y ahí empezó a entrar el dinero de verdad. Los fines de semana trabajaba de nueve de la mañana a nueve de la noche, con grupos de niños, señoras, séniores... Le hicieron una nómina y el banco le dio un crédito para una casa y algo para el coche. Se compró sobre plano un piso en Sanchinarro, uno de los nuevos barrios del norte. Y un Audi, un capricho para dar envidia a los amigos que se quedaron en Argentina.

—¡Miren, boludos, llegué!

La mitad de las clases se las pasaban hablando. Vicente quedó prendado. Aunque apenas tenía tiempo, empezó a escaparse a deshoras. Rinaldi tenía la piel dorada por las horas en pista, sonrisa aniñada y una expresión alegre, de adolescente enamorada. Un día jugaron a última hora y él se ofreció a llevarla a casa. Parados en un semáforo, sus miradas se encontraron. Ninguno recordaba quién besó a quién.

—De lo que pasó después no me acuerdo.

—¡Vete a la mierda! —protestó Lorenzo.

—¿Qué quieres saber?

—¡Todo, *boludo*! —imitó el acento argentino—. Bajó o no bajó.

—Ya te he dicho que voy a dejarlo.

Vicente se había arrepentido de su indiscreción, dijo que tenía trabajo y que debía marcharse. Abrazó a su amigo y se emplazaron para otra comida a la vuelta del viaje de los Zabala a Nueva York. Le dio un último consejo:

—Cenas románticas y paseos por Central Park. Seguro que María cae rendida.

Vicente Moncada llegó a casa tras la venta de su empresa con un plan de vida resuelto. Se encontró a Sonia en la cocina, tomándose el café de la tarde, se acercó por detrás y le susurró al oído lo que anticipó como una «locura maravillosa». En cuanto Laura y Guillermo terminaran el curso escolar, se marcharían a dar la vuelta por el mundo en un viaje sin fecha de regreso. Había preparado una batería de argumentos para rebatir las dudas de su mujer, pero Sonia le dijo que sí a la primera. Durante las siguientes semanas, trazaron las mejores rutas y escogieron los destinos, decidieron los lugares donde harían paradas más largas y donde estarían de paso, buscaron programas de educación a distancia para los niños y reservaron vuelos y hoteles. Ninguno se lo planteó como una huida del dolor que les provocaba el recuerdo de Iván, sino como un nuevo comienzo en el que siempre estaría presente.

Durante los últimos meses de duelo, Vicente se había desvivido por su mujer. Todas las tardes la llevaba a pasear al Retiro y, si la veía animada, continuaban hasta el Richelieu y la invitaba a un *gin-tonic*. Impuso una escapada mensual adonde fuera. Dejaban a Laura y Guillermo con los abuelos, se subían al coche y marchaban sin rumbo, unas veces al norte y otras al sur. Paraban en pueblos y hoteles al azar. Si les apetecía salir, salían; si el cuerpo les pedía pasar el día en la cama, se encerraban como ermitaños. A veces, Sonia se derrumbaba y él se aferraba a ella, abrazándola durante horas. Vicente organizó las visitas de sus amigas, adaptándolas a su estado de ánimo; se llevó a los niños cuando necesitaba espacio; y habló con expertos para asegurarse de que hacía lo correcto, en un cuidado omnipresente y obsesivo que lo llevó a aparcar su propia tristeza, relegándola a momentos de debilidad cuando estaba a solas. En una de sus escapadas enfilaron la Nacional V, hablando de mil cosas, ninguna importante, y terminaron en Lisboa. Aquella noche hicieron el amor por primera vez desde la muerte de Iván, sin culpa, y Sonia se recostó en el pecho de su marido. Lo miró con una mezcla de admiración y agradecimiento. Según salía del túnel oscuro por el que había transitado, se daba cuenta de que Vicente había priorizado su dolor por encima del suyo. «No te merezco», le dijo.

Él sintió la urgencia de desmentirla, desvelarle su traición con la profesora de pádel, decirle cuánto entendería que no lo perdonara y que la quería como el primer día, a pesar de aquella aventura estúpida. Pero solo le dijo eso, que la quería.

Antes de partir a su vuelta por el mundo, que pensaban iniciar en Roma, los Moncada confirmaron la invitación extendida a Luis Delgado el día del juicio y lo recibieron en su casa. Luis se presentó con unos pasteles de hojaldre y un ramo de tulipanes para Sonia. Ella volvió a rodearlo de afectos, mientras Vicente lo agasajaba con vinos y aperitivos. Al igual que en su primer encuentro, le llamó la atención la manera tan diferente en que sus anfitriones vivían el duelo. Fotografías de su hijo adornaban repisas y paredes, hablaban de su pérdida con naturalidad y parecían haber alcanzado lo que Elena Moreno describía como «la resolución», que a él seguía eludiéndolo.

La franqueza con la que hablaban de Iván hacía inevitable que él hiciera lo mismo sobre Marta. Fuera de la consulta con su psicóloga, solo con los Moncada se sentía a gusto haciéndolo. Una improbable familiaridad —solo era la segunda vez que se veían— rodeaba el encuentro.

Luis preguntó por los detalles de su próximo viaje y contó que quizá también él se marcharía, aunque su itinerario era menos ambicioso.

—Me gusta la ornitología y tenemos una asociación —dijo—. Se está organizando una excursión a Doñana.

—Siempre me sorprendió esa afición —se interesó Sonia—. Pasáis horas viendo a las aves, ¿verdad?

—Así es. Hay gente que espera horas a que un pez muerda el anzuelo en un río. Nosotros lo mismo, pero miramos hacia arriba, con el cuello torcido hacia el cielo.

Entiendo que la gente lo encuentre aburrido. Es difícil de explicar.

—¿Y qué me dices de pasar cuatro horas intentando meter una bolita en dieciocho agujeros, mientras te paseas en cochecito por el campo?

—Nunca he jugado al golf.

—No te pierdes nada.

Durante unos segundos, se quedaron sin tema de conversación.

—Pronto se cumplirá un año —dijo Sonia. Vicente apoyó una mano en el hombro de su mujer—. Había pensado que podíamos hacer un homenaje a los chicos, algo conjunto. El 7 de julio, cuando se cumpla la efeméride. Sería un acto para poca gente. Vendrían familiares cercanos y los amigos.

Luis dudó que fuera una buena idea, pero aceptó por temor a resultar descortés con su anfitriona.

—Eso estaría muy bien.

—Una misa, quizá. ¿Eres religioso, Luis?

—Bautizado y con la comunión hecha, pero... perdí la fe hace mucho.

—Eso no es importante.

—Por supuesto que no —reafirmó Vicente.

—Puede ser en cualquier sitio. En un parque.

—No, no. Por favor, una misa me parece bien.

Sonia contó que la semana anterior habían asistido a un servicio privado por su hijo en la iglesia de Nuestra Señora de la Moraleja. Ese día el padre Claver los invitó a un café en la sacristía. Les habló del perdón y la reconciliación, animándolos a buscar ambos sentimientos en su corazón.

—Es difícil pensar en algo más que nuestro dolor cuando hemos perdido a alguien tan querido como a un hijo —les dijo—. Por eso sé que lo que os voy a solicitar es difícil. Quiero que viajéis hacia esa celda gélida donde está el chico que os quitó a vuestro hijo, hasta la prisión donde cumple condena Bosco, al que tantas veces acogisteis como uno más en vuestra familia. Está lejos de sus padres y sus seres queridos. Rodeado de todas esas personas a las que nuestro Señor trata de rescatar del demonio, que tiene maneras tramposas y tenebrosas para acceder al alma de las personas y conducirlas por los caminos del mal. Mientras honráis la memoria de Iván, mientras lo lloráis como solo pueden hacerlo unos padres devastados por la pérdida, Dios os pregunta: «¿Alivia el tormento de ese chico vuestro dolor? ¿Sois más felices sabiendo que el causante de vuestro sufrimiento también sufre?». —El cura leyó Éxodo 21,23-25—: «Vida por vida, ojo por ojo, diente por diente, mano por mano, pie por pie, quemadura por quemadura, herida por herida, golpe por golpe».

Y después añadió:

—Hay quienes interpretan ese pasaje como una invitación a reparar un daño con otro, pero nada más lejos de la realidad. Jesús solo estaba reflejando la manera en la que se dirimían las disputas entonces, para que nos diéramos cuenta de lo cruel que podría ser la cadena del odio y lo difícil que es romperla. La Biblia está llena de enseñanzas que nos indican que el perdón es el camino para la paz, con los demás y con uno mismo. La venganza nunca podrá ofrecernos tranquilidad de espíritu. Es en momentos como el que vosotros vivís, cuando una fuerza interior nos empuja a convertirnos en lo que no sois, que Dios espera la prueba última de la compasión. Y esa no es otra que el perdón.

Los Zabala habían pedido la intermediación del padre Claver con los Moncada ante el atasco de las gestiones en favor de un indulto para su hijo. Los propietarios de BanKapital eran generosos feligreses de la iglesia de Nuestra Señora de la Moraleja. Don Julio, el fundador, financió su construcción en los años sesenta; su hijo Ignacio pagó la renovación que se llevó a cabo por el cuarenta aniversario de la parroquia; y María había continuado la tradición con donaciones regulares, incluida la compra a la diócesis filipina de Surigao de un altar del siglo XVIII tallado en mármol de Casafranca. A pesar de sus ocupaciones, María visitaba la iglesia a menudo. A veces hacía una parada rápida al salir de la oficina, se arrodillaba ante el altar y le pedía a Dios por el cierre de una operación bancaria, una mejora en la salud de la pequeña Lucía o fuerzas para seguir adelante con su matrimonio. Desde el ingreso de Bosco en prisión, rezaba por la liberación de su hijo. «Por favor, no dejes que nada le pase. Dale una oportunidad y no te fallará, te lo ruego», murmuraba.

El padre Claver obvió la intervención de los Zabala en su solicitud del perdón de los Moncada, presentándola como una iniciativa propia.

—Sé que María y Lorenzo están preocupados porque el chico no remonta y temen por su vida —les dijo—. Una carta de apoyo al indulto que se está considerando sería de mucha ayuda. Por supuesto, la decisión final es vuestra y lo que hagáis me parecerá bien.

Sonia le dijo a Luis que la duda sobre qué hacer los había atormentado durante días, y que habían concluido que, para lograr un cierre definitivo a su duelo y empezar su nueva vida, debían perdonar.

—Vamos a apoyar el indulto. Queremos empezar de

cero y para nosotros eso incluye tener este gesto, ¿verdad, Vicente? —Su marido asintió—. Ha pasado poco tiempo, pero para nosotros no es tan importante la duración del castigo, sino que le haya servido para darse cuenta del daño que ha hecho. Es joven y puede reconducir su vida.

Un sofoco recorrió el cuerpo de Luis, incapaz de articular una respuesta. Miró el reloj, atolondrado, y dijo que se le hacía tarde.

—¿Seguro que no quieres quedarte a cenar?

—Yo... tengo... tengo otro compromiso, gracias.

Caminó hacia la puerta entre disculpas, agitó la mano a modo de despedida y bajó las escaleras a toda prisa. Se subió al primer taxi que encontró. Camino de Villaverde, llamó alterado a Miguel Cabrera y le contó la conversación que acababa de tener con los Moncada.

—¿Es posible, Miguel? ¿Puede salir?

El abogado pidió tiempo para estudiarlo, tranquilizándolo.

—Solo puede aprobarse en Consejo de Ministros. Que una de las víctimas apoye el indulto no garantiza nada. Ha cumplido menos de un tercio de su sentencia y hablamos de dos muertes. En teoría no puede acogerse.

—¡Dime que no saldrá, Miguel!

—Te lo estoy diciendo, no lo veo. Te advertí de que intentarían todas las trampas. Mañana me ocupo. No se atreverán.

Una vez en casa, Luis dio vueltas de un lado a otro hasta bien entrada la madrugada. La ira apenas lo dejaba pensar. Buscó en su interior algo de comprensión hacia la decisión de los Moncada, sin conseguirlo. ¿Perdón? ¿Reconducir su vida? ¿Y la de Marta, truncada para siempre? «Son iguales que ellos —se dijo—. Todos son iguales».

16

DOLORES

Bosco recibió en prisión las visitas periódicas de sus padres, que lo informaban de los esfuerzos para lograr su liberación; de algunos amigos de La Moraleja, más por la curiosidad de conocer la cárcel que por solidaridad con su situación —ninguno repitió—; y de Dolores, la mujer que lo había cuidado desde niño. La niñera madrugó un domingo para atrapar el 123 hasta la estación de Chamartín y después un Cercanías a Móstoles, desde donde subió al autocar que la dejó en Navalcarnero. Desde allí, caminó veinte minutos hasta la entrada de la cárcel. Llevaba pasteles y dulces.

—Los que te gustan —dijo.

Bosco se alegró de verla. A pesar de haberse distanciado de Dolores en la adolescencia, sentía por ella un cariño sincero. ¿Qué habría sido de él si aquella mujer no hubiera suplido las ausencias de una madre ocupada en cumplir las expectativas de la dinastía Zabala y un padre perdido en sus ensoñaciones de artista? Apreciaba que, de todas las personas de su entorno, hubiera sido la única que nunca lo juzgó. Al verla sentada al otro lado del locutorio, menuda y de mirada dulce, sin el uniforme de servicio, le pareció más frágil de lo que recordaba. A ella le sucedió lo mismo: Bosco se presentaba como un príncipe desubicado que miraba inquieto a su alrededor, reducido a la llaneza y los miedos de los seres ordinarios.

La mampara de cristal los separaba y acercaba a la vez.

Bosco habló de su vida en prisión, los personajes con los que convivía y las rutinas diarias. Bromeó con amargura sobre las diferencias entre La Aurora y su nuevo hogar. Había cambiado los jardines de La Moraleja por el cemento y las alambradas de espino; el *jacuzzi* del baño de invitados por las duchas compartidas; y el olor a jazmín que envolvía los salones de casa por la humanidad sudorosa de la población reclusa.

—No es el Ritz —dijo.

Dolores le contó que sabía lo que era la cárcel. Su marido, allá en Ecuador, estuvo preso ocho años.

—Debía estar en una cárcel peor que esta —dijo Bosco.

Apenas sabía nada de la mujer que lo había criado.

Dolores venía de una aldea de Napo, en la amazonia ecuatoriana, la novena de once hijos de una familia de campesinos dedicados al cacao. El tío Luis Alberto, hermano de su madre, la violó a los ocho años en mitad de la noche, tapándole la boca con la mano en los barracones donde dormían. Durante los tres siguientes años de abusos, esperó en vano a que alguien se diera cuenta de lo que pasaba.

Las dudas la persiguieron el resto de su vida. ¿Los demás no sabían, rendidos por el sueño tras las duras jornadas en el campo o se hacían los dormidos, porque todos temían el carácter del tío Luis Alberto? ¿Les importó alguna vez? Solo mucho tiempo después identificó los indicios de que su madre siempre lo supo, pero calló. Una mirada de reproche al despertarse, como si la culpa fuera suya.

Los comentarios despectivos, que entonces no comprendió. El silencio tenso, casi violento, entre los hermanos.

A los doce años escapó de casa y marchó a Tena, la capital provincial, donde encontró trabajo limpiando casas. Dos años después conoció a Julio César, que trabajaba de guardia de seguridad y tenía quince años más que ella. Se casaron seis meses después, cuando se quedó embarazada, y se fueron a vivir a Guayaquil. No les llegaba para vivir porque él era un hombre bueno pero inservible, se pasaba las horas tomando Anisado con los amigos y no traía paga. La policía se lo llevó una noche. Lo acusaban de una cadena de robos en Isla Trinitaria, un barrio marginal de Guayaquil. Él siempre mantuvo que habían prendido a la persona equivocada. Dolores lo visitaba en el penal, le llevaba comida y parte del dinero que ganaba con las limpiezas. Un día le dijo que se marchaba a España, siguiendo la estela de miles de ecuatorianos, y que enviaría dinero para la manutención de los niños, dejándolos con los abuelos paternos.

España era tierra de oportunidades, con su construcción desaforada, sus emergentes clases medias instaladas en el derroche y los nuevos ricos necesitados de servicio. Pagó el viaje con un préstamo de don Saturnino, el usurero del barrio, que le dio suficiente para la mordida de la embajada española y el vuelo a Madrid. Aterrizó la víspera de Nochevieja de 1986 y durante los primeros meses vivió con otras ecuatorianas en un piso compartido en Carabanchel. Trabajó en seis casas hasta que, a través de una agencia, le organizaron una entrevista en La Aurora. Quedó deslumbrada por La Moraleja, con sus calles limpias y señores elegantes, los coches lujosos y la vivienda de los Zabala, que le pareció sacada de una telenovela. La señora, alta y rubia como una actriz, le dijo que buscaba a alguien que se hiciera cargo del bebé que acababa de tener. Dolores aseguró ser aseada, ordenada y discreta. No fumaba ni bebía. Tenía experiencia: había cuidado a sus dos hijos en Ecuador. ¿Creía en Dios? Más que en su propia existencia. ¿Podía trabajar los sábados? Por supuesto. ¿Le parece bien el sueldo? Muy bien.

María Zabala no le preguntó si sabía leer o escribir, quizá porque lo dio por sentado. Y aunque no sabía, le dieron el puesto.

—Y tus hijos, ¿dónde están ahora? —preguntó Bosco.

—Diana y Carlos Alberto fueron a la universidad. Los tengo casados y con empleo. Hice bien mi trabajo.

Dolores desveló que pronto sería abuela y que, esta vez, la idea de la separación se le hacía insoportable. Estaba feliz de haber venido a España. A cambio de abandonar a sus hijos, se aseguró de que nunca tuvieran que repetir su sacrificio ni pasar por penurias. Había roto el círculo de pobreza que malogró a su familia durante décadas y se acercaba el momento de volver.

—¡Ya está! Quiero ver crecer a mi nieta. Mi hija trabaja. Su marido también. Van a necesitar ayuda. ¿Sabes cómo van a llamar al bebé? Dolores, como yo. Es mi segunda oportunidad, mi niño.

Tardó en encajar la noticia. Aunque ya no necesitara los cuidados de la mujer que tenía enfrente, a pesar de la indiferencia con la que la había tratado en los últimos años, sintió que ella era, de todas las personas de su vida, la que menos derecho tenía a abandonarlo.

—Preferiría que se marcharan mis padres.

—¡No digas eso, Dios Santo!

Era la primera vez que la veía enfadada.

—Tus padres te quieren. Son lo más importante del mundo. Han sufrido mucho, aunque no te lo digan. Lo llevan aquí. —Se puso una mano en el corazón—. Los hijos creéis que todo es fácil y no es así. Es... lo entenderás cuando tú seas padre.

Dolores recuperó su tono dulce. Le pidió que no contara a los señores que había estado allí, ni sus planes de regreso a Ecuador.

—Será nuestro secreto, ¿de acuerdo?

—No diré nada.

—Eres un buen chico —lo miró orgullosa—. No dejes que nadie diga que no eres buen chico.

Bosco no creyó a la doctora Laforet cuando le dijo que en un mes se habría acostumbrado a la vida carcelaria. Pero fue al mes justo que lo insufrible empezó a volverse tolerable, las cosas que echaba en falta dejaron de resultarle imprescindibles y su encierro cayó en una penosa y aceptable cotidianidad. Acostumbrado a obtener lo que quería, aprendió a aceptar lo que le tocaba; educado en la satisfacción inmediata de sus antojos, esperó su turno para comer, ducharse o recibir su rollo de papel higiénico; y formado en la indisciplina, aceptó con resignación primero y con naturalidad después las normas y órdenes que le impusieron.

Empezó a moverse con más soltura por la prisión, dejó de hacerse el enfermo para permanecer en la celda y se decidió a explorar los alrededores. Siguió los consejos de la doctora Laforet y pasó de la indolencia de sus primeros días a una actividad frenética. Hacía deporte, participaba en talleres y se presentaba voluntario a todos los trabajos que se ofrecían. Ocupado, no pensaba. Y necesitaba no pensar. En las horas muertas, volvía a los remordimientos recién adquiridos, al recuerdo de Iván, a las recriminaciones hacia sus padres, y a sí mismo, a la nostalgia de Natalia, a las angustias del presente y los miedos sobre el futuro, que por primera vez en su vida se presentaba incierto. ¿Qué sería de él en prisión? ¿Y cuando saliera?

Los mejores empleos tenían lista de espera y solían ir a los reclusos más veteranos. Le dieron un puesto en la lavandería, tres días por semana. Once máquinas industriales trabajaban a destajo apiladas en un cuarto del sótano, sin apenas luz ni ventilación. Introducía la ropa en los tambores sin tiempo para separar por colores o descartar prendas malogradas. Llegaban pilas y más pilas de toallas, uniformes, calzoncillos, sábanas con manchas que le parecían estampados de países inexistentes, calcetines imposibles de emparejar, beisboleras, fulares, camisetas con lemas revolucionarios, de tirantes o con mangas. Lo mezclaba todo con detergente a granel y sin suavizante. La ropa daba vueltas y más vueltas mientras los motores emitían el ruido de coches a punto de gripar. A veces, petaban. Cuando una máquina terminaba, otra se ponía en marcha. Le costaba respirar por la humedad y el calor sofocante. Ahmed, un marroquí de piel clara y acento andaluz, lo animaba a su lado como si echaran carbón a la sala de máquinas de un tren de vapor.

—¡Conseguiremos los presos más limpios de España!

Era la primera vez que trabajaba en su vida y, cuando llegó la paga, lo embargó un orgullo inédito y jubiloso. Había obtenido algo por sí mismo. Dobló con otro empleo en la biblioteca y empezó a llevarse libros a su celda. Las estanterías estaban llenas de títulos de autoayuda. *Irrompible*, de Mark Gibsen. Después *La fuerza interior*, de Sarah Lee, una gurú oriental de la resiliencia. Un día cayó en sus manos *Si esto es un hombre*, de Primo Levi, recomendado por Lurdes Santana, la bibliotecaria a la que ayudaba en la catalogación de las obras.

—Auschwitz te ayudará a poner en perspectiva este lugar y todo lo que te ha pasado —le dijo Santana.

Bosco quedó aturdido por el testimonio de Levi sobre la vida en un campo de exterminio nazi. Leyó el libro tres veces seguidas, subrayó frases y recitó párrafos en alto para Dani: «Nadie puede salir de aquí para llevar al mundo, junto con la señal impresa en su carne, las malas noticias de cuanto en Auschwitz ha sido el hombre capaz de hacer con el hombre».

—No lo entiendo.

—Iban a morir, tío. Esta gente sabía que iba a morir. Y querían contarle al mundo lo que estaba pasando. Avisar de lo hijos de puta que podemos ser los humanos. Tenían miedo de que ese secreto muriera con ellos.

—Pero este lo contó en ese libro, ¿no?

—Sí, tienes que leerlo.

Empezaron a asistir juntos a misa en la sacristía, aunque Dani no era creyente y Bosco solía ir obligado a la iglesia de Nuestra Señora de la Moraleja. El padre Eusebio sabía que, solo haciendo sus homilías entretenidas, alejándolas de todo juicio, reuniría una audiencia entre personas que nada tenían que agradecer a Dios. Buscaba maneras de ablandar corazones endurecidos por la exclusión, la marginalidad y los pasados traumáticos. Los animaba a luchar contra las adicciones, que decía alejaban el momento de la redención; les recordaba que habían sido perdonados, por graves que fueran las faltas cometidas; y los animaba a romper las ataduras con el diablo, para acercarse, peldaño a peldaño, al Señor. Si se lo proponían, podían ser tan libres como el más libre entre los hombres.

«Nadie puede encerrar vuestra alma, dejad que vuele». Las homilías terminaban con el lavado de pies de unos presos a otros, emulando el gesto de Jesús en la Última Cena. Don Eusebio se paseaba entre sus parroquianos, recitaba pasajes de la Biblia sobre el poder de la humildad —«Juan 13,16: El siervo no es mayor que su señor, ni el enviado es mayor que el que lo envió»— y los rociaba con agua bendita. «Podéis ir en paz».

La mayoría de los feligreses eran latinoamericanos, un desequilibrio que el párroco achacaba a que España había dado la espalda a Cristo y abrazado la religión del consumismo y del exceso. En su primer día, uno de los asiduos a las misas se acercó a Bosco con el barreño de agua y se ofreció a lavarle los pies. Tenía la cabeza afeitada y tatuada, las orejas atravesadas por agujeros sin pendientes, la nariz desviada hacia la derecha y solo la mitad de los dientes, dos de ellos de oro. El padre Eusebio, al verlo intimidado, levantó el pulgar desde la distancia para tranquilizarlo. El pandillero agarró uno de sus pies y vertió el líquido de una jarra de plástico, después repitió con el otro:

—Nelson Silverio —dijo, presentándose.

Bosco lo había visto en el patio, en territorio latino. Exsoldado en las fuerzas especiales del ejército dominicano, tras emigrar a Madrid lideró una de las seis facciones de Dominicans Don't Play. A los tres años de llegar fue detenido por narcotráfico, homicidio y abusos sexuales, acusado de mantener relaciones con una menor en un ritual iniciático en la banda. La cárcel no le restó estatus. Los demás reclusos le profesaban un respeto transaccional entre latinos, marroquíes, rusos o españoles. Los funcionarios de prisiones lo trataban con deferencia. Silverio seguía siendo el jefe, a ojos de todos. Terminó de secarle los pies con una toalla, levantó la cabeza y fijó su mirada en Bosco:

—Tú eres el kamikaze millonario, ¿verdad?

Sintió que se le paraba el corazón. Aparte del yonqui, que todavía lo acosaba en los desayunos, una docena de presos se habían acercado a pedirle préstamos, favores y ayudas varias, para una madre con alzhéimer que necesitaba cuidados o para costear la minuta de un abogado que demostraría su inocencia. Se quitaba a los peticionarios de encima con falsas promesas, juraba que sus padres lo habían desheredado y se comprometía a echar una mano en cuanto saliera a la calle. Llevaba la vida más frugal posible, aunque la asignación mensual que le pasaban sus padres daba para comprar el economato. Solo los viernes se concedía algunos caprichos: Nutella, golosinas y cocacolas.

Nelson Silverio apoyó una mano en su hombro:

—Nadie lo va a tocar —dijo—. Don Eusebio me pidió que mirara por usted. Dios lo protege.

Al día siguiente, Silverio se le acercó en el patio, departió un rato y le ofreció un cigarrillo. Era su manera de decirle a los demás reos que el chico estaba bajo su protección.

—Español —le dijo, como si el extranjero fuera él—, cualquier cosa tú me dices, eh.

Con el paso de los meses, Bosco dejó de ser una novedad. Olvidaron quién era y de dónde venía. Se mezcló con africanos, españoles o marroquíes, donde Ahmed hizo las introducciones. Aprendió los nombres de todos los funcionarios y a identificar a la mayoría de presos por los delitos que habían cometido. Fran Toribio, atracador de bancos; Antonio Flores, el pirómano de la Sierra de Gata;

o Manuel Bretones, que asesinó a su mujer y a sus suegros en un pueblo de Córdoba.

El estatus en prisión dependía del poder de intimidación de cada uno de ellos, pero también de quiénes fueran sus víctimas. ¿Diste matarile a un hijo de puta que se lo merecía? Estabas en lo más alto del escalafón. ¿Violaste a una adolescente en un portal? Eras escoria y más te valía vigilar tu espalda. Bosco entendió que en la pirámide social del patio no era nadie: un niñato que en una noche de borrachera se había llevado a dos personas por delante.

Pasaron tres meses antes de que volviera a la consulta de la doctora Laforet, aquejado de gastroenteritis. Lo sometió a un tercer grado sobre su estado. Qué amistades había hecho. Cómo dormía. Qué trato recibía de los funcionarios. Qué relaciones sexuales, si alguna, había tenido.

—¿Algún contacto de riesgo?

—No hay mujeres aquí.

Ella lo miró resabiada, como si supiera algo que él desconocía. Le entregó una caja de preservativos y le recordó la importancia de utilizarlos.

—En la cárcel le pasan a uno cosas inesperadas. ¿Cómo van esos miedos?

Bosco encogió los hombros. Creía haberlos vencido, aunque todavía lo asaltaban de vez en cuando, especialmente en mitad de la noche. Miraba a sus espaldas cuando caminaba por los pasillos o en las duchas. Pero había seguido el consejo de Laforet y perfeccionado la ocultación de sus inquietudes delante de los demás. Tampoco sentía ya la aprensión al abandono que lo había acompañado desde niño, cuando contemplaba a su madre haciendo el equipaje para un próximo viaje, convencido de que no regresaría. Sintiéndose desahuciado por todos, retirado del mundo que había conocido y de las personas que lo formaban, ¿por qué habría de sentir miedo? Si podía manejarse entre asesinos y convivir con las almas averiadas e irreparables de la sociedad; si había perdido todos los derechos adquiridos y las certezas de clase; si había arruinado las expectativas depositadas en él y desperdiciado la oportunidad de heredar un imperio, ¿qué más podía temer? La cárcel lo había empequeñecido, lenta e inexorablemente, hasta volverlo insignificante. Estaba en la casilla de partida. Y era en la nada donde, de una manera extraña, encontraba al fin la tranquilidad de espíritu que siempre lo eludió. Lo sorprendió descubrirse menos enfadado; ya no deseaba prender fuego al mundo. Cada día en prisión lo alejaba un poco más de su vida anterior y de la persona que fue. Despojado de las debilidades de su carácter, un nuevo yo emergía entre las ruinas del anterior.

—El talego es una puta mierda —le dijo una noche a Dani—, pero te juro que hay días en que no me cambiaría por el Bosco que entró por esa puerta el primer día. ¿A ti te pasa?

—No.

—Si pudiera me largaba mañana mismo. Es solo que...

—... antes eras un gilipollas.

—Quiero decir...

—Lo sigues siendo.

Estallaron en una carcajada y Dani le propuso irse de pesca.

—¿De pesca?

Su compañero tenía la imaginación que a él le faltaba para escapar del tedio. Iniciaba conversaciones sobre temas diversos, lo desafiaba a pulsos y competiciones de flexiones, compartía chismes de la prisión y proponía juegos para entretenerse. Sacó de debajo del colchón un bolígrafo Bic atado a un hilo y terminado en un pequeño gancho improvisado con un alfiler, arrojó varias bolitas de papel al retrete y, mientras flotaban, trató de sacarlas con la caña. Pasaron una hora pescando y riendo, hasta que se apagaron las luces y Bosco, tumbado en la cama con las manos en la nuca, se quedó pensativo. ¿Cuánto de su nuevo yo estaba forzado por las circunstancias? ¿Volvería a ser el mismo de siempre en cuanto pusiera un pie en la calle de nuevo? Temía la libertad con la misma fuerza que la deseaba.

17

LA PISCINA

Salvador Galán se presentó en Navalcarnero para informar a Bosco de los progresos de su indulto. A pesar de sus cuatro décadas en la abogacía, pisaba una cárcel por primera vez. El asesor de la familia Zabala había hecho carrera en los despachos y solía defender a acusados de crímenes financieros, manteniéndose alejado de la primera línea. Rateros, violadores o ladrones comunes no estaban entre sus clientes y tampoco habrían podido pagar la minuta de su despacho. Impecablemente vestido, como era su costumbre, el consejero se sintió incómodo entre los familiares de los internos que abarrotaban la sala de visitas. Miraba a uno y otro lado con el rabillo del ojo, como si en cualquier momento fueran a robarle la cartera.

Bosco recibía la visita de Galán cada dos semanas, siempre con la esperanza de que le comunicara la fecha de su salida. «Esperamos una decisión en el Consejo de Ministros del viernes», decía. Llegaba el viernes y el indulto no figuraba entre los anuncios del Gobierno. «Me dicen que está hecho y que será en el próximo». Y tampoco. El joven Zabala pidió a Galán que solo volviera si tenía una resolución definitiva, a favor o en contra. Su petición de reunirse en persona lo había llenado de expectativas. Vio al asesor caminando hacia el locutorio y escrutó su rostro a través del cristal en busca de pistas, ansioso por conocer si traía buenas o malas noticias. Pero Galán portaba la expresión imperturbable de los hombres sin entrañas.

—Tenemos un pequeño problema —dijo tras un saludo formal y rutinario—. Ha llegado tu primer informe de conducta, elaborado por los funcionarios de Instituciones Penitenciarias. Reportan buena predisposición a la rehabilitación, participación en talleres y otras actividades, trabajos satisfactorios y, en general, respeto a las normas de convivencia.

—Eso es bueno, ¿no?

—También mencionan dos faltas leves, ambas por consumo de estupefacientes.

—Imposible. Yo no...

—Bosco, esto ya lo hemos hablado otras veces. La importancia de tener un historial intachable en la cárcel. Un consumo ocasional de drogas sería irrelevante en otros casos, pero es un traspiés importante en el tuyo. El accidente se produjo, según la sentencia, bajo los efectos del alcohol y de las drogas. Quienes deben tomar la decisión sobre tu libertad necesitan estar seguros de que no habrá posibilidad de reincidencia. Esto genera dudas y complica las cosas.

—Fue hace mucho. Estoy limpio, Salvador. Te lo aseguro.

Bosco no mentía. Meses atrás, cuando la doctora Laforet le retiró la medicación contra la ansiedad, hizo uso de la farmacia clandestina de la prisión. Tranxilium, quetiapina, suboxone, lorazepam, gabapentina... Todo podía conseguirse si se tenía dinero. Y a él le sobraba. Mezclaba marihuana, LSD o cocaína con licores de contrabando. Los camellos vendían sin impedimento. ¿Qué podían hacerles? ¿Meterlos en la cárcel? A los viajes alucinógenos, que lo llevaban lejos de prisión, le seguían bruscos aterrizajes en la realidad. Las resacas lo sumían en la depresión y la desesperanza. Lo dejó. Llevaba tres meses sobrio.

—El informe no es determinante en la resolución de tu expediente —continuó Galán—, pero estamos en un momento delicado. Vamos a incluir esos deslices dentro del informe psicológico que establece que sufres un proceso depresivo. También hemos aceptado un compromiso de que, nada más salir, en caso de que el indulto se apruebe, ficharás en un centro de rehabilitación por un periodo mínimo de dos meses.

Negó con la cabeza.

—Dos meses de rehabilitación u ocho años de cárcel, ¿qué preferimos? No puedo resaltar con suficiente énfasis hasta qué punto es importante que tu comportamiento sea intachable en estos momentos. Creo que estamos cerca, Bosco. Queremos tenerte en casa pronto. Tus padres están haciendo todo lo posible. Te pido que, por favor, cumplas con tu parte.

En los días que siguieron a la visita de Galán, Bosco se presentó a las pruebas voluntarias de drogas que ofrecía Instituciones Penitenciarias para limpiar su expediente, participó en voluntariados —dio clases de inglés a otros presos— y cuidó cada uno de sus movimientos para evitar implicarse en incidentes, peleas o faltas que pudieran perjudicar la solicitud de su indulto. Siguió ejercitándose a diario y, tras meses resistiéndose, visitó la piscina cubierta situada en el pabellón de actividades. Intentó que Dani lo acompañara, pero su amigo declinó la invitación. Aseguró que los gallegos eran seres de mar. «Evitamos las bañeras para adultos», dijo.

La piscina tenía veinte metros de largo por seis de ancho, dividida en tres carriles separados por boyas. Solo podían acceder quince reclusos a la vez, durante un tiempo máximo de media hora por grupo. Cuando le llegó el turno, con un retraso de dos horas, el agua había adquirido el tono sucio y aceitoso de un puerto deportivo. Su compañero de celda tenía razón: los presos utilizaban la piscina como bañera. Estuvo a punto de darse media vuelta, dudó unos segundos y caminó hacia el borde, esforzándose por imaginar que estaba frente a la piscina de La Aurora. Los presos que venían detrás lo apremiaron. Se lanzó de cabeza.

El contacto con el agua lo despejó de golpe, sumiéndolo en un estado de purificación física y mental. Empezó a nadar, primero despacio, después más rápido y finalmente con violencia. Adelantó a varios internos, buceó para evitar a otros y encontró el carril despejado. De todos los deportes que había practicado en su vida, tenis, baloncesto, hípica..., la natación siempre fue su preferido. Le gustaba su carácter individual y la ausencia de interacción con los demás. Lo desestresaba y distraía de sus pensamientos más oscuros. Completados diez largos, olvidó dónde estaba o por qué. Solo nadaba. Siguió braceando sin aliento por la falta de práctica y, cuando los guardias hicieron sonar el silbato que anunciaba que su sesión había terminado, continúo nadando con la mente apagada.

—Molina, ¡tiempo! —El vigilante se plantó frente a él en el borde de la piscina.

Emergió del agua sintiéndose nuevo, accedió a los vestuarios y esperó al último turno para ducharse. Lo prefirió así. La cárcel podía ser el lugar más solitario y a la vez concurrido del mundo. Hasta los actos más íntimos, una ducha o utilizar el retrete, tenían lugar delante de alguien. La posibilidad de refugiarse en uno mismo, huir allí donde nadie te viera, solo existía en las celdas de aislamiento. Y las historias que se contaban del Agujero lo descartaban como una opción. A veces, fantaseaba con la idea de la invisibilidad. Miraba a su alrededor y se convencía de que desaparecía para todos. Hasta que un ruido, la presencia atosigante de otro reo o una conversación lo devolvían a la presencialidad. De todas las cosas que le había robado la cárcel, añoraba sobre todo los momentos de solitud.

Al salir de la ducha, no encontró la toalla en el lugar donde la había dejado, colgada del gancho de la entrada. Caminó empapado hasta la bancada para vestirse, pero su ropa tampoco estaba. Merodeó desnudo por los vestuarios, donde ya no quedaba nadie, buscó en cada rincón y escuchó un silbido procedente de los excusados.

—Muy gracioso —dijo acercándose—. ¿Dani? ¿Eres tú?

Se encontró con Hernando Palacios, el preso que lo molestaba en los desayunos, exigiéndole dinero a cambio de protección. A los cincuenta, había pasado más tiempo en la cárcel que en libertad. Sus primeras condenas fueron por robos con violencia, hasta que en 1993 lo apresaron por el asesinato de una pareja de estudiantes de Medicina. La sentencia consideró probado que los asaltó mientras hacían el amor en un coche aparcado frente al Instituto Anatómico Forense de la Complutense. Rompió el cristal de la ventanilla del conductor con un ladrillo, apuñaló al joven en el cuello y, mientras el joven se desangraba, violó a su novia. Después, la degolló también. Sumó otros veintiocho años de condena.

—¿Busca algo el señorito?

Palacios portaba una navaja casera, hecha con un bolígrafo y cuchillas de afeitar atadas con un alambre. A su lado, otro preso sostenía su ropa.

—No quiero problemas.

Se cubrió los genitales con las manos.

—¿A qué tanta *priza*? Somos amigos, ¿no? Te dije que quería ser tu amigo, pero cuando te cruzas conmigo miras a otro *lao*. A ver, tú que has ido a buenos colegios y eso. ¿Te parece que es de persona educada ese trato?

—No... no tengo nada en contra tuya. De verdad. Dame la ropa y me marcharé.

—Oh, ahora sí quieres ser mi amigo.

Palacios hizo una señal y su compañero se abalanzó sobre Bosco, agarrándolo por la espalda. Presionó el estilete contra su rostro.

—¡Sujétalo!

La hoja traspasó su piel y penetró en su mejilla derecha, provocándole un corte. Un hilillo de sangre descendió por su barbilla, continuó por el pecho y goteó al suelo. Gritó con todas sus fuerzas:

—¡Ayuda! ¡Por favor, ayuda!

—Te mato, hijo de puta. Si no te callas, te mato aquí mismo.

Palacios llevó la navaja a sus testículos, acariciándolos lentamente con las cuchillas.

—¡Córtaselos! —lo animó el interno que iba con él—. ¡Vamos, hazlo!

—En mi pueblo se capa a los animales bravos para que obedezcan. Pero tú no eres bravo. Muy maricón, eso sí. Se nota que buscas pasarlo bien, ¿eh? Oye, Rubio, este quiere fiesta. ¿A ti no te iban los tíos?

—Me va todo, Palacios. Desde que estoy aquí me va todo.

Recorrió la nuca de Bosco con la lengua.

—¿A que nunca has probado un pijillo de estos? Seguro que saben mejor que esos guarros que te tiras por unos euros.

—¡Seguro! ¡Seguro!

Palacios retiró el puñal, empujó a Bosco contra el suelo y se puso de pie sobre su espalda, inmovilizándolo.

—Tuyo, yo te lo sujeto.

El recluso se bajó los pantalones hasta las rodillas, se tumbó encima y se restregó por su cuerpo. Palacios lo apartó de un empujón antes de que lo violara.

—Espera, no seas ansioso. ¿Es que no sabes que hay que dar una segunda oportunidad a los *joputas*? Escúchame, niñato de mierda. Son cincuenta mil euros. El número de cuenta está debajo del colchón de tu celda. Te juro que si alguien se entera..., si no pagas antes de que termine la semana..., te corto los huevos y después dejo que Rubio haga contigo lo que quiera. ¿Entendido...? ¡No te oigo!

Bosco emitió un «sí» casi inaudible. Los dos presos le escupieron, dejándolo tirado en el suelo. Permaneció en el sitio un par de minutos, hasta asegurarse de que se habían marchado, se vistió con las ropas empapadas y regresó cabizbajo a la celda.

—¿Te tiraste vestido a la piscina? —preguntó Dani al verlo.

Su amigo lo ignoró, cogió un rollo de papel higiénico y se tapó la herida presionándola con fuerza hasta que dejó de sangrar.

—Joder, ¿qué te pasó?

—Déjame, no quiero hablar ahora.

Dani lo dejó estar. Bosco se tumbó en la cama y miró debajo del colchón. Encontró un papel con un número de cuenta impreso. Dolorido, pasó la noche en vela. Por la mañana, el gallego lo encontró en la misma postura, de costado frente a la pared. Le preguntó si venía a desayunar. Si quería que avisara a los guardias. O a la doctora. Tampoco respondió. Llegó el funcionario González y le dijo que no podía quedarse en la celda. Bosco se giró hacia él, enseñándole la cicatriz todavía semiabierta de su rostro. Le temblaban las manos y los labios. González reconoció en sus ojos el miedo de su primer día, cuando lo condujo a través de los pasillos de la cárcel.

—¿Quién te hizo eso? —preguntó.

Bosco permaneció callado.

—Está bien, puedes quedarte. Pero tienen que mirarte eso en enfermería.

El ataque en las duchas fue la comidilla del patio esa mañana. La noticia corrió de unos presos a otros. Nadie preguntó quién estaba detrás. «En la cárcel no hay secretos», había dicho Dani al explicar a su amigo las reglas de la prisión. Tres días después de la agresión, Hernando Palacios apareció en la lavandería, con la yugular seccionada y la cabeza metida en el tambor de una de las máquinas. Y nadie preguntó tampoco quién había sido. El arma con la que mataron a Palacios —un cepillo de dientes con el mango afilado— fue encontrada en la celda de Nelson Silverio, el preso que había lavado los pies de Bosco en la sacristía. El pandillero fue conducido a una celda de aislamiento, a la espera de presentarse ante el juez. Bosco no volvió a verlo, pero tiempo después supo que le cayeron otros quince años de condena.

Los Zabala visitaron a su hijo una semana después de su agresión en las duchas. Lo encontraron detrás de la mampara, sentado de lado para ocultar la herida de su cara. La doctora Laforet la había suturado con cinco puntos, mientras él le contaba lo ocurrido y ella le decía lo mucho que se arrepentía de haberle recomendado la piscina. «Bueno —la disculpó Bosco—, la piscina no me hizo nada». Rieron y Laforet le dijo, como se hace con los niños en la consulta, que había sido muy valiente.

María lo saludó apoyando su mano en el cristal y enseguida percibió que algo estaba mal. Le preguntó cómo iba todo.

—Bien —dijo él con sequedad.

Lo revisó de arriba abajo.

—Tú no estás bien. Te conozco y no estás bien.

—Ha dicho que está bien —intervino Lorenzo—. ¿Te llegó el dinero?

—Sí.

—Si necesitas más nos dices, ¿vale?

La relación del matrimonio había vuelto a una tensa tregua durante los meses de encierro de Bosco. Aunque solo se tenían el uno al otro, incluso en su momento de mayor desasosiego, se mostraban incapaces de reducir la brecha que se había abierto entre ellos. El único punto de encuentro que les quedaba era Lucía, con la que compartían visitas a la consulta del médico y cenas silenciosas. La reintroducción social de la pareja había quedado en suspenso y solo excepcionalmente organizaban alguna cena en casa, con los amigos más cercanos.

María dedicaba casi todo el tiempo al banco, viajaba a las grandes capitales del mundo y buscaba la manera de expandir los negocios de la familia. Las negociaciones para la adquisición del Banco Industrial Hispanoamericano (BIH) continuaban sin una resolución. Lorenzo, retirado de la vida nocturna, seguía persiguiendo el éxito que tanto lo había esquivado. Su novela sobre los Zabala crecía en paralelo al drama familiar, haciéndola cada vez más impublicable. La certeza de que nunca vería la luz lo frustraba. Y, sin embargo, de todos sus fracasos, ninguno le resultaba más doloroso que el de ver a su hijo en prisión.

Las visitas a Bosco se le hacían eternas y lo desgarraban por dentro. Durante los siguientes días, se atormentaba con el pensamiento de que María tuviera razón y todo hubiera sido culpa suya. Nunca fue un padre para él. Ni una guía o un ejemplo. Él se empeñó en comprarle el maldito Aston Martin. Mientras María acaparaba la conversación en el locutorio, se limitaba a asentir o negar con la cabeza, incapaz de articular lo que sentía.

—Solo podemos ayudarte sin nos cuentas qué sucede —insistió María.

Bosco se volvió hacia ellos, descubriéndoles la cicatriz de su cara. María se llevó las manos a la boca.

—¿Qué te han hecho?

—¡Hijo! —se alarmó Lorenzo.

—¡No me dejéis aquí más tiempo! Por favor, sacadme de aquí.

Lloraba enrabietado.

—¡Dios! —María se levantó, inclinándose hacia el cristal—. Lorenzo, hay que sacarlo. No puede seguir ahí dentro ni un minuto más.

—Vamos a presentar una queja —lo secundó él—. Esto no quedará así.

—No, papá. Será peor. Tengo miedo. Tengo mucho miedo.

—Lo sé, mi niño. —María lo consoló—. Vas a salir muy pronto. El indulto está a punto de aprobarse.

—¡Cuándo!

—No lo sabemos, dos semanas. Tres quizá. Dinos quién te hizo eso. Tenemos que protegerte, pero necesito que me digas...

Bosco lanzó un grito desesperado:

—¡Tiene que ser ya! No en tres semanas. Mañana. ¿No lo entiendes? Tengo que salir.

—¡Hijo!

—No quiero volver a veros. No vengáis más.

—Bosco, por favor.

—Me lo prometiste, mamá. «¡Un Zabala nunca pisará la cárcel!». Tú lo dijiste.

—Tu madre está haciendo todo lo posible —intervino Lorenzo.

Bosco dio un puñetazo al cristal, alejándose de ellos.

—¡Me lo prometiste! —gritó de nuevo, concentrando sus iras en su madre mientras desaparecía al fondo de la habitación—. ¡Tú me lo prometiste!

María se derrumbó en brazos de su marido y, por primera vez en mucho tiempo, deseó que no la soltara. Sucumbió a la impotencia. Podía doblegar voluntades, unas veces mediante la seducción y otras con la intimidación; satisfacer cualquier capricho y adquirir lo que deseara, en un instante; volar adonde quisiera, sin esperar una cola o tener que pasar por seguridad; la recibían presidentes y ministros; se codeaba con los magnates del mundo y la premiaban en los foros internacionales. Tenía dinero, tanto que no sabría decir cuánto, y el poder que emanaba de él. Y, sin embargo, ante aquel hijo que imploraba su ayuda, no era nadie. ¿De qué servía todo aquello si ni siquiera podía tocarlo a través del cristal?, ¿protegerlo o sacarlo de prisión? Se dejó llevar de la mano de Lorenzo hacia la salida, vencida por la desesperación.

Al día siguiente, no encontró fuerzas para ir a la oficina. Rechazó todas las llamadas y pidió que despejaran su agenda. Solo habló con Salvador Galán, que insistía en que la decisión estaba cercana y que Bosco quedaría libre muy pronto. Desde el principio, el abogado había aconsejado a la presidenta de BanKapital que se mantuviera al margen de las gestiones en favor del indulto. Una filtración a la prensa desataría una crisis en la opinión pública y frenaría cualquier medida de gracia. María decidió ignorar las advertencias y esa tarde llamó al presidente del Gobierno para implorarle la libertad de su hijo. «Olvídate de quién soy, de mi apellido o del cargo que ocupo —le dijo, desprendiéndose del menor rastro de orgullo—. Te lo pide una madre rota por el dolor».

18

CÓLERA

Luis Delgado volvió del instituto, se preparó un plato de pasta y encendió el televisor. Había dejado de ver el telediario tras la muerte de Marta, pero desde hacía unos días seguía las informaciones del crac financiero. El banco estadounidense Lehman Brothers había quebrado y la fiesta de los gloriosos 2000 tocaba a su fin. Vio a manifestantes con pancartas frente a la sede de Wall Street, incluidos algunos exempleados del banco. Agitaban las corbatas al aire y gritaban lemas anticapitalistas. «¡Abajo el sistema corrupto!». «¡Ladrones, devolved los bonus!».

Luis había tenido un buen día en el trabajo. Los ensayos para el concierto de Navidad, a un mes vista, marchaban bien después de que el director aceptara que no habría coros y villancicos. Salinas era un jefe funcionarial y previsible, de los que intimidaban a los débiles y se achicaban antes quienes le plantan cara. Pero el intento de renuncia de su profesor de música lo despojó de ese poder frente a Delgado y no encontraba las fuerzas para contradecir sus decisiones. Se conformó con trasladarle la responsabilidad de lo que pudiera salir mal: «Si esta idea loca acaba en desastre, el consejo escolar es todo tuyo».

Una banda de *heavy metal*, otra de pop español, un cantautor y Almudena Ribas, una alumna de tercero, actuarían el 18 de diciembre en el salón de actos. La chica se sentaba en la última fila durante las lecciones, con gafas redondas de pasta fina, el flequillo sobre los ojos y la piel pálida. Luis se sorprendió cuando se presentó al *casting* porque era extremadamente tímida y el concierto tendría lugar frente a una audiencia potencial, entre padres, alumnos y profesores, de ciento cincuenta personas. Ella subió al escenario desorientada y preguntó qué tenía que cantar.

—Lo que quieras, cualquier cosa —la apremió Luis, que no albergaba grandes expectativas y quería escuchar al siguiente candidato.

Almudena carraspeó, tragó saliva y dudó unos segundos antes de arrancarse con *I will always love you*, de Whitney Houston. Sus primeras notas subieron lentamente en intensidad, moduladas con una voz suave y pura que acarició el aire, dieron paso a una entonación más alta, pero controlada y armoniosa, y ascendieron hasta expandirse y llenar la sala con la fuerza de un huracán. Los presentes dejaron lo que estaban haciendo, impactados por aquella potencia salida de un cuerpo menudo e insignificante, y Delgado sintió que le atravesaban el corazón. Ribas liberó sus manos, lanzándolas al aire como si quisiera desprenderse de toda su timidez de golpe, tomó aire y explotó en un interminable *Love youuuuuuuuuuuuu*, un chorro de voz que no se había escuchado en el auditorio escolar en los cincuenta y siete años de historia del Antonio Machado.

—¡Pare, pare, señorita! ¡Pare, que se me ahoga! ¿Dónde aprendió a cantar así? ¿De dónde salió usted, por Dios?

Almudena encogió los hombros y se dejó abrazar por el profesor, conmocionado ante el descubrimiento. Se la llevó al despacho de Salinas y consiguió que el colegio le sufragara clases de canto dos veces a la semana. La maestra, Margarita Vegas, confirmó que estaban ante un talento formidable que podría ejecutar a la perfección el plan que Delgado tenía reservado para ella.

Almudena cerraría el concierto navideño cantando *Te neste la promessa*, de Verdi, una de las grandes arias de despedida de la literatura operística. Aunque la picza elegida le pareció demasiado triste para la ocasión, el director recibió eufórico la noticia de que el espectáculo incluiría una sección clásica. «¡Al fin este hombre entra en la cordura!», dijo delante de Luis.

El telediario conectó en directo con su corresponsal en Nueva York, y luego con los de París, Londres y Moscú. Otra jornada negra en las bolsas. Revisiones a la baja del PIB. Desplomes del yen, el real brasileño, el rublo... Delgado se alegró de no tener inversiones ni fondos y asistir al hundimiento desde el muelle. Había utilizado parte del pago de la indemnización de los Zabala para amortizar la hipoteca del piso de Villaverde. Le quedaba poco para la jubilación. Según sus cálculos, con la pensión y lo que tenía ahorrado, le llegaría para la vejez.

Un economista de Oxford ocupó media pantalla del televisor; gráficos incomprensibles, con números en rojo y flechas hacia abajo, la otra mitad. Un portavoz del Gobierno dijo que no había motivo para la alarma: «La economía nacional tiene fortaleza de sobra para soportar la coyuntura internacional».

Delgado pensó que los políticos, con su contorsionismo argumental, trataban como idiotas a los ciudadanos. Si la economía iba bien era gracias a la infalibilidad de las medidas gubernamentales; si iba mal por culpa de «la coyuntura internacional». Aunque tenía alma de izquierdas, en los últimos comicios votó en blanco y trató de convencer a Maldonado para que hiciera como él.

—¿Qué han hecho unos y otros para mejorar lo nuestro? Siempre de acuerdo para subirse el sueldo y repartirse los puestos. Mira la educación, hecha un asco. Profesores mal pagados que aguantan por vocación, como yo. Escuelas masificadas, libros de texto con contenido desfasado... A ver, Maldo, explícame por qué un obrero, porque el taxista es un obrero del volante, por qué coño alguien como tú vota a la derecha, si va contra tus intereses. Porque tú no tienes dinero para un colegio privado y estos se cargan la educación pública.

Maldonado entraba siempre al trapo.

—¿A quién voy a votar? A los rojos esos que tanto te gustan. Dime un país, uno solo, que no hayan llevado a la ruina. Si la mitad son ricos, al menos tengo clientes. Si todos somos pobres, nadie pide un puto taxi.

Y se enzarzaban en la misma discusión, sin importarles que en las anteriores ninguno se hubiera movido un centímetro de su posición.

La presentadora dio paso al bloque de noticias nacionales y las medidas aprobadas por el Consejo de Ministros de los viernes. Una partida de ayudas para la ganadería asturiana, afectada por un brote de tuberculosis. La reforma del acceso a las oposiciones a inspector de Hacienda. Un paquete de iniciativas para mejorar el paro juvenil...

«... El indulto de Bosco Zabala, condenado a ocho años de prisión por la muerte de dos personas en un accidente kamikaze en julio del año pasado...».

El mando a distancia se le resbaló a Luis entre los dedos y cayó al suelo. Desvió la mirada a los rótulos sobreimpresionados en la parte inferior de la pantalla que confirmaban la noticia:

«El heredero del imperio Zabala quedará en libertad tras una decisión que el Gobierno ha justificado en...».

La pantalla mostraba imágenes de archivo del accidente que Luis no había visto hasta entonces. Un Aston Martin partido en dos y, a unos metros, un Seat Ibiza irreconocible, reducido a un amasijo de hierro carbonizado. Los servicios de rescate trabajando ya sin urgencia, una vez certificadas las dos muertes. Sobre el asfalto, un cuerpo envuelto en una manta de cobre dorado y dos guardias civiles que revisaban la documentación de la víctima. Parecían afectados, aunque no se podía oír lo que decían. Marta Delgado Ruiz. Nacimiento: trece de abril de 1987. «Veinte años. Joder, era una niña».

«El ministro de Justicia, Emilio Mendoza, indicó que se habían valorado el buen comportamiento del recluso en prisión, su arrepentimiento, un riesgo bajo de reincidencia y altas posibilidades de reinserción en la sociedad...».

Luis sintió que su cuerpo, plomizo e inanimado, se hundía en el sofá. Caía engullido por un agujero oscuro y profundo. En el descenso, no encontró la rabia ni la indignación. Solo un deseo irresistible de dejarse ir, de rendirse. No se defendió. No quería. No podía.

«Tras haber cumplido siete meses en prisión, el joven Zabala, perteneciente a una de las familias más ricas e influyentes del país, abandonará la prisión de Navalcarnero en las próximas horas para reunirse con sus seres queridos...».

Terminó el telediario, pusieron anuncios y comenzaron los créditos de la telenovela *Amar en tiempos revueltos*. Luis siguió frente a la luz centelleante del televisor, paralizado. Sonó el teléfono varias veces, pero no respondió; alguien llamó a la puerta, primero con el timbre y después a golpes; cayó la tarde sobre Villaverde y seguía en la misma posición. Las escenas del accidente se rebobinaban en su cabeza, una y otra vez. Cerca de la medianoche encontró fuerzas para levantarse, deambuló por la casa y entró en la habitación de Marta, recostándose en su cama sin deshacerla. Se dejó vencer por el sueño y despertó poco después en el suelo, rodeado por las fotografías de su hija.

Por la mañana, marcó el número de Salinas, el director. Lamentaba avisar a última hora, pero había enfermado y el lunes faltaría al trabajo. Esperaba que pudiera encontrar a un sustituto y le pedía que, por favor, trasladara a los alumnos que siguieran con sus ensayos. Ignoró el resto de llamadas perdidas de Maldonado, Miguel Cabrera y Elena Moreno.

«Puedo ir a tu casa si me necesitas. Llama cuando puedas». La psicóloga dejó un mensaje en su buzón.

Luis no dio señales de vida en los siguientes cuatro días. Maldonado convocó a Cabrera y Sotillos en El Abuelo. Se les unió Manolo Gil, un cerrajero del barrio. Caminaron hasta la calle Arenas, se encontraron el portal abierto y subieron al primero. Maldonado golpeó la puerta con la palma de la mano, una, dos, tres veces. Todos guardaron silencio, a la espera de una respuesta. Aporreó la puerta con más fuerza.

—¡Ábrela, Manolo!

El cerrajero sacó sus herramientas y empezó a desatornillar el anclaje, sujetando cada tornillo que retiraba entre los dientes.

—¡Rápido! —apremió Cabrera.

Se contagiaron la alarma: Maldonado a Cabrera y este a Sotillos, que se mordía los labios y daba vueltas sobre sí mismo. El abogado tomó el relevo y también golpeó la puerta.

—Luis, ¿estás ahí?

—¡Por Dios, Manolo!

—Casi está.

Cabrera marcó el 112. Le preguntaron cuál era la emergencia. Dudó.

—Manden a alguien. Mi amigo, algo ha podido pasarle. Lleva cuatro días desaparecido. No podemos abrir la puerta de su casa. Es en el primero, en el 15 de la calle Arenas, Villaverde.

—¡Aparta!

Maldonado empujó al cerrajero a un lado, retrocedió unos pasos, cogió carrerilla y embistió la puerta con todo su peso. La madera se resquebrajó, sin ceder del todo. Dio varias patadas con el talón. Los demás lo imitaron y se turnaron. Un último porrazo de Sotillos hizo ceder la puerta. Entraron atropellándose unos a otros.

—¡Luis! ¡Luis!

Cabrera dio con el interruptor de la luz. No estaba en el salón. Lo buscaron en su cuarto. Tampoco. Ni en el baño. Abrieron la última puerta, el dormitorio de Marta, y lo encontraron recostado en la cama de su hija, con las manos sobre el pecho y las piernas entreabiertas. Maldonado se abalanzó sobre él y lo agitó con fuerza.

—¡Luis! ¡Luis!

Escuchó un quejido, su amigo abrió los ojos y se tapó el rostro con el antebrazo.

—¡Dios! —Maldonado lo abroncó con cariño—. Nos tenías preocupados. Sotillos, prepara café.

—Voy.

Entre Maldonado y Cabrera lo ayudaron a incorporarse, lo sentaron en el borde de la cama y lo acompañaron al baño. Abrieron el grifo de la ducha y lo despejaron con un chorro de agua fría.

—Mierda de justicia —maldecía Maldonado—. Son unos hijos de puta. ¡Todos!

Un plato de pasta a medio terminar, con la salsa de tomate ennegrecida, descansaba sobre la mesa baja del salón. Sotillos llegó con el café.

—¿Hace cuánto que no comes? —preguntó Maldonado.

Delgado sorbió café y mordió una galleta, dejándola sobre el plato.

—Esto no va a quedar así —intentó animarlo el abogado—. Recurriremos al Supremo. Iremos a Estrasburgo. Repararemos esta cacicada, ya lo verás.

—Si es que no puede salir gratis matar a alguien, joder —saltó Maldonado—. ¡Te juro por mis muertos que...!

El abogado trató de calmarlo.

—Cabeza fría, Maldo.

—Me cargo a ese niñato con estas manos, te juro que me lo cargo.

—¿Y acabar tú en la cárcel?

El taxista lanzó una mirada furiosa al abogado.

—Pues se va, joder. ¡Hostias ya con esta mierda de país! Nos mean en la cara, Miguel, ¿no te das cuenta? Tú conoces las leyes y sabes cómo funciona esto. Se las pasan por el forro. ¿Cómo es posible que lo hayan soltado?

—Esa familia tiene amigos hasta en el infierno.

Luis escuchaba los intercambios de indignación entre sus amigos sin reaccionar. Cuando se calmaron, les agradeció la visita, dijo que estaba bien y que necesitaba descansar. Ante las miradas escépticas de sus amigos, prometió que el domingo se uniría a la expedición de la Casa de Campo.

—Me vendrá bien salir un poco.

Maldonado lo miró desconfiado, hizo una señal a los demás y todos se dirigieron a la puerta. Antes de marcharse, el taxista se volvió hacia su amigo:

—Hablo en serio. No dejaremos que esto quede así.

A Elena Moreno le sorprendió recibir la llamada de Luis pidiéndole cita después de no haber respondido a sus mensajes. Se presentó en la consulta una semana después del indulto de Bosco Zabala, moviéndose nervioso por la habitación y evitando el contacto visual. La experiencia le decía que iba a ser una terapia difícil. Había tenido pacientes de todo tipo desde que, al terminar la carrera, se anunció como psicóloga en la sección de clasificados de un diario: «La Escuchadora: si te preocupa algo, no cargues con ello. Cuéntamelo». Fue una mala idea porque llamaron sobre todo hombres que creían que ofrecía una línea erótica. Abrió una consulta en casa, pero los clientes no llegaban. Trató gratis a amigos, para engordar el currículo y aspirar a trabajos más estables. Encontró una sustitución de verano en la clínica de una aseguradora, en Albacete. Aquello le pareció el Mercadona de la psicología.

Le dijeron que podía pasar un máximo de veinte minutos con cada paciente y que cualquier tiempo extra saldría de su salario. Durante algún tiempo, hasta que consiguió el puesto en el Ayuntamiento de Madrid, fantaseó con la alternativa sugerida por el profesor Varela cuando le pidió consejo sobre la especialidad del duelo: convertirse en gurú de la felicidad, escribir un libro de autoayuda cada dos años y ofrecer a los desesperados un puñado de consejos fáciles e irrealizables, mientras hacía caja. Pero ya era tarde. Asumía que su carrera profesional consistiría siempre en tratar almas rotas como la de Luis.

—Hoy no vine a que me quites las penas —le dijo.

—Me alegro, olvidé la varita mágica en casa.

—Vengo a que impidas que haga una locura, Elena. ¿No es eso lo que hacéis los psicólogos, curar a los locos?

—Tú no estás loco. Muy cabreado, eso sí. Con razón.

—¿Qué sentirías tú si el asesino de tu hija quedara libre?

—Mucha rabia.

—¿Irías a una psicóloga para solucionarlo?

—A una mejor que yo.

Luis no siguió la broma. Elena supo qué pasaba por su mente. Podía leerlo en sus ojos, en la contracción de sus facciones, en la cólera contenida en cada frase que salía de su boca. La idea de vengarse había nacido como una quimera, un intento de obtener un resarcimiento inmediato tras conocer el indulto. Después, dejó que creciera en su interior, haciéndose cada vez más real. Cuando llamó a la psicóloga, había adquirido un aura de inevitabilidad que lo asustó. Quería borrarla de su cabeza, devolviéndola al terreno de las imposibilidades.

—Los sentimientos de venganza son naturales. —Elena hizo un gesto ofreciéndole el sillón, pero Luis lo rechazó. Siguieron de pie—. Nuestros pensamientos más oscuros no representan lo que somos o lo que haríamos en realidad. No indican un deseo sincero de cumplirlos. En un momento de furia podemos desear mal a alguien, pero casi siempre son meras fantasías que no llevaríamos a la práctica.

—Confié en la justicia —Delgado se calmó—, pero la justicia no existe. Ese chico mató a mi hija y no ha pasado ni siquiera un año en prisión. Siento que he fallado a Marta.

—Es el sistema el que ha fallado, no tú.

—Hay dos justicias —dijo—. Una para los de arriba y otra para los que estamos abajo. Siempre estuve en contra de la pena de muerte. Va contra mis principios. Me considero un pacifista. Fui a las manifestaciones contra la guerra de Irak. Pero ahora... Si algo le pasara a ese asesino..., no puedo decir que lo sentiría. Tendrías que haberlo visto en el juicio. Estaba allí como si nada, impasible. Tuve que marcharme. Me quemaba por dentro pensar que le daba igual.

—Se llama odio, no hay nada vergonzante en sentirlo. Amamos y odiamos. Otra cosa es qué hacemos con esos sentimientos. ¿Crees que es eso lo que querría Marta, que le pasara algo a ese chaval? —La pregunta lo descolocó e irritó a partes iguales. Elena lo notó, pero en vez de recular redobló su desafío. Estaba tensa y temía que Luis lo notara—. Recurres a tu hija para todo. Bien, ahora te pregunto qué haría ella en tu lugar. Tomarte la justicia por tu mano tiene consecuencias.

Luis sabía que Marta jamás estaría de acuerdo con una venganza, ni siquiera en su nombre. Recordó su oposición cuando los vecinos comenzaron a organizar patrullas en Villaverde, en un intento de frenar la quema de coches. «Justicieros de la noche», los había llamado.

—Estoy dispuesto a ir a la cárcel —se reafirmó Luis.

—No me refiero a las consecuencias para ti, sino a lo que supondría para la familia de... Bosco. El daño que haría su pérdida a otras personas.

—Sé muy bien lo que sentirían y no me importa.

—No te creo.

—Son tan culpables como él.

—Quizá hicieran un mal trabajo como padres. Eso no cambia que su dolor sería el mismo que tú sientes ahora. La Marta de la que me has hablado no querría eso. Sé que tú tampoco lo quieres. También aquello que odiamos debe ser comprendido.

—Estás diciendo...

—Digo que incluso el mal tiene sus circunstancias y que no las conocemos todas. Tu dolor seguiría siendo el mismo, aunque ese chico desapareciera.

—Estás de su parte.

—Ahora eres tú el que está siendo injusto.

Llevaban unos pocos minutos de sesión, pero Elena decidió ponerle fin.

—No hemos acabado —protestó Luis.

—Prefiero verte otro día. Cuando estés más calmado.

Luis dejó suspendida su mirada en el aire, negó con la cabeza y se acercó a la psicóloga, despidiéndose con la cortesía forzada de un adiós definitivo.

—Siento si he dicho algo que no debía —se disculpó—. Quiero que sepas que me has ayudado.

—No lo sé —dijo ella—, pero gracias.

Las dudas atormentaron a Elena cuando se quedó sola. ¿Había ido demasiado lejos en su intento de buscar la empatía de su paciente hacia la familia Zabala? ¿Por qué dejó que se marchara más indignado de lo que llegó? Se sentía derrotada. Recordó la cita de Whitaker y Ryan que el profesor Varela escribió en la pizarra en su primer día de clase: «Todos los fracasos de la psicoterapia lo son del terapeuta. El paciente nunca falla».

Repasó mentalmente sus notas en busca de errores en los últimos meses de tratamiento. Había seguido el manual, evitado los consejos fáciles —para eso estaban los amigos— y las soluciones infalibles. Probó todo. Complicidad. Cercanía. Condescendencia. Franqueza. Dureza incluso. Una mezcla de todas. Por momentos creyó estar en el buen camino, haber accedido a lo más profundo del alma de aquel hombre atormentado, pero cuando más cerca se sentía de ayudarlo, Luis volvía a alejarse. Era un acordeón que se abría y cerraba, para volverse a cerrar. Le había dedicado más tiempo que a ningún otro doliente, hasta el punto de atascar la consulta con esperas, incapaz de terminar las sesiones sin percibir algún progreso, aunque fuera mínimo. ¿Hizo las preguntas necesarias? ¿Mantuvo el equilibrio adecuado entre la cercanía emocional y la distancia para analizar su situación con perspectiva? Y la pregunta que más la angustiaba: ¿era posible que hubiera empeorado las cosas?

Llamó al profesor Varela, recordándole la cita de la pizarra y confesándole su frustración. El catedrático esperó a que su exalumna se desahogara del todo:

—Mira, Elena, nadie dijo que quienes nos dedicamos a esto tengamos que ser perfectos. No siempre terapeuta y paciente escuchan la misma música y pueden bailar juntos. Si llega un punto en el que no puedes ayudarlo, quizá haya que plantearse una devolución.

Luis había mostrado un carácter sereno y reflexivo incluso en sus momentos más bajos. La violencia nunca fue una preocupación, al menos dirigida a los demás. Temía un suicidio, porque sus conductas eran depresivas y la ausencia de una red familiar de apoyo lo hacían especialmente vulnerable. Después de cada sesión regresaba a un piso vacío y tomado por la nostalgia, donde convivía con los fantasmas de las dos mujeres de su vida. Habitaba un mundo de tinieblas, solitario y sin esperanza.

Elena pasó las dos siguientes noches en vela, convenciéndose a ratos de que su alarma era exagerada; diciéndose en otros que debía actuar. Pensó en alertar a la familia Zabala o llamar a la policía. Pedir ayuda a sus amigos, el taxista y los demás. Repasaba cada palabra y cada gesto de Luis, intentaba descifrar los peligros y sentía, de una manera preventiva, la culpa de no haber sabido desactivar su cólera. ¿Estaba ante un sencillo profesor de música, capaz de hacerse daño solo a sí mismo, o de un hombre al borde de cometer un acto irracional e irreversible?

Dani jugaba con la cucaracha que había atrapado el día anterior. La guardaba en una botella de plástico que hacía girar mientras observaba cómo Romeva, el nombre que había puesto a su mascota, corría como un hámster en una rueda. Primero despacio, después más y más deprisa.

—Le he puesto el nombre de una ex.

—Ya veo que la querías mucho.

—Sí.

Bosco llevaba un rato intentando decírselo, pero no sabía cómo. Sacó su bolsa de debajo de la cama, empezó a vaciar su parte del armario y, dando la espalda a su amigo, le soltó la noticia:

—Me lo han dado.

—¿El qué?

Contuvo la alegría, volviéndose hacia él.

—El indulto. Vuelvo a casa.

Su compañero de celda tardó un par de segundos en reaccionar, bajó de la litera de un brinco y se plantó frente a él, exultante.

—Eso es... ¡Increíble! Te lo mereces.

Bosco se ruborizó. Los dos sabían que salía gracias a la influencia de su familia. Dani evitó reprochárselo: si resentía la diferencia de trato, o lo envidiaba por su suerte, se esforzó por disimularlo. El joven Zabala comprendió, como nunca hasta ese momento, el verdadero significado del privilegio, la manera en que determinaba el destino de las personas. Había crecido con él, dándolo por hecho sin llegar a apreciarlo hasta que lo perdió. En el momento de mayor necesidad, regresaba a su lado para salvarlo. Lo llevaba adherido a la piel como un escudo y lo guiaba por la vida con las certezas que, para quienes carecían de él, se convertían en incertidumbres.

—Tú también saldrás pronto, ya lo verás.

Sus palabras de ánimo sonaron a compensación por la deslealtad de dejarlo atrás.

—Tómate unas cervezas ahí fuera por mí, ¿eh?

—Voy a hacer lo posible por sacarte. Será lo primero que haga. Buscaré ayuda y te sacaré. Te juro que...

—¿No lo entiendes, Bosco? Yo no soy un Zabala. Mis padres viven en Galicia, en el pueblo. Cumpliré hasta el último día. Así son las cosas.

—Eres tú el que no lo entiendes. Yo sin ti... no estaría aquí, ¿sabes? Aquellos primeros días, cuando llegué...

—Sé lo que pensaste.

Dani le mostró las cicatrices de su muñeca.

—Lo iba a hacer. Estaba decidido. Quería acabar con todo.

—Lo importante es que estás aquí. Eres libre. Lo que me da pereza es que me mandarán a otro novato como tú. Tendré que enseñarle a atarse los zapatos y a no meterse en líos. Ven a verme alguna vez. Ya sabes que esto puede ser solitario. ¿Amigos para siempre?

Bosco se abrazó a él.

—Para siempre.

Un ambiente de inusual felicidad se instaló en La Aurora tras la liberación de Bosco. Animadas conversaciones reemplazaron los silencios en la mesa, los planes de futuro a las recriminaciones del pasado y las muestras de afecto a la indiferencia que durante años había prevalecido en la casa.

Bosco pasó sus primeros días de libertad encerrado. Retrasó una y otra vez su ingreso en un centro de rehabilitación, una de las condiciones de su indulto. No quería ver a nadie. Ni que nadie lo viera a él.

Cumplidas tres semanas en su enclaustramiento, María Zabala se empeñó en llevar a su hijo al cine. Superó sus reticencias dándole la vuelta al motivo de su propuesta: era ella la que necesitaba distraerse.

—Ponen la última de James Bond.

Para hacer su excursión más íntima, pidió a su guardaespaldas que se quedaran en casa y le dijo a Antonio que conduciría ella. Esperaban en la cola para comprar las entradas cuando vieron a Germán, Mario, Eva y Susana, amigos de Bosco del colegio y las fiestas en La Aurora. De ellos, solo Germán lo visitó en la cárcel. Bosco hizo ademán de saludarlos, pero simularon no verlo y caminaron en dirección opuesta. Una vez en la sala, se sentaron cinco filas delante de él. *Quantum of Solace* comenzaba con una persecución en la que Bond, al volante de un Aston Martin, conduce entre disparos, accidentes y maniobras imposibles en la carretera entre el lago Garda y Siena, mientras sus perseguidores se estrellan uno tras otro.

—Conducen como uno que yo me sé —se escuchó en la sala, entre risas.

Otros espectadores reclamaron silencio. Bosco se levantó en cuanto terminó el arranque y empezaron los créditos.

—Vámonos.

—Sí, mejor.

María lanzó una mirada desafiante al grupo y los dos abandonaron la sala. Mientras conducía de regreso, quiso entablar la conversación que tenía pendiente con su hijo desde su liberación. Lo había intentado varias veces, pero lo encontraba emocionalmente distante y no sabía cómo estrechar aquella brecha. Optó por revisitar la época en la que ese muro no existía entre ellos, antes de que Bosco le cerrara su corazón.

—El otro día pensaba en lo mucho que te gustaba saltar en la cama elástica del jardín, ¿lo recuerdas?

—Me acuerdo.

—Jugabas a cazar las estrellas con las manos. Un día entraste en casa llorando porque creías haber atrapado una y, al abrir el puño, se te había escapado.

—Debía ser muy pequeño para creer eso.

María sonrió.

—¿Y te acuerdas de lo que te dije ese día?

Se encogió de hombros.

—Te dije que, cuando fueras mayor, mamá te compraría una nave y podrías ir al espacio a cogerlas.

—No cumpliste.

—Lo que quiero decirte es que sé que no siempre he estado ahí para ti. El trabajo me ha absorbido. Los problemas, los viajes; todo.

—Lo sé, mamá. Está bien.

—No, no está bien. A partir de ahora las cosas van a ser diferentes. Llego tarde a muchas cosas. Pero si me dejas voy a hacer todo lo posible porque me quieras. No porque sea tu madre, sino porque me lo haya ganado.

Llegaron a La Aurora y caminaron desde la cochera al interior de la casa. Bosco se puso al lado de María y la cogió de la mano. Antes de despedirse en el salón, se dieron un largo abrazo y él se dejó embriagar por su perfume. Creyó adivinar que era Alien de Mugler, del frasco violeta de su tocador.

—Tengo la madre que huele mejor en el mundo —le dijo dejando escapar una risa, antes de escabullirse escaleras arriba.

Las burlas en el cine confirmaron a Bosco que nada volvería a ser lo mismo tras su regreso. Llamó a otros amigos, sin que ninguno se pusiera al teléfono. Hizo un acercamiento a Natalia y le dejó varios mensajes, pero tampoco recibió respuesta. Durante aquellos días de encierro había dudado si romper con su vida anterior, cuando era su vida anterior la que había roto con él. Quienes conocían al antiguo Bosco no tenían interés en reencontrarse con él; y nadie parecía dispuesto a darle una oportunidad al nuevo.

Pasó las siguientes semanas entre videojuegos, películas, la rutina del ejercicio diario, las comidas de Dolores, que volvía a tratarlo como a un niño, y un renovado interés por su hermana. El estado de Lucía se había deteriorado en el último año con una pérdida del control motriz, episodios de llanto sin motivo y una disminución de su interacción social. Aunque los pacientes con síndrome de Rett podían llegar a la edad adulta, los médicos creían que Lucía perdería toda autonomía de movimiento antes de la adolescencia. Nunca fue cariñoso con ella. Una mezcla de compasión y vergüenza le impedía acercarse. Evitaba que los vieran juntos en público y replicaba, en cierto modo, el rechazo disimulado que su padre mostraba por la pequeña de la familia. Una vez un compañero del colegio lo insultó en el patio diciéndole que era «igual de retrasado» que su hermana. Bosco le rompió la nariz a puñetazos, y lo expulsaron dos días. Fue una de las pocas veces en que recordaba haber sido felicitado por meterse en un lío. «Defiéndela siempre, hijo, también cuando tus padres ya no estemos aquí para hacerlo», le dijo María.

Bosco y Lucía se volvieron inseparables con el paso de los días. La niña empezó a buscar a su hermano por la casa de forma obsesiva. Lloraba al verlo salir por la puerta y solo en sus brazos calmaba sus episodios. Algunas noches aparecía en su cuarto y le pedía, con la mirada, si podía quedarse con él. Bosco la aceptaba, la acurrucaba y escuchaba su corazón latir de excitación hasta que se quedaba dormida. La llevaba al centro comercial, a los columpios de la plaza y a pasear. «Mi princesa pingüino», la llamaba cariñosamente, porque andaba con pasos cortos y, si se despistaba, se le caía al suelo.

Los Zabala regresaron a su vida social sin restricciones, sintiéndose vindicados por el indulto de Bosco. Organizaron cenas y fiestas, se dejaron ver en recepciones y actos públicos, acudieron allí donde importaba estar y reestablecieron sus relaciones en lo más alto de la sociedad madrileña, donde fueron recibidos como si nada hubiera pasado. El matrimonio, contagiado por la alegría desmedida que sigue a las desdichas superadas, dio una nueva oportunidad a su vida en pareja. Lorenzo forzó la ternura que ya no sentía hacia su mujer; María buscó resquicios de amor en los recuerdos del novio encantadoramente bohemio de sus inicios. Una noche, tras cenar en el Ritz con los Núñez de Arce, emparentados con la duquesa de Alba, volvieron a casa animados por el champán. Lorenzo propuso a su mujer tomar una última copa en el salón y ella, con una mirada pícara, acortó los preliminares:

—Me voy a poner algo más cómodo.

La encontró tendida sobre la cama, con un camisón de encaje y los Manolo Blahnik de tacones altos puestos. Tenía el brazo izquierdo estirado hacía atrás y mordía entre los dientes el índice de su mano derecha. Su melena, suelta, caía a ambos lados de la almohada. Lorenzo adivinó en su madurez rasgos de la belleza que lo cautivó en su juventud, rebajó la luz hasta una cálida penumbra y caminó hacia la cama deshaciéndose de los botones de la camisa. María gateó hasta el borde, sentándose sobre sus piernas. Dejó caer un tirante del camisón, después el otro, le ofreció sus pechos desnudos, y alzó la mirada para encontrarse con la suya. Fingieron los dos y, al terminar de hacer el amor, se dejaron caer sobre la cama. Durante un par de minutos no se dijeron nada, hasta que María se arrimó, apoyándose en su pecho.

—¿Qué nos ha pasado? —preguntó él—. ¿Por qué no puede ser siempre así? No quiero que nos hagamos más daño.

—Hablemos mañana. —María forzó una voz cansada—. Te parece, ¿cariño?

El matrimonio completó su restitución social con el regreso al Real Club Moraleja. Los animó saber que los Moncada se habían dado de baja, lo que evitaba un reencuentro incómodo entre las familias. Aunque les quedaba a cinco minutos andando, se hicieron llevar por Antonio en el Bentley. Era domingo y el club estaba animado. Ricky, el director, se acercó con la falta de memoria que exigía su posición, saludándolos como si no se hubieran ausentado en el último año.

—¿La mesa de siempre, en la veranda? —preguntó.

Salieron a la terraza y los socios que ocupaban otras mesas se acercaron a saludar. Recibieron los abrazos más afectuosos de quienes más los habían criticado y el rechazo únicamente de Maribel Huertas, socia histórica que los ignoró al pasar a su lado.

—Nunca me gustó esa mujer —dijo María.

Nada ni nadie estropearía su día. Aunque no pensaba hacer deporte, había escogido un vestido de tenis Lacoste, corto y sugerente, recogiéndose el pelo con una coleta juvenil. Mostraba la piel suavizada gracias al tratamiento en una de las clínicas de su amiga Pilar Rojas y un brillo renovado en la mirada. Cautelosamente feliz por la reconciliación con Lorenzo, y lo que esperaba fuera un nuevo comienzo con Bosco, se sentía radiante.

Mientras Lorenzo jugaba nueve hoyos de golf, ella se unió al grupo que tomaba el vermú en la terraza de la pista central de tenis. Alrededor de una mesa alta, servida de champán y ostras, se sentaban el consejero delegado de Bancalia, Stefano Ricci; el presidente de Corporación Agmedon, Fran de Pablos; el editor del grupo Prensa España, Solé Forcadell; el embajador de Portugal, Ricardo Monteiro; y Alonso Garrido, socio del despacho Deralia Abogados.

—Espero no interrumpir nada —dijo—. ¿Se puede? Ricci cedió su asiento.

—Solo si nos das la exclusiva —dijo el banquero—. Mis fuentes me dicen que se ha cerrado la compra del Industrial.

—De todas las personas a las que no debería contárselo —dijo María—, no se me ocurre una menos indicada que la competencia. Pero ya que preguntas, y teniendo en cuenta que salirse de la operación les costaría el Producto Interior Bruto de Madagascar...

—Está cerrado...

—Sí.

Todos levantaron sus vasos y brindaron por la presidenta de BanKapital.

—¿Se puede saber el precio?

—¡Cómo sois los banqueros! —dijo divertida—. Os dan la mano y, cuando te quieres dar cuenta, te están arrancando el brazo.

En contra de lo que pensaba el Consejo de Administración, incluido Salvador Galán, los dueños de Banco Industrial Hispanoamericano (BIH) accedieron a vender por el precio ofertado por María, con una rebaja adicional. Nada más caer Lehman Brothers pidieron una reunión urgente y anunciaron que aceptaban las condiciones, pero la presidenta de BanKapital respondió que lo sentía, ya no estaba interesada. Los dejó sufrir dos días y después reanudó el contacto a través de terceros, enviándoles el mensaje de que había una mínima posibilidad de cerrar la operación si aceptaban otra quita del treinta por ciento. Tardaron cinco minutos en llamar de vuelta diciendo que sí. María jugó sus cartas y el pánico al derrumbe del sistema financiero hizo el resto. Siguió hasta el final uno de los consejos que los Zabala transmitían de una generación a la siguiente: «En los negocios, ninguna llave abre tantas puertas como el miedo».

A los ojos del mundo de la banca y la política, la noticia de la adquisición sería vista como un gran triunfo de la heredera de la dinastía. María sintió como su figura se elevaba sobre los socios del Real Club, inclinados hacia delante para escuchar el relato de la negociación.

—Hay rumores de que Galán deja el banco —dejó caer Alonso Garrido, que lo sabía porque su despacho negociaba las condiciones de la salida.

—Ha decidido jubilarse.

Todos entendieron que María ponía fin a la regencia en el banco. El editor Forcadell preguntó entonces cómo veía la situación económica. Ella agravó la expresión.

—¿Queréis las malas noticias o las peores?

—Joder, ninguna.

—Estamos en mitad de la tormenta. Nuestros planes de contingencia asumen que esto va para largo. Me gustaría ser más optimista, pero...

—El ladrillo está parado —dijo De Pablos, cuya fortuna venía de la venta de material para la construcción.

—Y es el corazón económico de este país —confirmó Zabala—. Eso es lo que este gobierno no quiere entender. No se pone un ladrillo. Nadie compra y muchas promociones se han quedado a medio terminar. Los bancos —miró a Ricci— nos hemos visto obligados a congelar el crédito.

—No podemos correr riesgos en esta situación —dijo el italiano.

—Entonces —insistió De Pablos—, ¿cuál es vuestra estrategia? ¿Esperar a que nos hundamos todos y quedaros con las ruinas? Nada tendrá valor si nos dejáis caer, Stefano. Seréis dueños de un inmenso solar.

El banquero se defendió:

—Se han hecho locuras. Negaré haberlo dicho, pero nosotros tenemos alguna culpa. No puede ser que venga alguien con una nómina de novecientos euros y salga de la sucursal con un crédito de trescientos mil. Hipotecas del cien por cien. Qué digo, del ciento diez. Mira la ciudad del Pocero. Miles de pisos en mitad de la nada. ¿Quién coño va a querer vivir ahí?

—Esos son los que lo han jodido todo —dijo Forcadell—. Gentuza que no entiende de negocios y alimentó la burbuja. Obreros que deberían estar poniendo ladrillos se dedicaron a levantar ciudades enteras. ¿Qué podía salir mal?

—Hay que explicarlo bien en los medios, Solé —dijo María.

—En eso estamos. ¿Cuánto ha caído vuestro negocio? ¿Un quince? ¿Un veinte? La publicidad se nos ha caído a nosotros un cincuenta. Estamos todos en el mismo barco.

—Hundiéndonos.

—Pues alguno no se está enterando. —María pidió otra botella de champán—. Están los periódicos..., no digo los tuyos, ¿eh? Pero son todo titulares sobre lo malos que somos los empresarios, explotadores, capitalistas sin escrúpulos. Y así no hay manera de que el Gobierno arrime el hombro.

—Se le echarían encima. El coste sería...

—¿Y el coste de un país arruinado? Se lo dije el otro día al secretario de Estado. Nos jugamos demasiado. Podéis hacer lo que pide la gente o responder con responsabilidad porque, a ver si lo entendemos, puedes decir que no rescatas bancos y no ayudas a las inmobiliarias, que ellas se lo han buscado, pero atente a las consecuencias. —María apenas daba margen a la réplica. Su renovada voz, firme y autorizada, atraía la atención de los demás, que asentían a cada expresión—. Si caemos los grandes, detrás vienen los medianos y luego los pequeños.

—Como un castillo de naipes.

—Una vez empiecen a caer, ya no hay quien lo detenga. Este es un país de pequeñas y medianas empresas. ¿No rescatas? Muy bien, tú veras qué haces con un paro desbocado y la gente prendiendo fuego a las calles. El otro día hubo reunión del Consejo Nacional de Empresas. Tú estabas ahí, Fran. Nos vimos con el presidente y tres ministros.

—Están acojonados.

El padre de María, Ignacio Zabala, había presidido durante una década el Consejo Nacional de Empresas (CNE), un *think tank* formado por los CEO de las principales corporaciones del país. Se reunían públicamente entre ellos una vez al mes y otra con el Gobierno fuera de los focos.

—No pude ser más clara. Si no hay rescate, incluida una inyección de obra pública como no se ha visto antes, estamos muertos. «Pero nos llevamos el país por delante, presidente». Así se lo dije.

María rodeó el relato de la reunión con el Gobierno de una hostilidad inexistente, al menos por su parte. El favor del presidente al otorgar el indulto a Bosco la hizo conducirse con tacto y sin reproches, dejando que fueran otros los que presentaran batalla.

—¿Y van a ayudar?

—Claro que lo harán. ¿Dónde crees que esta gente va a pedir trabajo cuando los echen los votantes? En tu empresa, en la mía... Nos exigen a bancos e inmobiliarias que no desahuciemos a la gente. Creen que somos una ONG. Están asustados, eso es seguro. Las grandes fortunas están sacando el dinero al extranjero por miedo a un corralito, como en Argentina. Una vez se lo oí decir a mi abuelo: «No hay nada más cobarde que el dinero».

Hubo un cruce de miradas cómplices. La mayoría de los presentes había enviado parte de sus fondos a Suiza, Luxemburgo o Jersey.

—El presidente dijo que si salvaban a los grandes la gente se cabrearía y que había que defender a las clases medias o vendría el populismo. Se fue al crac del 29 y el nacimiento del fascismo. En esas manos estamos. Hemos financiado las campañas de todos ellos. Las de los unos y los otros. Todo lo que han querido. Si nos fallan van a salir muchas cosas feas.

—Tenemos el despacho que no damos abasto. —Garrido, el abogado, juntó los dedos pulgar e índice de ambas manos—. Concursos de acreedores, regulaciones de empleo, empresarios que quieren que gestionemos su traslado a otro país...

—Que vengan a Portugal —dijo el embajador Monteiro.

—Embajador —lo fustigó Forcadell—, que vosotros estáis igual de jodidos.

Todos rieron.

Detrás de su tono duro pero desenfadado, la presidenta de BanKapital ocultaba su preocupación. Consideraba la crisis un momento existencial para un banco que se había expandido a costa del crédito. La adquisición del Industrial, aunque lograda a precio de saldo, aumentaría la deuda considerablemente. El flujo de caja procedente de Capital Housing, la principal rama inmobiliaria de la corporación, había servido para cuadrar las cuentas de los últimos años. Ahora que la mitad de sus promociones estaban paralizadas, con sus responsables discutiendo si terminarlas o venderlas con grandes rebajas, la ayuda del Gobierno resultaba vital. Al ser preguntada por la situación de BanKapital, maquilló la situación:

—Nosotros hemos sido prudentes, no hemos hecho locuras como otros. Es verdad que tendremos que ajustar, pero hay margen y lo haremos sin prisa.

—¿Y qué me dices de Moncada? —La expresión de María cambió al escuchar el nombre en boca de Ricci—. Vender Solitur justo antes de que todo se caiga. Suerte o estrategia, ¿qué decís?

Los activos por los que le pagaron a Vicente Moncada

mil doscientos millones de euros valían un tercio después del colapso financiero. Hubo un debate sobre si su decisión nacía de la casualidad, del instinto o de extraños poderes videntes. Ninguno se planteó que la muerte de su hijo Iván y su determinación de romper con el mundo que se sentaba alrededor de la mesa pudieran haber influido en la decisión.

María, incómoda, dio una respuesta tibia.

—Nadie pudo prever que todo esto pasaría.

—¿Es verdad que en la firma confundieron a Moncada con el camarero? —preguntó el editor, que veía una historia jugosa para publicar.

—Como te lo digo, el pobre Vallejo se quería morir —confirmó Ricci—. Pero qué culpa tiene de que este sea un país de camareros.

—Y mira que Moncada no parecía el más espabilado.

—Es el tonto más listo que he conocido —dijo Ricci.

Las risas distendidas sirvieron a María para desviar la atención y volver a la crisis.

—Nos la jugamos en los próximos tres meses. De lo que haga el Gobierno depende que todo se hunda o sigamos a flote.

—Y el rey, ¿qué te dice, María? —preguntó Forcadell.

—Está preocupado —dijo ella, evitando entrar en detalles que pudieran desvelar que no lo trataba desde hacía meses.

—¿Demasiado ocupado con las amantes quizá?

La presidenta de BanKapital ignoró el comentario.

—Cuento con todos vosotros para la gala de Navidad, ¿verdad? Vamos a demostrar que estamos con el país y que somos solidarios.

La Fundación Lucía, creada por los Zabala para la investigación de enfermedades raras después de que su hija fuera diagnosticada con síndrome de Rett, concentraba todos los años a la elite económica, cultural y política del país. María se había propuesto que ese año la subasta benéfica lograra una recaudación récord, en lo que sería la confirmación del regreso de la familia al lugar que le correspondía.

—No me falléis, ¿eh? —insistió.

Todos los presentes confirmaron que acudirían salvo el embajador, que se excusó. Pasaría la Navidad con la familia en Oporto.

20

EL TAXI

Más de dos décadas de taxista por Madrid y era su primera carrera a La Moraleja. Podía haber recogido a alguno de sus residentes en la calle Serrano o en el aeropuerto, pero Maldonado evitaba los barrios más caros y detestaba la terminal. Una vez subió a un cliente en Barajas y le dio una dirección en Alameda de Osuna, un trayecto de cuatro minutos. Le hirvió la sangre al oír el destino, apretó el volante con todas sus fuerzas y reprimió el deseo de bajarlo en marcha. El servicio le reportó ocho euros. Aunque nunca fue bueno en matemáticas, las cuentas no salían: había esperado tres horas en la fila de taxis, es decir, a poco más de dos euros la hora, si descontaba los gastos. Algunos compañeros compensaban las largas esperas cuando subía un turista japonés. Triplicaban la tarifa y, como en Tokio los taxis se pagaban a precio de *limousine*, el cliente se marchaba sonriente y entre reverencias. Maldonado prefería trabajar el sur: menos competencia y más propina, lo tenía comprobado. No creía que los ricos fueran más tacaños, sino que le daban menos importancia al dinero y pensaban que tampoco la tenía para los demás.

—Este trabajo puede ser muy solitario. Terminas hablando solo, como los locos. Por eso me gustan los clientes que dan conversación, como si te conocieran de toda la vida, esos a los que les hace ilusión subir al taxi porque no pillan muchos y te lo cuentan todo. Yo les ofrezco lo que llamo la triple «t»: taxi, transporte y terapia. Que si su jefe es un capullo. Que si el cuñado no les devuelve un préstamo. Que a ver si toca la lotería este año y se acaba la mala racha.

Luis Delgado, sentado en el asiento del copiloto, no entendía cómo su amigo hablaba sin parar. Él tenía la boca seca, el estómago encogido y la cabeza a punto de estallar. Le sudaban las manos. No había pegado ojo en toda la noche. Llevaban una hora aparcados detrás de una curva del Camino Viejo, a suficiente distancia para controlar la mansión de los Zabala sin levantar sospechas. La casa estaba rodeada por una verja de seis metros de altura, cubierta por cipreses perfectamente podados y vigilancia por circuito cerrado. Vieron entrar y salir a un par de guardaespaldas. Maldonado había tapado la matrícula, por si las cámaras los captaban, aunque por el ángulo pensaba que estaban en un punto muerto. Desde su posición, solo alcanzaban a ver las tres chimeneas de ladrillo rojo que sobresalían por encima de la tapia. Debían inclinarse hacia delante, hasta pegar las narices a la luna delantera, para que la entrada de la vivienda apareciera en su campo de visión.

Luis se mordía las uñas y daba golpecitos con los pies. Lo sobresaltaba el paso de cada coche y todos los ruidos que no eran de pájaros. Lo relajó escuchar el canto de los gorriones comunes y lo que le pareció un jilguero. Se distrajo tratando de identificar a otras aves, imaginarse en una de las excursiones de la asociación, pero Maldonado lo interrumpía una y otra vez con sus monsergas.

—No sabes lo jodido que se ha puesto esto del taxi —continuó—. Hemos pasado de todo a nada, joder. He empezado a trabajar las zonas nobles de Madrid porque los ricos siempre tienen pasta, la crisis no va con ellos. Los restaurantes y las terrazas de Chamartín, Salamanca y Recoletos petadas de gente. Pero hasta a estos les cuesta pillar un taxi. Hay días que hago dos carreras y le miento a Sole para que no se preocupe. No me queda gasolina en el depósito, así te lo digo. No aguanto más, es mi último año en esto. Lo dejo, esta vez de verdad que lo dejo.

Con el parón económico, su relación de amor y odio con el taxi se había intensificado. Lo cuidaba como a un hijo, lo lavaba y enceraba tres veces a la semana, cumplía cada revisión, medía la presión de los neumáticos, reparaba el menor rasguño y fumigaba el interior con perfume de mujer, que decía era más agradable que los Ambi Pur que vendían en las gasolineras. «Huelen a detergente, no me digas que no». El Škoda le quitaba el sueño. En una de sus pesadillas recurrentes, bajaba a la calle para iniciar su jornada al volante y había desaparecido. El vacío que sentía era tan real que, a veces, se despertaba en mitad del sueño, se metía en el ascensor con la respiración entrecortada y salía a la calle a comprobar que seguía donde lo había dejado aparcado la noche anterior.

Por la mañana, las primeras carreras las hacía con alegría, mientras escuchaba a su locutor favorito insultar a los socialistas y afrontaba los atascos mañaneros «como un monje zen». A mediodía su expresión había adquirido un semblante sombrío que se deterioraba según se acercaba el receso del almuerzo y veía que la caja seguía vacía. Solventada media jornada, conducía de regreso a casa para comer mientras veía el telediario. Entonces, cuando tocaba levantarse del sofá y volver al tajo, todo se volvía oscuro. Le crujía el cuerpo, giraba el cuello a uno y otro lado y se removía en el asiento del taxi, cubierto por una funda de bolas de madera para aliviar la tensión de las nalgas y el sudor en verano. Emergía entonces la peor versión de sí mismo. Otra mirada a la recaudación y desesperaba. Dejaba de dar conversación a los pasajeros. Gritaba a los conductores que se cruzaban en su camino, con o sin motivo. Unos días antes se había bajado del coche con una llave inglesa en la mano y, si no lo sujetan, le abre la cabeza a un repartidor de periódicos que lo insultó en Puerta del Ángel.

—El de taxista es un curro para hacer hasta los cincuenta y cinco. Más no, ¿eh? Las lumbares me duelen hasta dormido. Hay días que no me puedo ni sentar por las almorranas. Tú al menos puedes dar las clases de pie. No sabes la ventaja que es eso. Un potro de tortura, eso es este jodido trabajo...

—Sale alguien —lo interrumpió Luis.

Un joven vestido con chándal, zapatillas Nike y una sudadera con capucha empezó a estirar las piernas apoyándose en el muro que rodeaba La Aurora. Caminó unos metros, inició un trote lento y desapareció tras la curva abierta que rodeaba la mansión.

—Es él.

Maldonado arrancó el Škoda y avanzó con lentitud para seguirlo.

—Lo vas a perder —lo apremió Luis.

Aceleró y, al salir de la curva, tuvo que frenar para no adelantarlo.

—Te estás acercando demasiado.

—A ver si te aclaras. Me estás poniendo nervioso.

Luis lo había llamado unos días antes. Quería verlo a solas, en algún lugar apartado. Quedaron en la puerta del zoo de la Casa de Campo, sin los uniformes de fatiga de la Asociación Ornitológica de Villaverde. Y se lo preguntó sin rodeos:

—¿Hablabas en serio? Cuando dijiste que había que hacer algo con el asesino de Marta, ¿lo dijiste de verdad?

Luis había dejado que la idea de la venganza siguiera creciendo en su interior, justificándose en la teoría de Elena Moreno de que solo era una fantasía. «Nuestros pensamientos más oscuros no representan lo que somos o lo que haríamos, ni siquiera son indicativos de un deseo sincero de que se cumplan». Repetírselo le permitió distanciarse de los reparos morales y planear el cómo, cuándo y dónde lo haría. Se decía que, llegado el momento, volvería a meter aquel deseo oscuro en el baúl de las locuras irrealizables. Recreó diferentes escenarios, desechando los que presentaban dificultades operativas o éticas. No tenía pistola ni sabía dónde conseguir una; el apuñalamiento implicaba un sadismo del que se sentía incapaz; y un golpe, por fuerte que fuera, no garantizaba un resultado letal. Estaba la posibilidad de contratar a alguien, que ofrecía la ventaja de abrir una confortable distancia con la víctima. En el barrio se rumoreaba que los yonquis del descampado hacían ese tipo de trabajos si estaban lo suficientemente desesperados por su dosis. Lo descartó también, por contradictorio: ¿qué culpa tenían aquellos pobres demonios de lo de Marta? Si los implicaba, aprovechándose de su situación, ¿no estaba solventando una injusticia y provocando otra?

Tras haber barajado todas las maneras de matar, escogió la que le pareció más racional, medida y reparadora: un atropello. Bosco Zabala moriría en el asfalto, como Marta. El arma utilizada sería la misma, un coche. Y no se mancharía las manos de sangre. No era un asesino. Solo un verdugo dispuesto a cumplir una sentencia, nada más.

Escogido el método, ensayado el acto mismo de la violencia una y otra vez en su mente, la fantasía tomó vida propia y escapó a su control. El cadáver de Bosco Zabala, tendido sobre el asfalto, irrumpió en sus pensamientos mientras daba clases en el instituto, en la cola del supermercado o en la soledad del piso de Villaverde. Sintió el poder liberador de la venganza y la culpa una vez consumada. Cuando llamó a Maldonado, ya no sabía si lo hacía con la esperanza de que reafirmara su decisión o se la quitara de la cabeza. Su amigo respiró hondo, lanzó un largo suspiro y respondió a la pregunta de Luis de si hablaba en serio con otra:

—¿Tú te acuerdas de cómo me llamaban en el colegio?

Aunque lo recordaba, Luis negó con la cabeza.

Maldonado era el más obeso de las tres clases de primaria. Tenía dos pelotas de tenis en los mofletes, papada antes de cumplir los diez y una barriga redonda y expansiva que lo descartaba para el deporte, la popularidad o la atención de las chicas, que se burlaban de él. Lo llamaban Hipo, un mote que había sobrevivido a su edad adulta y todavía se escuchaba a sus espaldas en Villaverde, aunque, al ganar en altura, aquella gordura adquirió una proporcionalidad menos llamativa.

—¿Y recuerdas el día que estaba en el patio y me rodeaban esas hienas de Gallego y el otro, Víctor Cano? «Hipo, Hipo, Hipo...».

—Menudos cabrones, de esos me acuerdo.

—Pues bien, aquel día, un tipo sin media hostia, tirando a feúcho y bastante pringao se metió en medio y se puso a mi lado. Si me pegaban a mí, le pegaban a él también. ¿Sabes quién era?

—¿Quién?

—Tú, mamón.

—Tú habrías hecho lo mismo.

—Lo que quiero decirte es que estoy contigo. Si me

miras a los ojos y me dices: «Oye, Maldo, no puedo vivir mientras ese hijo de puta siga libre, toda esta mierda me está quemando por dentro y...». Pues entonces, por ti, por tu niña, por nuestra amistad, yo no te voy a fallar.

—No te lo estoy pidiendo.

—Pena de muerte, Luis. Eso es lo que hace falta en este país. ¿Por qué no hay ladrones en esos países árabes? Les cortan las manos y se acabó. A ver quién tiene huevos de robar ahora. A los violadores los castran y a los asesinos les cortan la cabeza como a pollos en la carnicería. —Se pasó el dedo índice por el cuello—. Ni putos derechos humanos ni mierdas de esas. Al hijo de puta, su misma medicina.

—Me dijo Cabrera que ve difícil lo del recurso. Ese no vuelve a la cárcel.

—Quiero a Cabrera tanto como tú, Luis. Pero, joder, que a estas alturas siga creyendo en las leyes..., te juro que no lo entiendo. Lo que te han hecho..., eso no lo aguanta nadie. Te voy a decir lo que pienso. Tú no eres Chuck Norris, así que déjate de gilipolleces. Eres un puto profesor de música al que le han jodido la vida. Darle matarile a alguien no es como..., no es como aplastar al polluelo de mirlo que encontramos tirado el otro día. Tú jamás te cargarías a una persona, aunque sea un hijo de perra.

—Ya no sé quién soy, Maldo. Es lo que intento explicarte. Ya no.

Bosco tomó el desvío hacia el Colegio Escandinavo y aceleró el paso al adentrarse en una calle flanqueada por solares con carteles que anunciaban nuevas promociones en los terrenos adyacentes a La Moraleja. Las grúas, que se expandían más allá de donde alcanzaba la vista, estaban paralizadas por la crisis y no había obreros trabajando. «Un lujo a tu alcance». «Un oasis en Madrid». «La vida que siempre soñaste». El joven Zabala se detuvo a la altura del Pony Club, continuó trotando sobre el sitio, se quitó la capucha y miró a ambos lados con intención de cruzar la calle. Maldonado retiró el pie del acelerador del Škoda para dejarlo pasar, él amagó con avanzar y reculó, cediéndoles el paso.

—Mierda, qué hacemos.

El objetivo estaba a veinte metros, treinta quizá.

—Sigue —dijo Luis.

Pasaron a su lado, lentamente. Maldonado se cubrió el lado derecho de la cara con una mano, mientras manejaba el volante con la otra; Luis, con la frente pegada en la luna lateral, clavó los ojos en Bosco y sus miradas se encontraron durante unos instantes. Según lo iban dejando atrás, retorció el cuello para no perderlo de vista.

—¿Crees que te ha reconocido?

Su amigo no respondió. Volvió la mirada al frente y buscó el reflejo del homicida en el retrovisor. Mientras su figura empequeñecía en el espejo, hasta convertirse en un punto insignificante en la distancia, la imagen de sus ojos quedó grabada en su mente. Vacíos. Impunes. Indiferentes. La ira contrajo sus facciones y aceleró el pulso de su corazón. Su pecho se hinchaba y deshinchaba con respiraciones rápidas. Maldonado iba a detenerse, alarmado, cuando Luis cerró los ojos, lanzó un largo suspiro y se calmó, dejando caer todo su peso sobre el asiento.

Todas sus dudas acababan de ser resueltas. Deseaba la muerte del kamikaze de una manera urgente e irresistible. Lo habría hecho allí mismo si hubiera estado al volante en el lugar de Maldonado. Supo que al día siguiente seguiría deseando su muerte y al otro aún más.

Elena Moreno sostenía que el dolor no desaparecía con la muerte de la persona que nos lo causó. Estaba bien: podía vivir con el dolor. Era la injusticia lo que se le hacía insoportable, la idea de no resarcir la muerte de su hija. Que hubiera sido en vano. Vengaría los días que Marta no viviría, los lugares que no conocería, los pacientes que no curaría, los besos que no daría, los amores que no lloraría, los hijos que no confortaría, los abrazos que no recibiría... Vengaría todos y cada uno de los sueños que no cumpliría.

Maldonado guardó silencio en el trayecto de regreso a Villaverde. Observaba a Luis por el rabillo del ojo, sin saber cómo animarlo. Quiso decirle que podía desahogarse, gritar, llorar o pegarle puñetazos al salpicadero del taxi; adelante, todo tuyo. En varias ocasiones tuvo en la punta de la lengua palabras que confirmaran su ofrecimiento de ayudarlo a tomarse la justicia por su mano, aunque deseaba que no lo hiciera. Unos años de cárcel se le hacían soportables; la idea de abandonar a la familia no. El taxi ponía la comida sobre la mesa. Todavía le quedaban ocho años para jubilarse. Por mucho que odiara las tardes al volante, por doloridos que tuviera los riñones, debía aguantar al menos hasta que Raúl, el mayor de sus tres hijos, tomara el relevo. Aborrecía la idea de que siguiera sus pasos —otro Maldonado desperdiciando su vida en un coche—, pero el chaval no quería estudiar y los trabajos en la construcción escaseaban. Pasó de ganar más que él a no ganar nada. La mitad de los chavales de su instituto dejaron los estudios por la promesa del dinero fácil. Ahora vagaban todo el día, ni estudios ni trabajo. El chico se pasaba las horas en el parque con los amigotes entre porros y calimocho. Cuántas veces le dijo que aquel caramelo lo encadenaba a una vida sin futuro, pero tenía la edad en la que el futuro es un estorbo. Importaba hoy, nada más. Maldonado sospechaba que trapicheaba con droga. Las malas compañías. Salía de casa y volvía dos días después. Una tarde lo llevó a un descampado en Colmenar y le enseñó a conducir. Lo vio en su cara: le gustaba. Si se sacaba el carné podía sustituirle, primero unas horas a la semana y después los fines de semana. «O sea, que quieres para tu hijo lo mismo que maldices tú cada día», le dijo su mujer cuando le contó sus planes. ¿Qué otra opción tenía? ¿Era mejor volver a casa molido de la obra y envuelto en polvo tras haberse pasado el día construyendo para otros la vida que él nunca tendría?

Llegaron a Villaverde y Maldonado seguía dándole vueltas. Vamos, díselo. Dile que hablas en serio y que puede contar contigo. Solo tienes que fijar el día, amigo. Lo esperaremos a la salida de esa mansión de tres chimeneas y lo haremos, juntos. Hoy por ti, mañana por mí. Luis abrió la puerta del taxi y se despidió con un «gracias» casi inaudible. Maldonado lo dejó marchar sin decirle nada, siguiéndolo con la mirada mientras caminaba hacia el portal. Él, que siempre tenía algo que decir.

21

LA PROMESA

El concesionario de Chollocoches ocupaba una nave del tamaño de un campo de fútbol en Villaverde Alto. Hileras de vehículos perfectamente aparcados, lavados y encerados esperaban a ser vendidos, cada uno con un letrero chillón pegado a la luna delantera que los etiquetaba como «rebajado», «oferta del mes» o «Chollocasión».

Fran Sotillos mostró a Luis Delgado el *stock* disponible mientras sorteaban los vehículos. Los tenía de todas las categorías y cilindradas, originales y tuneados, modernos y clásicos, con extras o básicos. ¿Manual o automático? ¿Tres o cinco puertas? ¿Uno o dos años de garantía?

Luis se mostró desinteresado en los detalles:

—Algo sencillo. Da lo mismo.

—Un cliente fácil —dijo Sotillos—. Más raro que encontrarse un búho real en la Casa de Campo. ¿Vendrás el domingo? Tenemos excursión y comida.

—No voy a poder.

—Bueno, pues al siguiente. Los pájaros seguirán allí.

—Tengo algo de prisa, Fran. ¿Qué tal ese de allí, el rojo?

—Un pepino. Mégane Grand Tour dos punto cero, ciento veinte caballos, seis velocidades. —Sotillos buscó el precio en el listado—. De cero a cien en nueve segundos. Esto... Me va a matar mi jefe, pero que le den. Nueve mil pavos y es tuyo, depósito lleno de gasolina y seguro de un año. Si lo prefieres a plazos, hablamos con el financiero.

—¿Cuándo me lo entregarías?

—Ya están matriculados y tienen todos los permisos. En cuanto tenga confirmación de la transferencia, te lo llevo a casa. Así somos; servicio a domicilio, como las pizzas.

Sotillos había recuperado su trabajo en Chollocoches tras dos años en el paro. «Todo el mundo merece una tercera oportunidad», le dijo su jefe, Camilo Ramos, cuando lo llamó.

La crisis había relanzado el negocio de vehículos de segunda mano. Miles de personas no podían hacer frente a las letras y los vendían con descuentos, una oportunidad para tipos que, como Ramos, tenían músculo financiero para pagar al contado. La gente se presentaba en el concesionario tras haber perdido el trabajo y la casa. Solo les quedaba el coche y se desprendían de él por lo que les ofrecieran. Llegaban clientes que habían pagado ya dos tercios del crédito al banco, mes a mes, pero al retrasarse en los últimos recibos los embargaban de todas formas. O se deshacían del coche o perdían ambos: el coche y el dinero invertido. Sotillos sabía que los tenía en sus manos desde el mismo momento en que cruzaban la puerta del concesionario. Les daba cotizaciones absurdamente bajas y, aunque se sentía miserable, pensaba que bastante había hecho el gilipollas en la vida. ¿Por qué siempre tenía que perder él? Cincuenta y tres años, soltero, sin casa en propiedad ni un duro en el banco. Era su último tren, así que apretaba los dientes, apremiado por su jefe, y se aprovechaba de los desesperados: «Lo siento, es todo lo que podemos pagar. Lo toma o lo deja».

Lo tomaban y en el momento de la firma apartaba la vista del contrato, lleno de letra pequeña y penalizaciones. Tenía grabada la imagen de un tipo de Carabanchel que llegó en un Maserati Quattroporte y lo vio marcharse, derrotado, en un bus de la línea 412. Su negocio de andamios para obras se había hundido. El sueño de la sociedad igualada hacia arriba, impulsado por gente pequeña con grandes ambiciones, se había derrumbado. Camilo Ramos se lo explicó a Sotillos con su visión de comercial: «Lo que no podía ser es que el obrero creyera que podía conducir el mismo coche que el banquero».

Sotillos se presentó en casa de Luis con el Mégane tres días después.

—Revisado y a punto —dijo—. Chollocoches le agradece que haya confiado en nosotros.

Lo que no entendía era para qué quería su amigo el Mégane, si nunca le gustó conducir y el trabajo le pillaba al lado. Y después de lo de su hija.

—Un viaje —dijo Luis.

—¿Adónde?

—Todavía no lo sé.

Sotillos carecía de talento para leer los estados de ánimo, salvo de los pájaros. Insistió en ofrecer a su amigo rutas con buenos avistamientos.

—Si puedes date una vuelta por la Laguna de Gallocanta, entre Zaragoza y Teruel. Las grullas en vuelo rasante, eso es otra cosa. Estuve el año pasado. Tenían chotacabras, alondras, trigueros...; un paraíso. Llegas en poco. Si quieres te acompaño y probamos el bólido. En menos de tres horas estamos allí. ¿Qué me dices?

—Gracias, Sotillos. Lo pensaré.

—Claro, claro. Cuanto quieras.

—Oye, otra cosa. No le digas nada a Maldo todavía. Quiero darle una sorpresa.

—Labios sellados.

Luis ocultó a Maldonado su determinación de llevar a cabo la venganza de Marta y su intención de hacerlo solo, sin su participación. Era su hija. Su rabia. Su decisión. Estúpida e irracional, pero suya. Los días posteriores al espionaje en La Moraleja evitó a su amigo y, cuando lo llamó por teléfono, fingió estar de buen ánimo. Le preguntó si iría a la excursión del domingo y puso una excusa: tenía que preparar el concierto de Navidad del instituto.

Por las noches, deambulaba por la casa y articulaba su plan. Esperaría al asesino de Marta apostado en el mismo lugar donde lo había vigilado con Maldonado. Desconocía sus rutinas y horarios, por lo que asumió que tendría que hacer guardia el tiempo que hiciera falta. Le preocupaba levantar sospechas o que los guardaespaldas alertaran a la policía y se arrepintió de haber escogido un coche rojo. Demasiado llamativo. Calculó que podría acometer el atropello en tres momentos. Frente a la casa, embistiéndolo nada más salir; en la curva al final de la calle, donde le bastaría con ocupar una parte de la acera para arrollarlo; o en los descampados llenos de grúas y construcciones inacabadas, si repetía el recorrido de la otra vez. Optó por la opción más rápida, frente a la casa, porque evitaba imprevistos y dudas de última hora.

El Mégane aceleraba de cero a cien en nueve segundos, según Sotillos. Teniendo en cuenta la distancia, golpearía el objetivo a sesenta, setenta kilómetros por hora. ¿Sería suficiente? Previó que instintivamente su pie derecho se movería hacia el freno y decidió evitarlo atándolo al pedal del acelerador con el cordón de su zapato. No bajaría del coche: inmediatamente después, conduciría a la comisaría de Alcobendas y se entregaría. Diez, veinte años de prisión. No le importaba. El futuro era una mentira, se dijo. Al menos para él, no existía.

Perfilados los detalles de la acción, seleccionó la fecha. Se plantó frente al calendario que colgaba de la nevera y dibujó un círculo alrededor del 19 de diciembre. Las clases del instituto terminaban el día antes, con la celebración del concierto de Navidad. Dejó el rotulador sobre la encimera, caminó hasta la librería del salón y escogió el álbum de fotos familiar. Era un Hofmann, con el lomo de una enciclopedia, grueso y con hojas autoadhesivas. Las imágenes estaban ordenadas cronológicamente. Lola y él paseando por Campanario, de novios; enfundada en el traje de novia que le había prestado una amiga recién casada; con Marta descansando sobre su pecho, después del parto... A veces abría el álbum al azar, se detenía en una foto de su mujer y mantenía con ella una conversación fictícia. La invocaba sobre todo cuando necesitaba aclarar su mente o sucumbía a la indecisión, el defecto al que atribuía el incumplimiento de las expectativas de su vida. ¿Por qué no protestó cuando lo descartaron para el Conservatorio, aunque reunía los méritos, y persiguió hasta el final su sueño de ser músico? ¿Por qué no tuvo el segundo hijo que le pedía Lola, antes de que fuera demasiado tarde? Una vez supo que no se construiría un parque frente a su casa, ¿por qué no se mudó a otro lugar? Durante años, lo despertaron los alaridos de los muertos vivientes del descampado, retorciéndose en mitad de la noche por el síndrome de abstinencia. Mil veces se dijo que, a la mañana siguiente, pondría el piso en venta.

Si lo hubiera hecho, Marta estaría viva.

Lola conocía mejor que nadie su carácter de rebelde indeciso y lo enfrentaba a sus contradicciones sin herir su orgullo, obligándolo a contemplar las cosas con distancia. Él siempre fue el más emocional de los dos. «Sé lo que estás pensando», dijo en alto mientras paseaba el dedo índice por la silueta de su vestido de boda.

«Si es que es una locura, Luis».

«¿Y no lo es que ese chico esté libre y siga con su vida, sin más?».

Cerró el álbum para no escuchar los reproches de su mujer.

El domingo recibió la visita inesperada del cabo Jorge Santos, uno de los guardias civiles que le dio la noticia de la muerte de Marta. Dijo que estaba en el barrio para visitar a unos parientes y pensó que sería buena idea saludar y ver cómo andaba. En realidad, Elena Moreno lo había llamado, preocupada después de su última sesión con Luis. Santos le pareció una opción intermedia entre la traición al secreto profesional que habría supuesto alertar a los Zabala y la responsabilidad de prevenir un acto irracional de su paciente. El cabo prometió pasarse.

—No quiero molestarlo —dijo—. Si me invita a un café..., en cinco minutos me tengo que marchar.

—¿Vive lejos? —preguntó al agente.

—Tres Cantos.

Hablaron de sus trabajos, como profesor de música y guardia civil, algo sobre fútbol, y Luis se interesó por la familia del cabo. Venía de una larga tradición de guardias civiles: su abuelo y su padre sirvieron en la Benemérita. Él creció en la casa cuartel de Oñate, en el Alto Deva, durante los años de plomo de ETA. El coronel Manuel Santos, su padre, estaba a cargo de la unidad de artificieros y, aunque los registros eran confidenciales, tenía el récord de desactivación de explosivos en la historia del cuerpo. Cuando encontraban una bomba y el dispositivo presentaba complicaciones, daba igual que fuera en Málaga o Gerona, llamaban al coronel Santos. Jorge y sus hermanos crecieron entre la hostilidad y el rechazo. Las familias de los guardias civiles vivían separadas de la comunidad, en lo que ellos mismos llamaban «el fuerte de Oñate». Pancartas y pintadas pedían en las calles la expulsión de los *txakurras*, o perros españoles; los hijos de los guardias sufrían acoso en el colegio, incluso por los profesores; en algunas tiendas no les servían. Pero el cabo guardaba buenos recuerdos de aquella niñez, protegida tras los muros del cuartel, donde los amigos eran como hermanos y los padres cuidaban de todos, en una especie de comuna de la ley y el orden. Por eso cuando le preguntaban de dónde era, Santos no se identificaba con una ciudad o pueblo en particular. Él era de la casa cuartel.

—¿Tiene usted hijos?

—Dos. Lourdes, de tres años. Santi nació en octubre. Creo que cualquiera que haya sido padre comprende... Yo sentí mucho lo de su hija.

—Gracias.

—¿Qué planes tiene para Navidad, señor Delgado?

—Tengo una hermana en Oviedo y me ha invitado a pasar allí las fiestas. Lo tengo que pensar. Soy poco de celebraciones.

—Es bueno estar en compañía estos días.

Luis se ausentó para traer café.

—¿Puedo preguntarle algo? —dijo al volver.

—Por supuesto.

—¿Cómo fue lo de mi hija?

—Bien, creo que la sentencia se ajustaba a lo ocurrido. Aquel chico... iba bebido y se metió en dirección prohibida. Siempre me quedó la duda de si había sido una confusión o un acto deliberado.

—Me refiero a Marta. Cuando llegaron... ¿Ella estaba...?

El cabo se inclinó hacia atrás, como si pudiera esquivar la pregunta.

—No se preocupe. Puedo soportarlo. Dígame la verdad, se lo ruego.

En las pesadillas que lo transportaban al accidente del kilómetro 9, a veces todo ocurría de forma diferente. Antes de salir aquella noche comprobaba que el extintor estaba en el maletero, llegaban a la escena y apagaba las llamas, rescatándola a tiempo. Pero más a menudo lo atormentaban las últimas palabras de Marta Delgado —«No... No quiero morir»— y su mirada pidiéndole una ayuda que fue incapaz de darle. Su rostro, desfigurado por las llamas, se colaba en su mente mientras esperaba el autobús, al recoger a sus niños en la guardería o cuando hacía el amor con su mujer. Aquellos ojos..., los más abiertos que había visto nunca.

—Señor Delgado —lo miró de frente para mentir mejor—, cuando llegamos al lugar del siniestro su hija estaba muerta. Fue una muerte instantánea. Puede tener el consuelo de que no sufrió.

—Entonces, ¿no dijo nada?

—Lo siento.

—Se lo agradezco. Hicieron ustedes lo que pudieron.

—Créame que lo hicimos. Respecto al chico que provocó el siniestro... Quería decirle que entiendo la rabia que debe sentir en su interior. A veces nosotros, como agentes de las autoridades, compartimos esa impotencia.

Escrutó la mirada de Delgado en busca de signos de un hombre perturbado y a punto de cometer una locura, sin encontrarlos. Si había perdido la razón, lo ocultaba bien. ¿Qué haría él si un borracho matara a su hija, dentro de unos años? Estaba ahí para evitar un acto que comprendía y con el que estaba de acuerdo.

—Nuestro sistema no es perfecto y comete errores —dijo levantándose para despedirse—. Siento que le haya tocado a usted. Me tengo que marchar ya. Pero le agradezco mucho el café y la charla.

—Siempre es usted bienvenido.

—Esto que le voy a decir es difícil de entender. —Santos reforzó la mentira sobre el final de Marta según salía por la puerta—. Creo que su hija se marchó en paz, señor Delgado.

La víspera de la fecha escogida para vengar la muerte de Marta, Luis Delgado se presentó en el instituto Antonio Machado para dirigir el concierto de Navidad. La primera banda en aparecer sobre el escenario del salón de actos fueron Los Bastardos. La formaban Alberto García en la batería, el guitarrista Joel Romero; el bajo Pol Encinas; y la vocalista Paula Tejada, la única que tenía la longitud de cabello que se esperaba de un grupo de *heavy metal*. Los demás compraron pelucas y completaron su disfraz con chupas de cuero, muñequeras de pinchos, camisetas negras sin mangas y cintas de pelo. Tocaron *Breaking the Law*, de Judas Priest; *Hysteria*, de Def Lepard; y *El pobre*, de Barón Rojo. Los siguieron Los Sur, con un repertorio de pop español pegadizo de los ochenta que incluyó temas de los Hombres G y Tam Tam Go!; y después El Chico, un cantautor de voz ronca y letras ininteligibles. La idea de Luis Delgado era mezclar estilos y lanzarlos al escenario de mayor a menor ruido, en preparación de la sorpresa final de Almudena Ribas, que cerraría el espectáculo. Pero a cinco minutos de su intervención, los estudiantes encargados de producción alertaron al profesor Delgado de que no encontraban a Almudena.

Luis corrió por los pasillos, subió a la segunda planta y

la localizó en el aula de música, sentada sobre el suelo con la cabeza entre las piernas.

—Almu, deprisa, es la hora. ¿Qué pasa?

—No puedo, profe. No puedo salir.

—Pero... qué dices. Hay ciento cincuenta personas esperando.

Levantó la mirada y su alumna mostró sus ojos asustados y llorosos.

—Pensé que podría...

Se sentó a su lado y puso una mano alrededor de su cuello.

—Vamos, esto son nervios, nada más. Sácalos. Llora. Llora todo lo que haga falta.

—¿Y si no les gusta?

—Oh, les vas a encantar.

Luis recordó un truco que un profesor le enseñó en sus primeros conciertos juveniles.

—¿Sabes?, en realidad no hay ciento cincuenta personas sentadas en el auditorio. Es una sola. Una persona, nada más. Ahora dime quién quieres que esté ahí. Quién te gustaría que te escuchara cantar, alguien especial...

—¿Mi padre...?

—El señor Juan Ribas. Muy bien. Cuando salgas ahí fuera, verás sentados delante de ti a ciento cincuenta Juan Ribas. Tú cierra los ojos.

Los cerró.

—Ponle rostro a tu padre.

Se lo puso.

—Ahora imagínatelo sentado en primera fila.

Lo imaginó.

—Olvídate de todos los demás. Mira a la izquierda, donde está otro Juan Ribas. Y detrás, otro. Todo el público es una sola persona, escuchándote.

Almudena rio, secándose las lágrimas con la manga de la camisa.

—Canta para Juan Ribas y olvídate de todo lo demás. Lo vas a hacer muy bien.

Pasó los pulgares por sus ojos, secándole las últimas lágrimas, y la ayudó a incorporarse.

—Y ahora respira hondo y sal a por todas.

Caminaron por el pasillo, entraron por el bastidor y la llevó al camerino, donde Almudena Ribas se enfundó un traje rojo con volantes y un collar de perlas falsas. Rechazó los tacones por miedo a caerse, esperó la señal y caminó sigilosa sobre un escenario bajo un solemne silencio, roto solo por ocasionales carraspeos del público. ¡Plum! Un foco de luz apuntó al centro del escenario e iluminó un cuerpo frágil, casi invisible en la inmensidad del salón de actos. Todo le quedaba grande: el vestido, los zapatos de charol y el auditorio.

El sonido de los violines y las cuerdas bajas irrumpió en la sala, envolviendo al público con el misterio y la melancolía del arranque de «Teneste la promessa», de *La traviata* de Verdi. Sin presupuesto, Delgado había formado una orquesta improvisada con sus estudiantes más avanzados y amigos del mundillo.

Almudena cerró los ojos, como le había indicado su profesor; imaginó a su padre sentado en la primera fila; vio a su lado a muchos Juan Ribas, vestidos con la misma camisa blanca y chaqueta de pana; y esperó a que el oboe y el clarinete, acompañados de los demás instrumentos de viento, le anunciaran el momento de arrancar. Emitió una línea vocal larga y melodiosa, mientras se fundía en el personaje de Violetta para leer la carta de Alfredo Germont, su amante imposible, y cantar su desamor en italiano. El público seguía la función con congoja, dejándose traspasar por cada nota.

Adiós a los hermosos sueños risueños del pasado.
Las rosas del rostro ya se han marchitado.
Me falta el amor de Alfredo, alivio y sostén de mi corazón
cansado.

Siguieron la furia y la desesperación. Almudena subió la intensidad, se dejó caer al suelo y proyectó su voz por encima de la orquesta, cantando un lamento que emergió de lo más profundo de su pecho, cogió fuerza en su garganta y atravesó a cada una de las personas que llenaban el auditorio en diez segundos de canto sublimes e interminables.

Ah, todo ha terminado...

La joven soprano moldeó su voz, sucumbiendo a la resignación desesperada de Violetta:

La dicha y los dolores pronto tendrán fin.
La tumba es el fin de todos los humanos.
En mi fosa no habrá ni lágrimas ni flores.
Ninguna cruz cubrirá estos huesos...

Llenó los pulmones de aire, abrió el diafragma, destensó las cuerdas vocales y, con el pecho inflado y, ahora sí, los ojos abiertos, vació su voz, infinita y profunda, una última vez.

Ah, todo ha terminado.

Hubo un espacio de tres, cuatro segundos, hasta que el público salió de su estupefacción, incapaz de reaccionar. Y después, una ovación en forma de trueno, repentina y visceral, con gritos de ¡bravo, bravo! Almudena se inclinó ligeramente hacia delante, se incorporó y recibió a sus compañeros de concierto, que salieron en tromba a abrazarla. Volvieron otras cuatro veces al escenario antes de que el telón cayera por última vez. Se felicitaron entre bastidores, jubilosos. Almudena buscó al profesor entre el barullo, pero se había apartado para que sus estudiantes no lo vieran emocionarse. Cuando se recompuso, volvió con ellos y les dijo lo orgulloso que estaba, pidiéndoles que nunca, nunca, jamás escucharan a quienes les dijeran que no podían hacer algo. Dejó el discurso a medias, porque volvió a emocionarse, y entre saludos agarró su maletín de cuero marrón y se marchó, dejando a los alumnos que siguieran celebrando el éxito. Caminaba por el pasillo hacia la salida cuando el director lo llamó desde la distancia.

—¡Luis! ¡Luis!

Mariano Salinas corrió hacia él con pasos cortos y los pies muy juntos.

—Solo quería felicitarlo —dijo cuando lo tuvo enfrente—. No dejo de recibir llamadas de padres entusiastas. Y pensar que dudé de usted. Esto ha sido..., yo... no tengo palabras. Espero que sepa perdonarme.

—Los chavales han hecho un gran esfuerzo. Me alegro de que les haya gustado.

—¡No les ha gustado! Están en una nube. Ha sido increíble.

—Gracias, director. —Luis le extendió su mano y se la estrechó con firmeza—. No puedo decir que siempre fuera un placer trabajar con usted, pero creo que le importa el colegio. Cuide a los chicos. ¿Hará eso por mí?

Salinas quedó contrariado por el tono de despedida.

—Nos vemos tras las vacaciones. Ocho de enero, no se olvide.

A quien corresponda:

Escribo estas líneas en completo dominio de mis facultades físicas y psíquicas. He actuado solo. Ni en la planificación ni en la ejecución de la acción que les ha llevado hasta mi casa he contado con la colaboración de nadie. No estoy orgulloso ni arrepentido. No tenía otra elección. Solo quise justicia para mi hija y la única manera de conseguirla ha sido quitándole la vida a otra persona. Pido perdón a sus seres queridos, en especial a sus padres. Nadie sabe mejor que yo lo que les he robado. Soy culpable, pero no el único culpable. Me dispongo a pagar el precio que me corresponde.

Atentamente,

LUIS DELGADO SORIA

Luis dejó la carta con su confesión sobre la mesa del salón, en un lugar visible. Esperaba que la policía la encontrara cuando registrara el piso. Admitía su crimen, aunque no creía que lo fuera. ¿Venganza? No le gustaba la palabra. Tenía una connotación derrotista y delictiva, de mal perdedor. Prefería «justicia». «Reparación». «Insurrección». Se consideraba eso que viene a llamarse «un ciudadano ejemplar». Pagaba sus impuestos, bajaba la basura cuando tocaba, no molestaba a los vecinos y respetaba las reglas. Un par de multas de tráfico, eso era todo. Era un hombre sin enemigos, prueba quizá de que había pasado por la vida sin hacer nada relevante.

Si había liderado las protestas contra la promoción de viviendas de Villaverde, si reunió firmas y pidió a Cabrera que ayudara a frenar el proyecto en los juzgados, no fue porque se sintiera estafado por el letrero que lo llevó a comprar su piso. Lo devoraba por dentro ver a los tramposos ganar una y otra vez. Jugaban con las cartas marcadas y la complicidad de los resignados. Y él había sido uno de ellos. Aceptó hacer la mili en Badajoz y, aunque no se arrepentía —en su destino extremeño conoció a Lola—, vio como reclutas que venían de familias bien escogían cuarteles a dos paradas de autobús de sus casas. Lo relegaron en las listas para entrar en el Conservatorio y lo aceptó. Pidió una hipoteca para comprar el piso de Villaverde y le explicaron que, a menor sueldo, mayor el interés y las comisiones. Firmó. Le había tocado viajar por la vida en el vagón de segunda clase. ¿Debía también asumir la impunidad del asesino de su hija, solo porque él iba en el vagón de primera? No, no se consideraba el único culpable de lo que iba a hacer. Sabía que su eximente serviría de poco: una persona ordinaria, empujada por el sistema al lugar donde un hombre ya no tenía nada que perder.

Bajó la persiana del salón y advirtió que estaba desnivelada. Un halo de luz se colaba por una rendija. Pensó en llamar a alguien para que la arreglaran y enseguida cayó en que sería una pérdida de tiempo. Mañana no estaría allí. Ni al otro día. O al siguiente. Hizo su cama y revisó los cajones de la mesilla de noche. Encontró algunos recibos de la compra, unas gafas de sol con uno de los cristales rotos y el libro *Las mil mejores poesías en lengua castellana*. Una marca, en la página trescientos sesenta, lo llevó al último poema que leyó a Lola antes de morir.

Arco iris, de Benedetti.

Guardó el libro, el neceser con los productos de limpieza y unas chanclas en la bolsa de deporte. Quitó el envoltorio de un ambientador antipolillas y lo colgó en el armario, junto a la ropa que no se llevaría. Quería proteger sus trajes. Tenía dos: el azul y el gris. Aunque preveía estar fuera mucho tiempo, hizo un equipaje ligero y limpió la casa a conciencia. Bajó a la barbería, se cortó el pelo y dejó que lo afeitaran a navaja. Escogió ropa cómoda, unos vaqueros anchos, una camisa de cuadros y un jersey de punto. Y el abrigo de felpa negro. Miró debajo de la cama para comprobar que no se dejaba nada, echó un último vistazo y salió.

Cruzó al cuarto de Marta y despegó su fotografía favorita del corcho de la pared. Daba igual las veces que las mirara: todavía lo sorprendía cuánto se parecían madre e hija. El pelo, oscuro y ondulado; la cara redonda, con la expresión dulce; los ojos grandes y brillantes, de lechuza; y esa misma expresión de picardía bondadosa que parecía decir: «Sabemos algo que tú no». Pensar en los momentos desperdiciados lo entristeció. Los paseos por el Retiro que no propuso, los abrazos que no dio, las conversaciones que dejó para más adelante... Si hubiera imaginado que un día no estarían, que tendría que conformarse con una imagen en papel, cuántas horas más no habría pasado contemplándolas.

Solo contemplándolas en silencio.

Deslizó la fotografía en el bolsillo derecho del abrigo, cerró la puerta y caminó por el pasillo hacia la puerta. En el recibidor desconectó los fusibles de la electricidad, cogió un paraguas y corrigió el retrato de su mujer, aunque estaba perfectamente alineado.

—Sé que estás enfadada y no te culpo —le dijo—. Yo también lo estoy conmigo. Un día lo entenderás.

En la calle lo recibió un aire gélido y un cielo encapotado. Miró desorientado a su alrededor; no recordaba dónde había aparcado el Mégane. Lo vio al otro lado del descampado y decidió atravesarlo, incumpliendo las instrucciones que solía dar a su hija para que lo rodeara. Varios yonquis compartían una barra de pan y embutido alrededor de una fogata, junto a los carteles que anunciaban la próxima construcción del parque de Villaverde. Rosa, la preferida de Marta, le salió al paso.

—¿No tendrá unas monedas, don Luis?

—Voy con prisa.

Aceleró el paso para dejarla atrás y ella lo siguió renqueante.

—¿Dónde estuviste? —le preguntó él—. Hacía tiempo que no te veía.

—En la cárcel. —La mujer hizo un puchero de niña arrepentida—. Pero no fue un delito de sangre, no crea. Un euro me vale.

—No llevo nada, lo siento.

—Sentí mucho lo de su hija.

—Gracias.

—Cuando le faltaba de lo suyo, yo la prestaba. Deme algo, ande.

—¿Qué quieres decir que la ayudaste? —Luis detuvo y fijó una mirada de profesor severo en la drogadicta—. ¿Qué la prestaste?

—Alguna vez vino con ese chico a comprar. El Javi.

—Mi hija no...

—No, don Luis. Claro que no... Si me da algo, necesito comprarme un vestido. Mire, mire...

Se abrió el abrigo y mostró la tela rasgada que cubría su cuerpo a medias.

Sacó su cartera y le dio un billete de diez euros. La yonqui lo inspeccionó a contraluz, recelosa de su autenticidad, le agarró ambas manos y se las llevó a la boca para besarlas.

—Es mucho. Es usted un ángel. ¡Un ángel!

Subió al Mégane, arrancó el motor y encendió la calefacción. En la radio daban las noticias de las ocho. Un triple parricidio en un pueblo de Albacete: la policía todavía buscaba al autor. Datos del paro: una nueva subida elevaba la tasa al veintiséis por ciento. Una cumbre de la Unión Europea: Angela Merkel, la canciller alemana, proponía recortes en el gasto, lamentaba que los países del sur hubieran vivido «por encima de sus posibilidades» y alertaba de que llegaban años duros de austeridad y recortes. Después informaron del tiempo: previsión de nevadas en la mitad norte del país y centro, incluido Madrid.

No podía quitarse las palabras de Rosa de la cabeza. De repente, todo empezó a encajar en su mente. El informe toxicológico que mostraba el positivo de Marta por drogas y que justificó en una trampa de la defensa de Bosco Zabala. ¿Y si era verdad? Los meses antes del accidente había adelgazado mucho. Vestía camisas de manga larga incluso en días de calor. Cada vez se ponía más maquillaje y faltaba a clase a menudo, asegurándole que no se encontraba bien. «Cualquier día me la traes a casa», le había dicho cuando vio que le daba dinero a Rosa en el descampado. Sintió un escalofrío al recordar la historia que su hija contaba de la yonqui del parque. El novio que la enganchó, sus dificultades para salir del túnel oscuro en el que había entrado, la manera en la que su belleza se desvaneció, lentamente, los intentos de sus padres por salvarla... ¿Y si Marta le estaba contando su propia historia? ¿Y si le pedía ayuda sin pedírsela, para no hacerle daño? «Oh, ¡cómo pude estar tan ciego!».

El aire de la calefacción despejó el hielo de la luna delantera y dibujó un claro en forma de corazón. Luis emprendió la marcha justo en el momento en que caían los primeros copos de nieve. Accionó el limpiaparabrisas y las escobillas se movieron erráticas, arrastrándose a un lado y otro hasta que dejaron de funcionar. Se preguntó si la avería estaría cubierta por la garantía y enseguida cayó en la cuenta de que daba igual. Mañana no necesitaría el coche. Ni al otro día. O al siguiente.

Mientras sorteaba las calles de Villaverde en dirección a la M-30, pensó que el mal tiempo podría desbaratar sus planes. Tal vez ese día Bosco Zabala no saldría a correr. Quizá fuera mejor así. Regresaría a casa, subiría las persianas, desharía la bolsa, devolvería la fotografía de Lola y Marta al corcho y el domingo se iría de excursión a la Casa de Campo. Iba a echar de menos los avistamientos. Y a sus amigos de la Asociación Ornitológica. Al pesado de Maldonado, que solo callaba cuando estaba rodeado de pájaros; a Cabrera, un tipo justo; y a Sotillos, con esos silencios que hablaban más que mil palabras. Lo había encontrado mejor que nunca, enfundado en su traje de vendedor de coches de segunda mano. Rememoró los días en que quedaban los cuatro para ver *El hombre de Alcatraz*, la película sobre la vida de Robert Stroud que TVE reponía el menos una vez al año. Contaba la historia de un convicto cuya vida en la cárcel cambia cuando encuentra un gorrión en el patio y empieza a criar pájaros en su celda, convirtiéndose en un experto ornitólogo. En una escena, las autoridades negocian con Stroud, interpretado por Burt Lancaster, permitirle mantener sus bichos a cambio de cederles los beneficios de su cría y posterior venta. «Me vendría bien más espacio —dice Stroud sugiriendo una celda más grande como contraprestación—. Para mis pájaros».

¿No sería magnífico, se preguntó Luis, que también a él lo dejaran tener un gorrión en su celda? O un canario. Los canarios carecían de ansias de libertad. Sotillos decía que, aunque dejaras su jaula abierta, rara vez escapaban. Indefensos, expuestos a un orden natural donde ocupaban el escalafón más frágil, preferían la confortable cautividad.

Estaba a medio camino de La Moraleja, ya en la carretera de Burgos, cuando notó que su determinación flaqueaba. ¿Y si esperaba? Quizá en unos días recapacitaría y su deseo de matar a aquel chico se desvanecería, como los copos de nieve que golpeaban la luna del coche frente a él. Pisó el acelerador a fondo, como si quisiera huir de las dudas, y dejó atrás, uno a uno, los cambios de sentido que le ofrecieron la oportunidad de dar media vuelta. Recuperó la resolución. «Demasiado tarde para echarse atrás», se repitió.

Un hormigueo de anticipación recorrió su cuerpo cuando divisó el cartel que anunciaba el desvío a La Moraleja. Tomó la vía de servicio, dejó a un lado el mesón El Oso y salvó una curva cerrada a la derecha que lo dejó a las puertas de la urbanización. Redujo la velocidad mientras atravesaba un bulevar arbolado, llegó a una plaza con algunas tiendas y se desvió por el Paseo del Conde de los Gaitanes. Avanzó entre tapias y verjas que ocultaban las mansiones de la elite de Madrid.

A pesar del frío, le sudaban las manos. Sintió que le faltaba el aire y abrió la ventanilla, deteniéndose en el arcén. Una náusea se había instalado en su estómago desde hacía días. La atribuyó al odio, que lo enfermaba. Era un monstruo extraño e inédito que lo devoraba por dentro. Se convenció de que, solo si le daba lo que le exigía, lo dejaría en paz. Y entonces, descansaría al fin.

Reanudó la marcha, tomó una recta larga en bajada y cerró los ojos durante unos segundos. Llegó hasta la última rotonda antes de la casa de los Zabala y puso el Mégane en punto muerto. Cedió el paso a un coche. Luego a otro. Y a uno más. El conductor que esperaba detrás lo apremió con un leve toque del claxon. Encendió el intermitente e hizo gestos con la mano para que lo adelantara por la izquierda. Si al menos le hubiera pedido perdón; si hubiera derramado una lágrima, aunque solo fuera una; si hubiera mostrado culpa, arrepentimiento o empatía. «Estado de embriaguez evidente e incompatible con la conducción de vehículos motorizados», decía el atestado. Unos días después del accidente, volvió a irse de fiesta. La imagen que tenía de Bosco Zabala se había deformado en su mente hasta adquirir formas repugnantes. Y, al hacerlo, fue desprendiéndose de su propia humanidad, robándose a sí mismo de cualquier sentimiento que pudiera entrometerse en sus planes. Su objetivo no era ni joven ni viejo, ni rico ni pobre, hijo o hermano. Reducido a una no persona, solo veía al kamikaze que mató a Marta.

La luna delantera se cubrió de nieve mientras esperaba en la rotonda. Sacó la mano por la ventanilla y la apartó. Tres curvas más y estaría en la casa. Arrancó de nuevo, empujado por la irreversibilidad de las decisiones ya tomadas, sorteó lentamente las dos primeras curvas y se detuvo en el mismo punto donde hizo guardia con Maldonado. La Aurora, excesiva e inaccesible, con sus árboles gigantes y sus tres chimeneas emergiendo como cabezas de dragones, lo empequeñeció. Luces de Navidad y un ángel blanco, con las alas desplegadas, adornaban la entrada. Una humareda salía de las chimeneas y se perdía en el frío de la mañana.

Apagó el motor, buscó su abrigo en los asientos traseros, extrajo del bolsillo la fotografía de Lola y Marta en el Retiro y la pegó en el salpicadero. Cuánto daría por volver atrás y vivir un solo instante de su vida antes de que todo se desmoronara. Al momento en que vio a Lola por primera vez en El Flaco, intimidado por una belleza que le pareció inalcanzable; al nacimiento de su hija, cuando se abrazó jubiloso a las enfermeras que encontró por los pasillos del hospital; a la playa en Cádiz, para sentir los latidos del corazón de Marta golpeando su pecho y sus brazos intentando abarcarlos entero. «Yo siempre voy a estar contigo, papá». La facilidad con la que pudo haber burlado el destino rompió la placidez del recuerdo. Y si hubiera vendido el coche cuando quiso hacerlo; y si aquel día hubiera llevado a Marta al trabajo; y si hubiera llenado el depósito de gasolina, evitándole la parada para repostar... Habría bastado un instante, la más insignificante alteración en el orden de las cosas, en el mínimo espacio de tiempo, y sería otro padre el que estaría a punto de cometer una locura.

Transcurrieron dos horas sin que hubiera movimiento alguno frente a la casa. Pequeñas nubes de vaho salían de su boca, expulsadas por su respiración acelerada. Con las manos temblorosas, enderezó la fotografía del salpicadero. La calle estaba desierta. Una pareja de ancianos pasó a su lado con las cabezas metidas en sus abrigos, sin mirarlo. La nieve cayó con más fuerza y cubrió el asfalto con un manto blanco. Lo transportó a un día de nieve, muchos años antes, en el descampado de Villaverde. Marta y sus amigos se lanzaban por las pendientes, deslizándose sobre plásticos; los yonquis organizaban batallas de bolas de nieve, mostrando sus bocas sonrientes y desdentadas; y los ancianos caminaban a tientas, agarrados a sus hijos y sus nietos para no caerse. Ese día el vecindario tuvo, por unas horas, el parque que le habían prometido. Limpio. Blanco. Bello.

Luis vio a alguien abandonar la vivienda de los Zabala. Le costó distinguir quién era entre la nevada. Salió del coche y caminó unos metros por la acera para cerciorarse, regresó sobre sus pasos y entró en el Mégane. Era él, Bosco, enfundado en un abrigo de piel y una bufanda a cuadros. Agarró el volante con firmeza, apretó la mandíbula y tragó saliva. El corazón golpeó su pecho con violencia. Le pesaban las piernas y le costaba mover los brazos. Arrancó el motor y quitó el freno de mano. La silueta del asesino de Marta, difuminada en una bruma blanquecina, tenía un aire espectral. Dio tres golpes de gas al Mégane, como si quisiera probarse, y el joven Zabala se giró hacia él. Luis lanzó una última mirada a la fotografía de Lola y Marta, dio dos palmadas en su frente y cerró los ojos. «Oh, Dios mío. ¡Perdonadme!». Deshizo el cordón de su zapato derecho, lo ató al pedal del acelerador, para evitar la tentación de retirarlo, e inició la cuenta atrás. Cinco, cuatro, tres, dos... Pisó el embrague, metió la primera marcha y levantó la vista hacia el objetivo. Una figura, alta y delgada, apareció en la escena con una niña en brazos. Luis la reconoció enseguida como la mujer con la que había cruzado una mirada en el juicio. María Zabala dejó a Lucía en el suelo y la niña caminó errática hacia su hermano, con las manos pegadas a la cintura. Iba enfundada en un abrigo de plumas y un gorro de lana con una borla. Bosco la recibió agachado, con una rodilla sobre la nieve y los brazos abiertos. La envolvió con su cuerpo, la aupó y colocó sus brazos por encima de sus hombros, dejándolos caer sobre su espalda. Los hermanos se volvieron hacia su madre y María los despidió agitando una mano al aire.

Luis permaneció inmóvil, con la mirada perdida en el horizonte, mientras Bosco y Lucía desaparecían tras una cortina de nieve. Levantó el pie del embrague, devolvió la palanca de cambio a punto muerto y se derrumbó sobre el volante, rompiendo en un llanto desconsolado y liberador. Cuando se calmó, vaciado por dentro, arrancó el Mégane, avanzó despacio y vio a lo lejos a los hermanos caminando cogidos de la mano. Pasó a su lado, sin desviar la mirada de la carretera, y continúo hasta Villaverde.

Bosco Zabala se asomó por la puerta del despacho y encontró a su madre al teléfono. María hizo una señal para que entrara, tapó el auricular con la mano y dijo que estaría con él en un minuto.

—Si eso es todo lo que ofrecen, no hace falta que nos reunamos... ¿Eso cree? Dile al ministro de mi parte que no hay un solo miembro del CNE que comparta su optimismo. No..., ya..., ese día me pilla en Londres. Tiene que ser la otra semana. Okey. Me dices con lo que sea.

Colgó sin despedirse, lanzándole a su hijo una mirada tierna.

—¿Qué te parece el lugar de trabajo de tu madre?

Abarcaba el espacio de dos canchas de baloncesto, con tres estancias separadas, vistas abiertas a Madrid, muebles de diseño y la última tecnología en videoconferencia. Sobre las paredes colgaban cuadros de Miró y Sorolla, parte de la colección de arte del banco. En una esquina, sobre un pedestal de mármol, una figura africana diseñada por Lorenzo.

Solo el escritorio de nogal, remachado con bordes de bronce y un tablero de escritura tapizado en cuero, desentonaba con el aire moderno del despacho. El mueble había pertenecido a Julio Zabala y a su hijo Ignacio antes de pasar a la tercera generación. Incluso en un despacho de aquellas dimensiones, resultaba desproporcionadamente grande.

La presidenta de BanKapital estaba de buen humor. Las líneas de crédito abiertas por el Gobierno empezaban a garantizar liquidez y los bancos recibían facilidades para renegociar sus deudas. Aunque la crisis se alargaría todavía un tiempo, los temores iniciales se habían disipado y María veía oportunidades por todos lados. La compra del Industrial era solo el principio de un ambicioso plan de expansión consistente en adquirir a precios de derribo competidores en dificultades. Miles de empresas dependían del banco para seguir a flote y el Departamento de Riesgos escogía a cuáles lanzaba un flotador y cuáles dejaba a su suerte. Los impagos de hipotecas de las familias estaban en cifras récord y eso era un problema, pero permitían al banco absorber un ingente parque de viviendas que, cuando los precios se normalizaran, generarían grandes beneficios. BanKapital saldría fortalecido, más grande y con menos costes, porque la crisis facilitaba las reducciones de plantilla. Con la cuarta parte de la población en paro, y noticias diarias sobre más despidos, los ajustes apenas llamarían la atención.

María no creía que ninguna de sus previsiones, o los planes trazados, plantearan dudas morales. Un BanKapital más estable podría aumentar el crédito, apoyar a las empresas y generar trabajo, beneficios y tributos que ayudarían a modernizar el país. El principio que había regido la gobernanza del banco seguía vigente: los destinos de BanKapital y del país eran uno solo. Si le iba bien al banco, le iba bien a España.

Cuando terminó su llamada, María se acercó a Bosco, que contemplaba las vistas de Madrid junto a la cristalera.

Había convocado a su hijo en su despacho para rodear de oficialidad lo que quería decirle. Empezó con una larga divagación sobre las razones de que Dios los hubiera sometido a una prueba tan dura en los últimos meses, aseguró que las cosas pasaban siempre por alguna razón y le prometió que, un día no muy lejano, descubriría la suya.

—Solo cuando nos enfrentamos a los desafíos más difíciles sacamos lo mejor de nosotros mismos —dijo—. Estoy orgullosa de la manera en la que has afrontado esta tragedia.

La idea de que el accidente y los meses de prisión hubieran sido una prueba divina rondaban la cabeza de María desde la liberación de su hijo y creyó corroborarla con su transformación en un joven sereno y responsable. Pasó a detallarle la situación financiera internacional, desgranó el funcionamiento del banco y expuso, sin obviar los riesgos, los grandes desafíos y oportunidades que asomaban en el horizonte.

—No hay mejor momento para aprender de banca que una crisis —pasó una mano por el cabello de su hijo—. Ha llegado la hora de que asumas responsabilidades en el banco. Empezarás desde abajo, sin ningún favoritismo, y con la flexibilidad suficiente para que puedas terminar los estudios. Tu madre estará ahí para ayudarte en todo.

Esperó unos segundos a la reacción de su hijo.

—¿Qué te parece?

En sus días en prisión, Bosco asumió la reversión de su destino como futuro presidente de BanKapital. A menudo pensó cómo sería su vida cuando saliera y encontró un alivio renovado en no tener que cumplir los sueños de otros. Perseguiría los suyos, aunque no estaba seguro de cuáles eran. Dani le propuso que, cuando los dos fueran libres, se marcharan juntos al extranjero, donde nadie los mirara como «dos kamikazes borrachuzos».

—Imagínate empezar de cero. Sin que nadie te diga lo que tienes que hacer.

Barajaron destinos en Latinoamérica, África o Asia, antes de escoger Australia. Sonaba estival y remoto, tenía playas paradisiacas y según Dani las «mujeres con las tetas más grandes del mundo». Trabajarían de camareros, jardineros o lo que encontraran. Ahorrarían y montarían un negocio. Por las tardes, harían surf en Bondi Beach. Pasaron noches en vela desgranando los detalles, agitándose ese espíritu aventurero el uno al otro, y reafirmándose en su promesa cuando alguno flaqueaba en su determinación. Dani cuestionaba la de Bosco, diciéndole que terminaría de ejecutivo de banca y con un trabajo de nueve a cinco a las órdenes de su madre. Era su manera de motivar su alma rebelde, consciente de que su renuncia era mayor. Su amigo, ofendido por las dudas, propuso un pacto de sangre. Compraron una cuchilla en el mercado negro de la cárcel, se hicieron cortes en las palmas de las manos y, juntándolas, prometieron que pasara lo que pasara se marcharían a Australia.

María Zabala ofrecía a su hijo, a cambio de traicionar su pacto, la restitución hereditaria y una vida de privilegios y recompensas por las que otros matarían. En la inmensidad del despacho de Torre Picasso, elevado sobre el resto de los mortales, Bosco sintió el peso del destino y la inevitabilidad del camino que le habían marcado desde niño. Era un Zabala. Y sería banquero, quisiera o no.

—Gracias, mamá —dijo rompiendo su silencio—. No te defraudaré.

El salón Cristal del Real Club había sido engalanado para su gran evento anual. Las mesas, redondas y con capacidad de acoger a ocho comensales cada una, estaban decoradas con mantelería artesanal, velas aromáticas y cubertería francesa punzonada de Emile Puiforcat. Junto a cada nota que detallaba el menú, regado con vinos de la bodega Conde Vetusta, se dispuso la lista de los productos que se ofrecerían en la subasta benéfica de la Fundación Lucía. Los Zabala seguían convencidos de que, a pesar de la crisis, sería la edición con mayor recaudación de todas las celebradas. Una gala triunfal sellaría su regreso a lo más alto, el lugar que les correspondía por derecho.

Las azafatas se esmeraron en disolver los corrillos y apremiar a los comensales a que ocuparan sus asientos. Solo entonces, los Zabala entraron con sus hijos Bosco y Lucía, acompañados de la vicepresidenta del Gobierno, el embajador de Estados Unidos y sus parejas. Sonaron las primeras notas de *Fly me to the moon*, la música escogida para arrancar el evento, y la reina de las tardes televisivas, Ana Lomana, apareció en el escenario recogiéndose el largo vestido de lentejuelas y lanzando besos al aire.

—Bueno, bueno, bueno. No me puedo creer que haya pasado un año y que estemos otra vez juntos.

—¡Dos! —gritó alguien entre el público, recordando la cancelación del año anterior.

—¿Dos años? Esto no puede volver a pasar. Creo que podemos decir que esta es ya la reunión solidaria más importante del país. ¿No es así, amigos? —La presentadora utilizó su mano derecha como visera y paseó su mirada sobre las cabezas de hombres enfundados en esmóquines y señoras en trajes de noche. Presidentes del IBEX, ministros, aristócratas, deportistas... estaban entre los comensales—. Uy, promete ser un gran día... ¡para los *paparazzi*!

Lomana arrancó las primeras risas de la noche.

—Queridos amigos, nos juntamos una vez más para celebrar el amor, la compasión y la esperanza. Ese es el alma de la Fundación Lucía y de una mujer que..., cómo describirla, es bella, inteligente y determinada. No se detiene ante nada. Y lo que es mejor: tiene un corazón que no cabe en este salón. Es un enorme placer dejaros con la única e irrepetible María Zabala.

Lorenzo retiró la silla de su mujer, la tomó de la mano y la acompañó en sus primeros pasos hacia el escenario antes de regresar a su asiento. La presidenta de BanKapital vestía un traje verde esperanza de Dior y adornaba su escote con el collar Cartier en oro blanco y ocho quilates en brillantes que su marido le regaló en su quinto aniversario. Un gran mural detrás del atril mostraba fotografías de cinco niños, cada uno de un continente, junto a los logos de las empresas patrocinadoras y el lema «Por un mundo de tolerancia y paz».

—Queridos amigos, autoridades, distinguida vicepresidenta, honorable embajador. —María ajustó la altura del micrófono—. Amigos y familiares. No podéis imaginar la ilusión que me hace teneros aquí en esta noche tan especial. Termina un año difícil para todos. Hay mucha gente pasándolo mal en España y en el resto del mundo. Personas que están perdiendo sus casas, sus trabajos, su modo de vida. Mi primer mensaje es para quienes están siendo golpeados por esta crisis terrible. Tengo el convencimiento de que, si remamos todos a la vez, saldremos adelante, mejores y más fuertes. Solidaridad y generosidad; son dos palabras que tenemos que recuperar. Las dificultades por las que están pasando tantas familias solo aumentan nuestra determinación de ayudar en todo lo que podamos. Si hay algo que nos ha guiado desde que mi abuelo fundó el banco es la idea de que los intereses de nuestra empresa y del país están alineados. Don Julio decía que no hay amor más desinteresado que el que uno siente por su país. Uno puede separarse de la pareja y soportar que los hijos vuelen libres, pero la patria nos acompaña hasta nuestro último suspiro...

María había trabajado en su discurso durante dos días con la ayuda del departamento de Relaciones Institucionales del banco. Cada frase, cada palabra, cada pausa o broma, había sido estudiada, medida y repetida decenas de veces en los ensayos.

—... Por eso, cuando BanKapital financia una pequeña empresa, estamos garantizando la fortaleza de nuestro tejido industrial; cuando fomentamos el ahorro, consolidamos el futuro de las familias; cuando ofrecemos nuestros planes de pensiones, garantizamos que nuestros mayores tendrán el descanso que merecen. Y ese es el espíritu que guía a la Fundación Lucía, una parte esencial de nuestro empeño en aportar a la sociedad. No sabéis lo feliz que me hace ver a nuestra organización crecer gracias a vuestras aportaciones. Este año hemos ampliado las becas para niños con necesidades especiales y en octubre pusimos la primera piedra de una nueva escuela en Torrelodones que será puntera en asistencia pedagógica y desarrollo de las capacidades. Nuestro objetivo es ambicioso pero factible: que ningún niño con una enfermedad rara vea limitado su futuro por falta de recursos. ¡Gracias! ¡Gracias! ¡Gracias!

—¡Guapa! —Una voz de mujer interrumpió desde el fondo.

—Pero esto es solo el principio. Estaremos allí donde más necesarios seamos, con la fuerza que nos dais y la ayuda de Dios. Por supuesto nada de esto sería posible si no

estuviera rodeada del amor de los míos. Bosco, Lucía...,
sois la fuerza que me empuja a intentar hacerlo mejor. Y
tú, Lorenzo, qué puedo decir que no sepas. Mantienes
unida a esta familia. El amor de una mujer nace de la admiración. Y yo tengo la suerte de mantenerla intacta por
ti, querido. —María se rodeó a sí misma con sus brazos—.
Nunca te agradeceré lo suficiente que hayas estado a mi
lado en los momentos buenos y en los no tan buenos,
cuando más te necesitaba.

Lorenzo lanzó un beso a su mujer desde la mesa presidencial. La reconciliación de la pareja se había desvaneci-
do arrastrada por viejas inercias. La indiferencia fue ga-
nándole terreno a la ilusión del reencuentro que siguió a
la liberación de Bosco, sin que ninguno de los dos supiera
remediarlo. No volvieron a hacer el amor tras su noche de
pasión fingida y establecieron, sin tener que hablarlo, normas de lo que en adelante sería una relación de conveniencia. En público volvían a mostrarse como la pareja
feliz que todos esperaban de ellos; en privado, convivían
en la distante civilidad.

Una gran ovación siguió al final del discurso de María
Zabala, que al regresar a su mesa fue efusivamente felicita-
da por el embajador estadounidense:

—Estuviste magnífica, *darling*.

Los camareros iniciaron el servicio, se desplegaron por
la sala, sortearon las mesas con los platos en alto y distribu-
yeron primero la *vichyssoise*, que algunos invitados encontraron inadecuada para el clima, después el bacalao en
salsa de trufa y finalmente la crema catalana. En las mesas
se hablaba de la crisis económica y de intriga política; de
los viajes navideños a St. Moritz o Maldivas; de los logros
de los hijos, sus másteres e interinidades en consultorías o
voluntariados en África; y, en los rincones más atrevidos,

de la presencia en la gala del heredero de los Zabala. Era su primera aparición pública desde su salida de prisión. Los rumores de su entrada en el banco como subdirector del Departamento de Impagos circulaban por los mentideros de Madrid. A los ojos incluso de sus mayores detractores, dejaría pronto de ser el conductor kamikaze para consagrarse como futuro presidente de BanKapital. Autoridades y empresarios, celebridades y atletas, se acercaron a saludarlo en un gesto generalizado de legitimación que María contempló con satisfacción desde la distancia.

Bosco ocupó un papel discreto durante la cena, respondió a las preguntas con monosílabos y dedicó todas las atenciones a su hermana. Lucía se sentaba en su regazo sin prestar atención a nada de lo que sucedía a su alrededor; sin saber tampoco que, dos días antes, había salvado a su hermano de morir atropellado frente a La Aurora.

Ana Lomana volvió al escenario para conducir la subasta benéfica, que comenzó con un lote de libros de Vargas Llosa dedicados por el autor. Se los llevó Eugenio Alcázar, el presidente de la patronal de constructores, que según los insidiosos no había leído un libro en su vida. Pagó diez mil euros. Los Cadalso, amantes de la ópera, pujaron sin demasiada competencia por una comida privada con Plácido Domingo. Y una camiseta dedicada de Raúl González, el 7 del Real Madrid, alcanzó los ochenta y siete mil euros en el primer éxito recaudatorio de la noche.

La última pieza de la gala solía ser la de mayor valor y la que dirimía los egos de las familias más potentadas de Madrid. Dos asistentes arrastraron por el salón una vitrina con el TAG Heuer Grand Prix de Mónaco que Ayrton Senna llevó en su primera victoria en el principado en 1987.

Aunque nadie lo sabía, era propiedad de Lorenzo, que se lo había comprado a un coleccionista de Milán. Los Zabala exponían cada año algo de valor y pujaban por recuperarlo, en lo que suponía su gran contribución a la fundación.

Lomana anunció un precio de salida de cincuenta mil euros.

—Cincuenta mil por allí. ¿Alguien ofrece sesenta?

—¡Sesenta! —gritó desde el fondo del salón Evaristo Gil, dueño de una de las grandes fortunas del país y accionista individual de tres de las diez empresas más grandes del IBEX.

María reconoció su voz grave y soberbia. Había sido buen amigo de su padre hasta que sus intereses se cruzaron en la disputa por hacerse con la energética Gastol, en la ola de privatizaciones de los noventa. Los dos empresarios habían llegado a un acuerdo para repartirse la compañía, de manera que Ignacio Zabala se quedaría los intereses petrolíferos y Evaristo el resto, incluidas las plantas hidroeléctricas y la gestión de dos millones de clientes de luz. El Gobierno, que supuestamente dividía la empresa en dos para fomentar la competencia, ideó un sistema por el cual los candidatos debían entregar su oferta en un sobre cerrado. La más alta ganaba.

Zabala y Gil jugaban con las cartas marcadas y acordaron superarse solo en la mitad que les interesaba. Al menos esa era la idea porque, cuando se abrieron los sobres, el presidente de BanKapital había ofertado el mejor precio por las dos partes, quedándose con todo. Los Zabala vendieron la empresa por tres veces su valor anterior a la subasta. Una guerra soterrada comenzó a partir de entonces, correcta en las formas y despiadada en los métodos, en la trastienda del poder económico del país. Se contaba que Zabala y Gil habían llegado a las manos durante un encuentro fortuito en el restaurante Zalacaín. Pertenecían al mismo círculo y siguieron socializando en los mismos ambientes, porque su mundo era pequeño y ninguno estaba dispuesto a renunciar a él. María creció con la versión que siempre dio su padre, que negaba haber llegado a ningún pacto para el reparto de Gastol.

—¡Setenta mil! —gritó Lorenzo, superando la puja anterior.

—¡Noventa! —Lomana aceptó un nuevo envite de Evaristo Gil—. ¿Alguien ofrece...?

—¡Ciento cincuenta mil!

La subasta benéfica era el único evento donde María delegaba el protagonismo social en su marido. Lorenzo era consciente de que debía mantener el pulso, pero desconocía hasta dónde podía llegar. Cada vez que aumentaba la apuesta, miraba a María para obtener su aprobación y ella se la daba con la mirada. El intercambio subió a los cuatrocientos mil euros, mientras los invitados asistían entretenidos al duelo. Gil lanzó un órdago, decidido a herir el orgullo de los Zabala en su propio terreno, y ofreció medio millón de euros.

—¿Crisis?, ¿qué crisis? —gritó la presentadora, eufórica—. Quinientos mil a la una, quinientos mil a las dos...

Lorenzo dudó.

—Un millón —La voz de María se elevó firme y clara en el Salón Cristal.

Un «oooh» largo y generalizado recorrió las mesas.

—Un millón a la una, un millón a las dos, un millón a las...

Gil admitió la derrota con un gesto de desdén.

—Adjudicado a nuestra querida anfitriona en la mesa presidencial. Puedes venir a recoger tu premio, querida.

María se levantó y pidió a Lorenzo y los niños que la siguieran. Su marido lo hizo a regañadientes, con una expresión de enfado en el rostro. Se sentía humillado por la forma en la que su mujer lo había desautorizado delante de todo el mundo. Una vez en el escenario, ella se acercó y le susurró al oído:

—Lo siento. No podíamos perder.

La ganadora recibió el TAG Heuer Grand Prix de la subasta y lo deslizó en la muñeca de Lorenzo a modo de regalo, entre los aplausos de los presentes. Los Zabala, a excepción de Lucía, saludaron y sonrieron, ocultando tras sus máscaras la extraña manera que tienen algunas familias ricas de ahuyentar la felicidad más predecible.

24

LA SILLA VACÍA

Elena Moreno organizaba su terapia de grupo los sábados en un local de la Agrupación Vecinal de Carabanchel. Ese día les cedían un espacio que tenía una sala diáfana con una docena de sillas, un baño y una pequeña cocina donde los asistentes tomaban café en los recesos. De las paredes colgaban fotografías de pacientes sonrientes, citas sobre la muerte —*Quotidie morimur*: cada día morimos—, y una pizarra donde los dolientes escribían una palabra inspiradora antes de iniciar la sesión.

- *Levantarse.*
- *Futuro.*
- *Regreso.*
- *Coraje...*

Todos eran padres que habían perdido a sus hijos en muertes traumáticas, sin tiempo de despedirse. Marga y Rafael al mayor de sus tres hijos, Alberto, en un accidente de coche a un mes de su boda; Gabriel y Luisa a su hijo adolescente, tras un brote psicótico por drogas y alcohol; Antonia y Paco a un chaval de once años, Kevin, por «un cáncer», según contaron el primer día. Les costó tres sesiones reconocer que en realidad se había arrojado desde un quinto después de meses sufriendo acoso escolar. A la pérdida sumaban la culpa insoportable y la pregunta devastadora de qué podrían haber hecho para evitarlo. El niño les dejó una nota sobre la cama: «Papá y mamá, perdón. Os quiero mucho».

Aunque Elena moderaba el encuentro, no había un orden de intervención. Tampoco jerarquías. El grupo funcionaba bajo lo que la terapeuta describía como la «democracia del dolor». De dónde viniera cada uno, cuál fuera su religión o ideas políticas, a qué se dedicaban o el dinero que tuvieran, nada importaba en aquella habitación donde la muerte los igualaba.

Yolanda dormía tras una guardia en el hospital de La Paz, donde trabajaba como enfermera, cuando su hija de tres años murió ahogada. Su marido había bajado a la niña a la piscina y, mientras la vigilaba, atendió una llamada del trabajo. Era el director de ventas de una fábrica de envasados y un cliente reclamaba una devolución por el retraso de un pedido.

—Tenemos huelga de camioneros. Nos dicen que desconvocan entre hoy y mañana. Podrías tenerlo en destino antes de...

El agua apenas llegaba a la cintura en la piscina infantil y la niña se bañaba sin manguitos. Otros pequeños chapoteaban a su alrededor, junto a sus padres. Mientras daba sus explicaciones al cliente, vigilaba a su hija. O eso creía, porque hubo un momento en que desconectó sin darse cuenta; miraba sin ver. Fue como si se hubiera olvidado de que estaba allí. Un gritó lo sacó del ensimismamiento. «¡La niña!». Vio un cuerpo pequeño flotando boca abajo. Dejó caer el teléfono, corrió, entró en la piscina. Julián, el del tercero derecha, sostenía a su hija en brazos, inerte. Se la entregó, negando con la cabeza. «¡Oh, Dios! No, Dios mío». La posó en el borde de la piscina y trató de reanimarla. Uno, dos, tres... Uno, dos, tres... A Yolanda le pareció escuchar gritos en sueños. Los ignoró. La despertaron del todo las sirenas de las ambulancias. El dormitorio daba a la calle. «Vienen aquí», se dijo. Un escalofrío recorrió su cuerpo.

—Sé que no me vais a creer, pero supe que era por Anita. Las madres tenemos una conexión con nuestros hijos que es inexplicable y viene de haberlos tenido aquí dentro. —Se llevó la mano al vientre—. Son su propia persona y parte nuestra. Fue como si el cuerpo me enviara una señal. ¿Es algo de madre o también les pasa a los papás?

Yolanda bajó en pijama por las escaleras, se abrió paso entre un corrillo de vecinos y vio su cuerpo diminuto tumbado boca arriba, con los brazos hacia atrás. «¡Solo ha sido un minuto! —gritaba su marido, llevándose las manos en la cabeza—. ¡Solo ha sido un minuto!».

—Sentí como si me abrieran en canal. Mi ángel... solo tenía tres añitos.

Yolanda no reprochó a su marido lo ocurrido, ni una sola vez, durante los primeros meses de duelo. Lo regañaba cuando se torturaba y repetía que había sido un accidente. Tuvieron un segundo hijo, Salva, a pesar de que Anita fue un embarazo de riesgo. La familia y los amigos trataron de disuadirla. Insinuaban que traía otro bebé al mundo para sustituir a su hija.

—¿Sustituir? Todos los que estáis aquí sabéis que es imposible. Cuando se marcha un hijo es como...; te arrancan una parte de ti que ni sabías que existía, muy dentro. Hay un vacío que nada ni nadie puede llenar, ni siquiera otro hijo.

Todo cambió con la llegada de Salva. Los reproches

que no dirigió a su marido, la rabia que creía no haber acumulado, explotó de repente y sin aviso. Estaban enzarzados en una nadería, quién cambiaba los pañales del niño, y entonces se lo preguntó. «¿Por qué no le pusiste los manguitos?». «¿Cuántas veces lo hablamos?». «Era tu hija, joder, no el perro. Si hubieras estado atento. Todo el día enganchado al teléfono». Empezó a evitarlo y le pidió que durmiera en el sofá con la excusa de que el bebé se levantaba por las noches. Aquel hombre, que le había dado una vida razonablemente feliz, pasó a recordarle, de una manera constante e insoportable, la ausencia de Ana.

—Creo que nos habíamos peleado una o dos veces desde que nos casamos. Nada. De repente era todos los días, por todo. Se compró un coche. No podía entenderlo. ¿Para qué? Me dijo que debíamos seguir viviendo. Y esa era su manera, un coche. A los seis meses de llegar Salva le pedí el divorcio. A veces pienso que fue una venganza. Me había robado a mi niña y yo le quitaba a su mujer. No me di cuenta de que yo los perdía a los dos. Pasé una depresión y quise marcharme para siempre. Sin Salva... no estaría hoy aquí hablando con vosotros.

Elena miró a su paciente con ternura.

—Has recorrido un gran trecho, Yoli.

—A veces siento que estoy en una noche sin fin. Pero os prometo que de esto se sale. —Miró a Luis con expresión fraternal—. Nunca es igual, pero se sale.

—El otro día nos decías que vuelves a disfrutar de algunas cosas.

—Veo reír a mi hijo y me sorprendo riendo. Antes me sentía culpable. Un paseo o una película. Puedo disfrutar de cosas sencillas. Estar bien. En verano por fin entré en una piscina, en el hotel donde estábamos en Murcia. Antes veía una piscina y me mareaba. Sentía náuseas. Pero no quería pasar esa fobia a mi niño. Estábamos en el agua y yo lloraba. Me sumergí para que no viera mis lágrimas. Él reía y disfrutaba.

—Lo hemos dicho aquí muchas veces. No podemos reparar el pasado, pero somos dueños del presente y podemos definir el futuro. Hay momentos en los que pensamos que nada puede mejorar. Pero la felicidad es posible. Gracias, Yoli.

La caja de clínex pasaba de un doliente a otro. Tomó la palabra Paco, el padre del niño que se suicidó para terminar con el acoso en su colegio:

—A mí me asustaba ser feliz después de lo de Kevin... Todavía me asusta. Es como si, al mirarme en el espejo, pensara que la persona ahí reflejada no mereciera ser feliz. Nos estaba pidiendo socorro y no lo vimos. —Agarró la mano de su mujer. Ella entornó los ojos—. Tampoco ayudó que en el colegio nos ocultaran por lo que estaba pasando. Él nos decía que no quería ir. Un día lo dejé en la puerta y cuando me volví para decirle que corriera, que llegaba tarde, vi que le temblaba todo el cuerpo. Pobrecillo, no tenía a nadie que lo protegiera.

Elena esperó a que todos hablaran para dar la palabra a la nueva incorporación al grupo.

—Luis, ¿quieres presentarte?

—Bueno..., mi nombre es Luis Delgado. —Los demás saludaron al unísono con un «hola, Luis»—. Mi hija Marta murió en un accidente de tráfico y Elena me está ayudando.

—Todos nos ayudamos, querido. Gracias por tu valentía. ¿Quieres compartir cómo te sientes? ¿Algo sobre lo que has escuchado aquí?

Luis llamó a Elena al día siguiente de su intento fallido de matar a Bosco Zabala. Le contó lo que había estado a punto de hacer y le pidió que, por favor, no lo abandonara, que necesitaba ayuda. Desvanecida la idea de la venganza, incapaz de reparar la injusticia cometida con Marta, ¿qué motivo le quedaba para seguir adelante?

Elena le preguntó si tenía pensamientos suicidas y Luis respondió con un largo silencio. Lo mantuvo tres horas al teléfono, temerosa de que, si dejaban de hablar, perdería a su paciente. Cuando creyó que estaba lo suficientemente calmado, lo despidió diciéndole que iba para su casa. Subió al coche y atravesó Madrid a toda velocidad, aparcó de mala manera frente al portal y llamó al primero. Una vez arriba, se encontró con el hombre más derrotado que había visto nunca. Pasaron la noche en el sofá, viendo la televisión, y a la mañana siguiente Elena lo acompañó a la terapia de grupo.

—Yo también vivo en esa noche oscura de la que hablaba...

—Yolanda.

—Sí, perdona. Soy muy malo para los nombres.

Ella sonrió.

—Y yo.

—La mente me hace trampas. En la oscuridad encuentro algún alivio porque... a veces escucho a Marta. Siento que está conmigo. Quizá me he vuelto loco.

—No estás loco —dijo Paco.

—Claro que no —lo animó Yolanda—. Eso nos pasa a todos.

—Mi hija era una persona muy especial. Ya sé que todos los padres dicen lo mismo. Yo... no he podido superarlo y he venido porque nada funciona. Necesito ayuda.

Todo el escepticismo de Luis desapareció al escuchar a aquellos padres en su misma situación. Por primera vez desde la muerte de Marta, sentía que estaba en el lugar adecuado, con la gente que quería. Los amigos estaban llenos de buenas intenciones, y no tenía ninguna queja en ese apartado, pero podían hacer poco por él. Los compañeros de trabajo ofrecían soluciones inútiles: que se divirtiera o se echara una novia. La mayoría de las personas que conocía simplemente habían pasado página o callaban por miedo a abrir más su herida. Y luego estaba Elena, que lo había intentado y, ahora lo veía con claridad, recibió de su parte un trato injusto.

Marga y Rafael, Gabriel y Luisa, Antonia y Paco, Yolanda...; se encontraba en familia entre personas que apenas conocía. Mientras los escuchaba, quería gritarles: «¡Eso es lo que yo siento!». Lo embargó la necesidad, casi la obligación, de compartir su dolor.

—Tengo grabado cada instante del último día que la vi —dijo—. He escrito las cosas que dijo, por si se me olvidan. Me aterra olvidarla. Hay tantas cosas que no pude decirle.

—Todavía puedes, Luis. Lo llamamos «la silla vacía». —Los demás dolientes formaron un círculo y Elena colocó una silla en el medio—. Es una oportunidad para decirle a la persona que ya no está lo que quedó pendiente.

La psicóloga se levantó, cogió un libro de la encimera de la cocina y leyó en alto un fragmento del poema *Todo asusta*, de Gloria Fuertes.

> *Los ruidos que en la noche nadie hace*
> *—la silla vacía siempre cruje—,*
> *asusta la maldad y la alegría,*
> *el dolor, la serpiente, el mar, el libro,*
> *asusta ser feliz, asusta el fuego,*
> *sobrecoge la paz, se teme algo,*
> *asusta todo trigo, todo pobre,*
> *lo mejor, no sentarse en una silla.*

—Quiero que cierres los ojos. Y que imagines que Marta está sentada delante de ti. Habla con ella. Te escucha...

El silencio llenó la habitación. Se levantó y se quedó de pie frente a la silla. Durante un minuto permaneció callado.

—Hija..., Marta... ¿Recuerdas cuando me dijiste que siempre estarías a mi lado? Eras una niña solo y nos habíamos bañado en el mar. Y tú, sobre mi pecho, me dijiste que siempre estarías conmigo, también cuando fueras viejecita. Y yo... yo te prometí que siempre estaríamos juntos. ¿Me podrás perdonar? A veces los papás no pueden cumplir sus promesas. Fuiste una buena hija, la mejor. Y no me digas eso de que es porque eras la única. No hay otra mejor que tú, ¿entiendes? Desde que te fuiste pienso que todo es una mierda menos tú. Ibas a ser tan feliz. Ibas a hacer tan feliz a todos los que te rodearan. ¿Estás con mamá? Dime, ¿está ella contigo? Ya sabes que nunca creí en esas cosas, pero sueño con el día en que volvamos a estar juntos los tres. Espérame, ¿vale? Haremos todas las cosas que nos faltan. Serás una doctora increíble. Viajaremos por el mundo. Iremos a ver las películas que te gustan. Pasearemos los tres por el Retiro. Llevo la foto de ese día conmigo a todos lados. Cuánto te pareces a tu madre. Los mismos ojos, la misma sonrisa. Si nunca te hablaba de ella es porque dolía demasiado. No quería hacerte daño. ¿Podrás perdonarme? —La podía ver, delante de él. El pelo recogido y la sonrisa resabiada. Mirada de lechuza—. Pienso mucho en el último día que pasamos juntos, cuando me llevaste al zoo y te dije que era pronto para que hicieras tu propia vida. Tenía miedo a perderte y... ahora no estás. Solo era eso: el miedo egoísta de un hombre mayor a que hicieras tu vida sin él. Dice Elena que los hombres guardamos nuestros sentimientos en una caja fuerte, para que nadie nos haga daño. —Se giró hacia la psicóloga—. Por eso a veces no decimos las cosas...; yo no supe... Creo que no fui un buen padre. Si tenías un problema y no me lo contaste, la culpa es solo mía. No quise verlo. Me negaba a creer que pudieras tener un problema con las drogas. Te dejé sola. Me necesitabas y yo...

Durante unos segundos permaneció de pie con los ojos cerrados.

—Pensé en matar a ese chico, ¿sabes? —dijo—. Por lo que te hizo. La furia me carcomía por dentro. Me lo quitó todo. A mí. A ti. Tu madre no quería que lo hiciera. Sé que tú tampoco. No quiero que estés triste. Papá estará bien. Si lloro es porque me vienen a la cabeza los días felices. Es solo por eso. Nadie podrá separarnos. Aunque ahora te deje ir, siempre estaré contigo. ¿Me esperarás? Hija..., Marta...

Luis volvió a su asiento, apoyó sus manos en las piernas y los demás padres se acercaron a abrazarlo, uno a uno. Cuando recibió el último achuchón, de Yolanda, la madre cuya hija se ahogó en la piscina, volvió la mirada hacia la silla vacía. Marta ya no estaba.

—Creo que está bien por hoy. —Elena puso fin a la sesión, con el rostro bañado en lágrimas—. Me vais a matar con tantas emociones.

Los dolientes rieron, algunos sin dejar de llorar. Elena sacó un termo y repartió café. Yolanda acercó a Luis una bandeja con pasteles.

—Ha sido muy bonito.

—Gracias. Yo... siento mucho lo que le pasó a Ana.

—Y yo lo de Marta. Después de escucharte siento... como si la conociera. Me dijo Elena que eres músico.

—Casi. Profesor de música en un instituto.

—Yo toqué el violín de pequeña. Lo dejé pronto.

—No es fácil.

—Verás como el grupo ayuda. También yo pensé que no saldría adelante.

—Ah, me refería al violín. Es muy difícil tocarlo.

Rieron la confusión.

Elena cerró ventanas y bajó persianas. Caminaron todos juntos hacia la salida, donde hubo intercambio de despedidas y felicitaciones del nuevo año. El grupo fue menguando. Yolanda y Luis seguían hablando sin prestar demasiada atención a los que quedaban. La psicóloga se acercó a ellos, les dio un abrazo y susurró al oído de Luis.

—Ten la valentía de vivir.

Los dejaron solos, se preguntaron hacía dónde iba el otro, si en esta o aquella dirección, tomaron la misma y caminaron sin prisa mientras charlaban.

—¿Vendrás el próximo sábado? —preguntó Yolanda.

—Elena dijo que no habrá sesión.

—Ay, cierto. Hasta después de Reyes.

Hubo un impase en el que no se dijeron nada.

—Si quieres tomar un café algún día... —dijo ella.

—Sí, eso me gustaría.

—¿El sábado? Terapia de dos.

Luis estaba demasiado nervioso para reaccionar a la broma.

—El sábado me viene perfecto.

Intercambiaron números de teléfono.

—¿Me llamas, pues?

—Sí, sí. Seguro.

—Adiós, Luis.

—Adiós.

Delgado esperó a que Yolanda se alejara y volvió sobre sus pasos hacia la parada del 131 cuando el autobús lo adelantó, parándose unos metros más adelante. Quiso correr y alcanzarlo, no porque le importara perderlo, sino porque sentía la urgencia de correr. Como un niño en busca de su madre al salir del colegio. Como el preso que, al quedar libre, necesita sentir el aire golpeándole el rostro. El corazón le palpitaba con fuerza. Caminó de prisa, porque le pareció ridícula la escena de un hombre de su edad corriendo para atrapar el autobús. Los hombres, a su edad, ya no tienen prisa. Lo vio marcharse y esperó al siguiente. Sentado en el banco de la parada, repasó su conversación con Yolanda y buscó en cada palabra, cada gesto, alguna señal de que su invitación fuera algo más. Le llamaba la atención que, habiendo vivido en su misma oscuridad, irradiara tanta luz. Era una mujer bella, cercana y de voz serena. «Está fuera de tu liga», se dijo. Llegó el 131, se sentó junto a la ventana en la parte de atrás y contempló las calles adornadas con luces navideñas y gentes yendo de un lado a otro con prisa. «Es solo un café —susurró para sí mismo—. No te hagas ilusiones».

La noche de Reyes, Luis se preparó una cena especial —cordero, pimientos asados y tarta de queso—, se bebió una botella de tinto y escuchó un recopilatorio con las bandas sonoras de Morricone, y se quedó dormido en el sofá. Lo despertaron gritos procedentes de la calle. Se asomó a la ventana y lo deslumbraron las luces centelleantes de los coches patrulla de la policía. Los yonquis del descampado estaban siendo arrastrados hacia furgones policiales entre protestas y alaridos. Otros vecinos se asomaron desde sus ventanas. «Ya era hora de que os llevarais a esa escoria», se escuchó gritar a alguien. «Dejadlos en paz», los defendió Margarita Vadillo, que vivía justo encima.

Luis creyó distinguir entre los detenidos a Rosa, la amiga de Marta: su cuerpo enclenque y consumido, el gorro negro de lana, que no se quitaba ni en los meses de verano, y las dos trenzas cayendo sobre sus hombros. Sí, era ella. Se revolvía como una culebra mientras dos agentes la llevaban agarrada de pies y manos. Fue la última a la que introdujeron en los furgones. Las patrullas arrancaron y desaparecieron en mitad de la noche.

Las primeras grúas descendieron sobre el descampado a la mañana siguiente, aunque era festivo. Luis pensó que el día escogido no era casualidad y que aprovechaban que los vecinos estaban distraídos. Los operarios levantaron una verja alrededor del solar, montaron una caseta de venta de pisos y desplegaron un nuevo letrero con ofertas de hipotecas al cien por cien del valor de la vivienda, a pagar hasta en cincuenta años. «No hemos aprendido nada», pensó. Hizo números: una persona de su edad tendría que vivir pasados los cien años para pagar el último recibo y decirse que la casa era finalmente suya. Estaba haciendo el cálculo en su mente cuando sus ojos se desviaron hacia el logo impreso en la lona publicitaria, compuesto de las letras entrelazadas BK y el lema corporativo de BanKapital escrito en cursiva: «Cumplimos tus sueños».

Luis se quedó contemplando el letrero durante un minuto, siguió caminando calle abajo, compró la prensa y regresó a casa. Lo sorprendió no sentir un atisbo de furia en su interior, solo el despertar de lo que Maldonado llamaba el «Che de barrio». Nada más entrar por la puerta descolgó el teléfono y llamó a los incondicionales que lo habían acompañado en las concentraciones frente al Ayuntamiento antes del accidente de Marta. Empezó por Benicio Suárez, el expolicía jubilado que había roto una ventana de una pedrada en la última manifestación. Llamaba, dijo, para felicitarle las Navidades y preguntarle si le gustaría unirse a una nueva protesta el viernes.

—¿Nueva? —lo corrigió Suárez—. Hemos seguido yendo todos los viernes, sin faltar uno solo. Algunos días llegamos a quince personas, pero más bien quedamos siete u ocho.

En los siguientes días, Luis reimprimió carteles, reclutó como voluntarios a estudiantes de sus clases de música, que lo ayudaron a repartirlos, y frecuentó El Abuelo, donde le dijo a todo el que quisiera escucharlo que ya era hora de que Villaverde luchara por sus derechos. La voz de que Delgado había convocado otra manifestación corrió por las peluquerías, los talleres mecánicos, el mercado San Cristóbal y las tiendas de los chinos, que con la crisis habían descendido sobre Madrid.

Maldonado recorrió las calles en su taxi, megáfono en mano, recordando la convocatoria; incluso los que como él estaban convencidos de un bloque de pisos modernos mejoraría el barrio, y aumentaría el valor de los suyos, se unieron al bando contrario en cuanto supieron que BanKapital estaba detrás de la operación.

Luis Delgado, desconectado del mundo de los vivos, desconocía hasta qué punto su tragedia había tocado la fibra del barrio. Una ola de indignación llevaba meses instalada en los hogares, donde las noticias sobre el heredero de los Zabala y la muerte de Marta provocaban pasiones encendidas. «Y encima tienen el desparpajo de venir aquí a hacer sus sucios negocios», comentaban los vecinos en los corrillos. «Pobre Luis, con lo que ha pasado». «Primero destruyen la vida de esa familia y ahora quieren hacer lo mismo con el barrio».

Los primeros manifestantes llegaron frente a la sede del Ayuntamiento, en la Puerta del Sol, al mediodía. Mezclados entre turistas y viandantes, pasaron desapercibidos hasta que sacaron una pancarta y lanzaron los primeros lemas. Enseguida se los unió un grupo de señoras que salieron de la boca del metro enfundadas en sus abrigos y bufandas; luego los habituales de El Abuelo, con el dueño, Pascual, a la cabeza; alumnos y profesores del instituto Antonio Machado; Elena Moreno, con los pacientes de la terapia de grupo, incluida Yolanda...

A la una, la hora fijada para la concentración, Villaverde tomó el centro de Madrid y tres mil personas pedían la cancelación de la promoción Jardines de Villaverde y la construcción del parque prometido. Los miembros de la Asociación Ornitológica, con Luis Delgado a la cabeza, llegaron los últimos, se abrieron paso entre el gentío y se situaron en primera línea, junto a la fachada del consistorio. Maldonado entregó el megáfono a su amigo, que sintió la garganta atascada como una vieja tubería. Su experiencia en discursos públicos se limitaba a sus clases de música y, aunque durante un tiempo soñó con tocar el clarinete ante miles de personas, nunca había concentrado una audiencia como la que se disponía a escucharlo.

—Yo..., bueno... —balbució—. Estoy emocionado. Aquí a mi lado tengo a un amigo, Maldo, que se le da mejor esto de hablar. Voy a intentar esto y me perdonáis si sale mal. No soy un político ni nada.

«¡Villaverde no se vende!». Un grito salido de entre la muchedumbre lo guio en el arranque.

—No, amigos. Villaverde no se vende. El barrio no se vende. Nosotros no estamos en venta. Nuestra dignidad no se vende ni se compra. Vinieron con nocturnidad, a medianoche, y cambiaron un cartel por otro. Un parque por un negocio. ¿Y ya está? Años esperando a que los políticos cumplan la promesa que hicieron a nuestros mayores, a nuestros hijos, y alguien en un despacho detrás de mí —se giró hacia la fachada del Ayuntamiento— decide entregar lo que es nuestro al mejor postor. Porque de eso podemos estar seguros, ese descampado es nuestro, de todos. No de los políticos ni de los bancos. Siempre fue un terreno no urbanizable, designado como zona verde en un pleno municipal. Se quedaron nuestros votos y quieren robarnos el parque. Durante años hemos callado, nos hemos resignado. Pero ¿sabéis qué os digo? Hoy es el día que gritamos «basta» a un atropello de muchos años.

«¡Queremos el parque!», arengaron los presentes: «¡Villaverde no se rinde!».

—Todos los viernes vendremos aquí hasta que nos reciban y nos escuchen —continuó—. No somos los más ricos ni vestimos con los mejores trajes. Somos los camareros, los obreros, los taxistas, los maestros, los policías, las enfermeras... Somos los trabajadores que cada día ponemos este país en marcha. Gente honrada que paga sus impuestos. Que cuida de sus mayores y forma a las próximas generaciones. Ningún político, ningún banquero, nadie por poderoso que sea va a pisar nuestros derechos. ¡Villaverde no se vende!

«¡Villaverde no se vende!», gritaron los manifestantes.

—¡Abajo el Ayuntamiento!

«¡Abajo el Ayuntamiento!».

—¡Fuera BanKapital!

«¡Fuera BanKapital!».

Luis alzó el puño.

—¡No a la especulación!

«¡No a la especulación!».

Una ovación atronadora llenó la plaza. Los vecinos se

acercaron a saludar a Luis, agasajado entre abrazos y vítores. Un reportero que se identificó como Amancio Soler, del *ABC*, le hizo varias preguntas en mitad del alboroto. Una fotografía de Delgado, megáfono en mano y puño en alto, dirigiéndose a los manifestantes, se publicó al día siguiente en la sección local del diario. «Villaverde se rebela contra el Ayuntamiento y BanKapital», decía el titular.

25

EL MIRLO BLANCO

Habían pasado unos meses desde la última vez que se vieron, pero a los dos les pareció que habían sido años. Bosco encontró a su exnovia cambiada. Más mujer. En la manera de moverse y vestir, en los gestos y el aplomo de su mirada. Irradiaba luz y serenidad.

—Estás guapísima.

Ella no le devolvió el cumplido. Se dieron un abrazo envuelto de amarga nostalgia. Natalia lo llamó tras ignorar sus primeros mensajes nada más salir de prisión. Quedaron donde siempre, en el Goa.

—Pensé que no querrías verme —dijo él.

—Me daba vergüenza. Creía que estabas enfadado. Por lo que dije en el juicio. Yo... no podía hacer otra cosa.

—Entiendo lo que hiciste, ¿sabes? —la disculpó—. Dijiste la verdad. Yo entonces la negaba. Pero ya no. Sé lo que fui y lo que hice.

Bosco relató su encuentro con Jaime, Raquel y los demás el día que fue al cine con su madre.

—Eres la primera del grupo con la que me veo.

—El grupo ya no existe, Bosco. Se dispersó después de lo que pasó. Algunos quedan de vez en cuando, pero nada ha vuelto a ser como antes. —Le contó que terminaría la carrera de Finanzas ese año, acumulando las asignaturas de dos cursos, y después se iría a Londres a trabajar de prácticas a Deloitte. ¿Sus padres y hermanos? Todos bien. ¿Novio? Negó con la cabeza—. Pero cuéntame tú. Siento no haber ido a verte allí dentro.

—Mejor que no fueras.

—¿Cómo fue?

—Duro.

—Imagino.

—Pero te acostumbras. Aunque piensas que es imposible, lo haces. Piensas mucho. Tienes tiempo para pensar. La cárcel está llena de locos, pero funciona con reglas parecidas a las de fuera. Hice algún amigo. Bueno, sobre todo uno: Dani. Estaba por lo mismo que yo. Sé que esto te va a sonar increíble, pero a veces echo de menos algunas cosas de aquella vida.

Bosco detestaba casi todo de la prisión, desde despertar y que su primera visión fuera Dani sentado en el retrete, puntual para su deposición mañanera, a los ruidos de la noche, a los que nunca se acostumbró. Por nada habría vuelto y, sin embargo, nunca había experimentado una sensación de pertenencia similar a la que sintió en la cárcel. Y estaba su amistad con Dani, la más honesta que había conocido porque no tenían nada que ofrecerse, salvo compañía. Incumplió su promesa de visitar a su excompañero de celda —la idea de volver se le hacía insoportable, aunque fuera como visitante—, pero lo llamaba de vez en cuando. La última vez que hablaron, le preguntó por sus planes de irse juntos a Australia. Tenía buenas noticias: gracias al voluntariado en prisión y su buen comportamiento, estaría fuera antes de verano. Se hizo un largo silencio y, mientras Bosco buscaba cómo darle la noticia de que Bondi Beach tendría que esperar, su amigo lo rescató del apuro:

—Era una idea loca de todas formas.

Dos días después, Bosco se presentó en la sala de visitas de Navalcarnero. Aunque de nuevo se encontraba en el lado privilegiado, separado de su pasado carcelario por una mampara de cristal, un escalofrío recorrió su cuerpo desde los pies a la cabeza. Los recuerdos se atropellaban en su cabeza. De repente, todo lo que llegó a normalizar cuando estaba dentro volvió a parecerle insoportable. Lo invadió una mezcla de alivio, parecida a la que sintió el día de su liberación, y de orgullo por la experiencia superada. Dani lo recibió jubiloso, riéndose de su nueva condición de banquero y preguntándole dónde estaban el traje y la corbata.

—Podrías comprar este lugar y ponernos a todos en libertad —le dijo. Bosco siguió la broma y forzó una voz de señor mayor:

—Es una operación que BanKapital estudiará al detalle.

La visita fue su manera de decirle a Dani que su renuncia a la aventura australiana no implicaba el final de su amistad, que nunca olvidaría lo que hizo por él en su momento de mayor desamparo y que lo esperaba cuando saliera. En vez de Australia, ¿qué tal unas vacaciones en Ibiza? Dani respondió que le parecía buena idea y que solo lamentaba que los separara aquella pared de cristal.

—Podíamos firmar otro pacto de sangre, a ver si esta vez lo cumples, señor banquero.

Bosco le contó a Natalia que estaba trabajando en el banco y que ya no salía de noche. Nada de alcohol, drogas o discotecas.

—Vida de monje, ¿eh?

—He cambiado, Nati.

—Me alegro.

Ella disimuló su escepticismo dando un sorbo a su cerveza.

—No me crees, ¿verdad? No crees que haya cambiado.

—Todos lo hemos hecho, Bosco. Éramos unos niñatos.

—Sé que fui un gilipollas. Contigo, con Iván..., con todo el mundo. Lo que pasó con esa pobre chica. Pienso en ellos todos los días. Hice daño a todas las personas que se cruzaron en mi vida. Pero ese Bosco ya no existe. Sé que esto que te voy a decir te parecerá una estupidez... Empecemos de cero, como si nada hubiera pasado. ¿Qué dices?

Natalia se inclinó hacia atrás en un gesto instintivo y desvió la mirada a sus botas de cuero.

—Si de verdad hubieras cambiado no me pedirías eso.

—Tampoco tú vas a perdonarme. Nadie va a hacerlo.

—Yo no tengo que perdonarte. Bosco, hay algo que no te he contado...

Se detuvo, sin decidirse a continuar.

—Puedes decírmelo.

—Aquella noche, en tu casa..., tú te quedaste en la piscina y yo entré, ¿recuerdas? Me encontré a Iván.

—¿Y?

—Estaba furioso. Por lo de la broma de la piscina y eso.

—¡Fui un idiota!

Natalia cerró los ojos y regresó a la fiesta en La Aurora: la angustia inicial al creer que su novio había muerto ahogado, el alivio cuando reapareció, la violencia con la que él la retuvo contra el muro de la piscina... Cuando entró en el salón, Iván se acercó a ella, puso el dedo índice en sus labios y la llevó de la mano escaleras arriba. Entraron en la habitación matrimonial de los Zabala, el único lugar prohibido de la casa. Se dieron un primer beso tembloroso y Natalia dejó caer su vestido empapado de agua al suelo. Iván le dijo que siempre la había querido y que nunca soportó verla con Bosco.

—Esa noche... —Natalia abrió los ojos—. Pasó algo entre nosotros.

Bosco soltó una carcajada de incredulidad.

—¡No te creo!

—Supongo que ya no importa.

Natalia se levantó con intención de marcharse. Él la sujetó del bolso.

—No te vayas aún. Tienes razón, eso no importa ya. Estabas enfadada conmigo. Entiendo por qué lo hiciste.

—Pensaba que debías saberlo, solo eso.

—No importa. ¿Lo entiendes? Iván... Iván no está. Pero tú y yo estamos aquí. Esta vez todo será distinto.

—Fue el único, Bosco. El único que estuvo a tu lado siempre, sin importarle tu dinero, ni tus coches ni tus fiestas. Todos los demás buscaban algo de ti. Él no. Era tu mejor amigo.

Natalia tiró del bolso y Bosco la dejó ir, echándose hacia atrás y apoyándose en el respaldo de la silla.

—Iván... Iván... Iván.

Tras la gala de Navidad, Lorenzo masculló durante días su humillación en la subasta. De todas las cosas que detestaba de María, su encorsetamiento social y sus disfraces morales, los despertares malhumorados y el desapego emocional, nada lo irritaba tanto como la forma fingidamente inocente de empequeñecerlo delante de los demás. Saltaba sobre sus opiniones, interrumpiéndolo en las cenas; consensuaba las decisiones familiares, para hacer lo que le placía; y despreciaba, a veces solo con una mirada o un gesto, sus creaciones artísticas o literarias. La ayuda que le prestó para encontrar editores de sus poemas o expositores para su arte, ¿no había sido otra manera de humillarlo?

María buscó reparar la ofensa de la gala con acercamientos amables y propuestas de planes que Lorenzo rechazó, resistiéndose a lo que consideraba otra reconciliación simulada. Se fueron a Sotogrande para asistir a la boda de la hija de los Ayala, adelantada al invierno por un embarazo prematuro e inconveniente, y durante la celebración se ignoraron sin el disimulo de otras ocasiones. Silvia Ayala no perdió la oportunidad de hacérselo notar a María.

—¿Le pasa algo a Lorenzo?

Regresaban de Sotogrande por carretera cuando su marido anunció a su mujer su última reinvención, en esta ocasión como novelista, y la decisión de volver a utilizar su apellido original, Molina. Recorrieron otros tres kilómetros por la autovía de Andalucía, con Antonio al volante, antes de que María rompiera su silencio.

—Nadie te pidió que utilizaras el nombre de los Zabala. Fue cosa tuya. Pero si renuncias a usarlo en este momento sería visto como un repudio público a mi familia y no puedo consentirlo.

—¿Me estás amenazando?

—No. —María se encontraba crecientemente cómoda en su asertividad—. Te estoy diciendo que, si esa es tu decisión, yo tomaré la mía.

No se dirigieron la palabra en las tres siguientes horas, en las que Lorenzo dejó crecer su ira interior. Su mujer lo forzaba a escoger entre permanecer encadenado al apellido Zabala o el divorcio. A medio camino de Madrid, tomó una determinación: sería él quien daría el paso de la separación.

Un escalofrío de anticipación recorrió su cuerpo al imaginar su nueva vida de triunfos profesionales, experiencias desconocidas y amores auténticos, fuera de su matrimonio moribundo y las transacciones del D'Arcy, con su gratificación inmediata y vacío posterior. Pero por encima de todo, revivió el instante en que daría la noticia a María, una catarsis que rompería las cadenas que lo habían limitado y repararía años de agravios, reales e imaginados. «Puedes quedarte con tu fortuna, tu apellido y tu mundo impostado; nada de ello me importa ya. Quizá no fui el marido perfecto, ni el padre que necesitaban nuestros hijos, pero ¿realmente fui la nada que me hiciste sentir? Quién eres tú, que nunca fuiste esposa ni madre, para ridiculizarme. Sacrifiqué mi carrera por los Zabala en vano, pero todo tiene un límite. Bien que te lo advertí el día que nos conocimos: "Nadie verá nunca más allá de tu dinero. Lo tienes todo para ser infeliz"».

Un hormigueo recorrió su estómago cuando vio el cartel que anunciaba que estaban a treinta kilómetros de Madrid. Entonces cayó en que el jueves habían quedado con los Albares para una cena en el nuevo restaurante chino del Palace, y que el sábado tenían golf y aperitivo en el Real Club. Si había aguantado todos esos años, ¿por qué no unos días más? Seguía replanteándose los plazos de su decisión, repitiéndose que era inamovible, cuando el coche serpenteó entre las mansiones de los amigos de los que tendría que despedirse tras el divorcio. Era el mundo de su mujer, no el suyo. La separación sería un golpe duro para Bosco. Estaba mejor, pero cualquier disgusto podría llevarlo a una recaída. ¿Y la pequeña Lucía, el gran lamento de su vida? Si supiera cuánto la quería, cuánto le dolía verla enferma, cuánto se culpaba de no haber sabido acercarse a ella. A menudo apartaba la vista de su hija, alejándose para no atender sus rabietas. Tampoco soportó sus silencios, buscándose cualquier excusa para abandonar la habitación cuando estaba a solas con ella. Lo consumían los remordimientos porque sabía que, de una manera inconsciente, la culpaba de su infelicidad y del fracaso de su matrimonio. Era solo una niña, frágil e inocente. De repente, mientras se aproximaban a la casa, lo asaltó un pensamiento: estaba a tiempo de recuperarla. Ejercería de padre. Haría que sus últimos años fueran felices. La posibilidad de la redención lo animó.

Llegaron frente a la entrada, la puerta metálica se abrió y La Aurora se descubrió imponente y bella, con las ventanas iluminadas y los jardines envueltos en un aura de paz. Dolores salió a recibirlos y se llevó a Lucía en brazos, mientras el servicio se hacía cargo de las maletas. Si para redimirse como padre debía permanecer en un matrimonio infeliz, ¿no era acaso un trato justo? María había estado muy estresada por lo de Bosco, el banco y la maldita crisis. Podría darle una oportunidad. La última. Si las cosas no cambian... juro que si todo sigue igual...

Cuando subió al cuarto, su mujer se quitaba los pendientes en el tocador. Lo observó a través del reflejo en el espejo.

—Mañana viajo a Barcelona —dijo ella, como si nada hubiera pasado durante el viaje—. Vuelvo en el día. Acuérdate de que el jueves cenamos con los Albares.

Y en ese momento Lorenzo entendió, con una certeza que hasta entonces le había eludido, la magnitud de su derrota matrimonial.

María Zabala leía la prensa camino de Barcelona cuando se encontró, por segunda vez en su vida, con la mirada de Luis Delgado. Lo primero que notó fue que sus ojos, tristes el día del juicio de Bosco, asomaban apasionados en la fotografía del *ABC*. La imagen mostraba al mismo hombre con el puño en alto, dirigiéndose a cientos de vecinos que protestaban en la Puerta del Sol contra una promoción de viviendas en Villaverde. Siguió leyendo y se detuvo en el tercer párrafo: «El proyecto, que contará con cerca de trescientas viviendas, ha sido financiado por BanKapital...». La coincidencia no la sorprendió —el banco tenía el sesenta por cierto del mercado hipotecario de Madrid—, pero la avergonzó de todas formas. Sintió el rubor recorrer todo su cuerpo y su estómago encogerse. Recordó la promesa que se había hecho a sí misma durante la vista judicial, de ir a ver a la familia de la joven muerta cuando todo terminara. Primero se dijo que lo haría cuando se conociera la sentencia; después, cuando se resolviera el indulto; y finalmente, cuando su hijo saliera de prisión, liberándose de su compromiso en el convencimiento de que aquel hombre no tendría ningún deseo de verla después del indulto.

La idea del encuentro revivía ahora con fuerza en su interior, aunque los motivos se habían diluido con el paso del tiempo. ¿Necesitaba su perdón porque se sentía corresponsable de la muerte de su hija? ¿Quería ofrecer algún tipo de reparación, después de haberle hurtado la que ofrecía la justicia? ¿Explicarle por qué lo había hecho? Un malestar se asentó en su estómago durante la jornada de trabajo, que incluyó una charla en el Círculo Ecuestre de Barcelona y una comida con el alcalde y empresarios catalanes. De regreso a Madrid, recordó que Salvador Galán había contactado con el abogado de la familia Delgado para ofrecer un pacto extrajudicial. Decidió recurrir a él.

Aunque María seguía pensando que la destitución de Galán había sido un sacrificio necesario, desde su marcha comprendía mejor que nunca su utilidad. Para su padre primero y para ella después, el consejero había sido un escudo ante los daños colaterales del poder y las secuelas de ejercerlo. Distribuía favores y castigos para avanzar la agenda del banco, proponía soluciones pragmáticas a encrucijadas éticas y actuaba preventivamente en defensa de la familia, asegurándose de que las fealdades de sus métodos, cuando resultaban necesarias, no salpicaran la alfombra del *penthouse* de Torre Picasso. Les había ofrecido, a lo largo de varias décadas de leal contribución, las coartadas que permitían a los Zabala distanciarse de las acciones dolorosas pero necesarias que conllevaba gobernar un imperio.

Galán, que había recibido una indemnización de siete cifras por sus servicios, se mostró amable al recibir la llamada de su exjefa. Dijo que el encuentro le parecía una buena idea y que haría lo posible por organizarlo. Llamó a Miguel Cabrera y este quedó en trasladar la propuesta a Luis, que la recibió primero con sorpresa, después con desprecio y, con el paso de los días, con curiosidad. Recurrió a su bloc de notas y escribió ventajas e inconvenientes, sin encontrar nada que poner en ninguna de los apartados. Entonces llamó a Elena Moreno:

—¿Quieres la opinión de la psicóloga o la amiga?

—¿Son diferentes?

—La pregunta que me hago es si esa señora quiere verte porque piensa que va a ayudarte o porque necesita ayudarse a sí misma. La culpa puede ser una motivación deshonesta.

Moreno tenía el don de desnudar las intenciones de la gente, pero aquella era una habilidad que requería de presencialidad y contacto con la persona analizada. Su escepticismo respecto a la señora Zabala se limitaba al campo de las intuiciones y no quiso que inclinara la balanza en una dirección.

—Lo que me preocupa es tu reacción —dijo— y de qué manera ese encuentro puede reavivar sentimientos que has logrado mitigar. En situaciones emocionalmente intensas, uno no sabe cómo va a responder hasta que está ahí. Solo te pido que seas egoísta en esto y que pienses en ti. Hazlo solo si crees que puede aportarte algo.

Antonio Carmona había servido como chófer de los Zabala durante treinta y siete años, llevándolos a sedes de partidos políticos, rascacielos corporativos y restaurantes, a palacios y congresos, terminales de aeropuerto y resorts vacacionales. Por primera vez, la dirección de la comanda que recibió aquella mañana de febrero indicaba un barrio obrero. No preguntó adónde iban o a quién visitarían. Al volante, su valor residía en la discreción, su capacidad para no escuchar lo que oía e ignorar aquello que veía. Se adentró en la barriada de Villaverde con María en el asiento de atrás —Ramiro, el guardaespaldas, ocupaba el asiento del copiloto— y aparcó frente al portal de un edificio gris de la calle Arenas. Sin que le diera tiempo de bajarse a abrirle la puerta, la señora salió del coche y caminó dubitativa hacia el portal. Luis la observaba entre las cortinas de la ventana que daba a la calle. Esperó en el recibidor a que subiera, con la puerta abierta, vestido con pantalones lisos, camisa blanca y una americana. La ropa más elegante que había llevado nunca para recibir a alguien en su propia casa, pensó.

Había limpiado a conciencia, adornado el salón con un ramo de margaritas y comprado una caja de bombones, en un intento de maquillar la sencillez de su hogar. Escuchó el ruido de tacones subiendo las escaleras y contó los pasos. Tres, cuatro, cinco, seis... Sintió la garganta seca y se ajustó la chaqueta, nervioso. ¿Qué iban a decirse? Siete, ocho, nueve... Calculó que estaría a medio camino cuando hubo una pausa y el rellano quedó en silencio. Se asomó y no vio a nadie. Volvió a escuchar pasos, pero esta vez le pareció que se alejaban. El sonido de la puerta de la calle al cerrarse lo confundió. ¿Dónde iba? Volvió junto a la ventana y vio que su visita caminaba, ahora con pasos rápidos y decididos, hacia el coche de lunas tintadas aparcado frente a su casa. Durante tres largos minutos, esperó algún movimiento. El chófer salió del vehículo, cruzó la calle con un sobre en la mano y lo introdujo por la rendija de la puerta del portal antes de regresar al volante. Después, arrancó y se perdió entre las calles de Villaverde.

Luis bajó, abrió el sobre y se encontró una nota dentro, escrita a mano.

Estimado Sr. Delgado:

Una indisposición me ha impedido visitarlo como tenía previsto. Había tantas cosas que quería decirle. Pienso a menudo en su hija. No le pido perdón porque yo jamás me perdonaré a mí misma lo que le pasó. Creo que Marta estaría orgullosa de usted y que usted lo puede estar de ella. Una de las razones de mi visita era mi deseo de comunicarle en persona que BanKapital ha renunciado a la promoción de viviendas conocida como Jardines de Villaverde. Tras alcanzar un acuerdo con el Ayuntamiento, el banco sufragará en su lugar la construcción de un parque para el disfrute de todos los vecinos del barrio. Si usted lo considera apropiado, me gustaría que el nuevo parque llevara el nombre de su hija Marta.

Atentamente,

MARÍA ZABALA

Los cuatro amigos caminaban abrigados como esquimales, con las mochilas a la espalda y los prismáticos a resguardo para que no se helaran las lentes. Querían llegar al arroyo de Antequina con la primera luz del día. Sotillos creía que, en invierno, era la zona con más potencial porque las aves tenían comida y agua de sobra. Maldonado lo contradijo:

—Hoy veremos poca cosa.

—¿A quién se le ocurre convocar a estas horas? —protestó Cabrera, secretario primero de la Asociación Ornitológica de Villaverde—. En invierno amanece más tarde. Con este frío, ni las *prostis* vienen a la Casa de Campo.

Sotillos insistió:

—Para algo tienen plumas, ¿no? Además, no habrá domingueros.

Llegaban al puente de Segovia cuando el comercial de Chollocoches preguntó a Luis por el Mégane que le había vendido.

—¿Te has comprado un coche? —preguntó sorprendido Maldonado.

—Un cochazo —dijo Sotillos—. Si te despistas, te hace la competencia con el taxi.

—Un bólido —confirmó Luis—. Pero tiene un problemilla con el limpiaparabrisas.

—Tráemelo y te lo arreglamos.

—Estaba más bien pensando en devolverlo. Apenas lo uso.

—Mi jefe me mata... —Sotillos se quedó pensativo—. Salvo que lo venda más caro... Tráelo y lo exponemos, a ver qué pasa.

Habían cruzado medio puente de Segovia cuando se asomaron al Manzanares y vieron que estaba helado.

—¿A que no hay huevos de cruzarlo a pie? —dijo Luis.

—¿Que no hay huevos?

El taxista dio media vuelta y los demás lo siguieron. Bajaron una pequeña pendiente, saltaron la valla y llegaron al borde del río. Maldonado, arrodillado junto a la orilla, dio varios puñetazos al hielo para comprobar la resistencia. Apoyó un pie en el hielo, después el otro; presionó hacia abajo, balanceándose hacia los lados; y dio un par de saltos.

—Noventa y tres kilos, chavales. Si aguanta a un hipopótamo...

Empezaron a caminar hacia el otro lado con pasos cortos y los brazos abiertos para no caerse.

—¿Has oído eso? —dijo Luis cuando habían recorrido la mitad. Era tarde para volverse.

—¿El qué?

—Un crujido.

Todos se quedaron quietos.

—¡No jodas!

—¡Qué va, es coña!

Delgado corrió hacia la orilla, perseguido por Maldonado.

—¡Te mato!

Llegaron jadeantes y entre risas, lanzaron las mochilas al césped escarchado y se sentaron sobre ellas. A lo lejos, se divisaban las luces rojas y parpadeantes de algunos rascacielos de Madrid. Maldonado abrió su bolsa y sacó una caja de dónuts. La pasó a sus amigos y le dijo a Sotillos que sacara el café. El vocal hizo como si no lo hubiera escuchado.

—No me digas que te olvidaste.

—Es que yo a estas horas no soy persona.

—Ni a ninguna otra. Con el frío que hace, cojones.

Luis intermedió para desactivar a Maldonado antes de que fuera demasiado tarde.

—He conocido a una chica —dijo.

—¡Hostias! —Maldonado se abalanzó sobre él y los dos rodaron sobre sí mismos. Se incorporaron—. Qué calladito te lo tenías, mamón. Por eso no te vemos el pelo, ¿eh? Coche nuevo y regreso al mercado.

—¿Una cita? —preguntó Cabrera.

—Hemos quedado un par de veces. Para un café.

—¿Por la noche?

—Y eso qué importa.

—Bueno —dijo el abogado—, si te quiere ver por la noche es que hay tema.

—Déjalo. —Maldonado le dio una palmadita en la cara—. El pobre está desentrenado.

—No sé. —Luis se hizo el interesante—. Un día fue a las cinco y ayer nos vimos a las ocho.

—A eso lo llamo yo acercarse a la meta. ¿Está buena?

—Es guapa, sí.

—¿Y por qué no le dijiste para tomar unas cervezas? —insistió Cabrera—. Unas cervezas es una cita. Un café son dos amigos hablando de sus mierdas. Míralo, pero si es el más guapo de la asociación. Estaba claro que algo pillaría en cuanto despertara.

—Ya te digo —se mofó Maldonado. Reanudaron la marcha en dirección al arroyo—. Este Luis...; si fuera un ave sería un pavo real, todo *bonico* él.

—Y tú un loro parlanchín.

—Vamos a ver —dijo Cabrera—. Si fuéramos pájaros, Luisito sería un jilguero. Un bicho orgulloso, como él.

—A mí me gustaría ser un quetzal —dijo Sotillos.

—Y a mí Brad Pitt, no te jode —se burló Maldonado.

—Oye, puestos a elegir... —Luis se llevó un dedo a la sien e hizo ademán de estar pensando qué ave le gustaría ser.

—Aquí se puede escoger lo que se quiera, leches, que para eso soy el presidente.

—Yo querría ser un mirlo blanco, el cantautor de los pájaros.

Y mientras los cuatro amigos caminaban hacia el horizonte, donde el cielo de Madrid mostraba su primer azul, Luis silbó las primeras notas de *El alegre canto de los pájaros tristes*.

AGRADECIMIENTOS

—

Para escribir esta historia conté con la valiosa ayuda de mi amiga y psicóloga de duelo Vicky Maldonado, que inspiró el personaje de Elena. Los errores que la terapeuta de mi novela pueda cometer en su trabajo son de mi invención; sus virtudes, probablemente reales. Ella me abrió las puertas de la maravillosa gente de la asociación Alhelí, que acompaña a personas que han perdido a un ser querido y las ayuda a recuperar la ilusión de vivir. Un agradecimiento especial a los dolientes, que permitieron que asistiera a las terapias de grupo de los viernes y compartieron su admirable dignidad para enfrentar las peores tragedias.

Este libro es un homenaje a los que ya no están; a quienes mantienen vivo su recuerdo.

Este libro se imprimió
en Unigraf